学前教育理论与实践教程

王维 王维娅 孙岩 编著

图书在版编目(CIP)数据

学前教育理论与实践教程／王维,王维娅,孙岩编著. —北京：北京大学出版社,2015.4
(21世纪学前教育专业规划教材)
ISBN 978-7-301-25679-4

Ⅰ.①学… Ⅱ.①王… ②王… ③孙… Ⅲ.①学前教育—高等学校—教材 Ⅳ.①G61

中国版本图书馆CIP数据核字(2015)第074374号

书　　　名	学前教育理论与实践教程
著作责任者	王　维　王维娅　孙　岩　编著
丛书主持	李淑方
责任编辑	李淑方　泮颖雯
标准书号	ISBN 978-7-301-25679-4
出版发行	北京大学出版社
地　　　址	北京市海淀区成府路205号　100871
网　　　址	http://www.pup.cn　新浪微博：@北京大学出版社
微信公众号	通识书苑（微信号：sartspku）　科学元典（微信号：kexueyuandian）
电子邮箱	编辑部 jyzx@pup.cn　总编室 zpup@pup.cn
电　　　话	邮购部 010-62752015　发行部 010-62750672　编辑部 010-62767857
印　刷　者	天津和萱印刷有限公司
经　销　者	新华书店
	787毫米×1092毫米　16开本　17.75印张　350千字
	2015年3月第1版　2024年9月第3次印刷
定　　　价	39.00元

未经许可，不得以任何方式复制或抄袭本书之部分或全部内容。
版权所有，侵权必究
举报电话：010-62752024　电子邮箱：fd@pup.cn
图书如有印装质量问题，请与出版部联系，电话：010-62756370

前　言

　　加强学前教育成为我国未来教育发展的主要目标之一。进入新世纪以来，在学前教育仍为我国国民教育体系中最薄弱环节的背景下，我国开始从国家战略高度来认识和发展学前教育，密集出台了一系列法律法规和政策，在投入、立法、管理和研究等方面把学前教育提高到了前所未有的位置。学前教育逐步被纳入终身教育和义务教育体系，成为教育体系变革的重中之重。同时，学前教育实践的改革也如火如荼，在学前教育的目标、制度、内容、方式和方法等方面出现了一些新的探索。

　　学前教育要发展，高素质的师资培养是关键。2012 年，教育部出台了《幼儿园教师专业标准（试行）》（以下简称《专业标准》），对幼儿园教师专业素质和发展提出了基本要求、规范和准则。要求各地、各校依据《专业标准》调整教师培养方案，编写教育教学类课程教材，作为教师教育类课程的重要内容。同时教育部要求根据学前教育改革发展的需要，充分发挥《专业标准》引领和导向作用，深化学前教师教育改革，不断提高学前教师培养及培训质量。要求师范院校的学前教育理论教学更加贴近真实的学前教育环境。

　　基础理论研究与实践应用研究相结合是当代世界学前教育研究的主要趋势。"瑞吉欧教育方案"和"光谱方案"是西方教育理论研究与学前教育实践结合的典范，它们使原来远离实践的基础理论研究接了地气，也使学前教育实践中的应用研究有了理论的指导和支撑。而本书的出版，正是在加强学前教育理论与实践联系的时代呼唤下和新课程教师培养由观念转向问题解决、由理念指向实践的背景下策划完成的。

　　学前教育的基本原理是学前教育实践及活动指导的理论基础和依据，作为基础教育和终身教育起始阶段的学前教育层面，更需要基于教育实践的理论指导及教育理论内容的实用化、场所的现场化与方式的生态化。这就要求学前教育理论教材的内容更有针对性和实用性，贴近学前教育实践与幼儿园生活实际。本书力求在继承学前教育学学科体系的基础上，较全面地反映出学前教育的理论及实践研究的概貌，为此确定了编写本书的整体思路：

　　一是在知识结构上，力图既维持学前教育学的基本理论框架又体现学前教育改革与发展的新动向。本书保留了学前教育学的基本学科体系，在论述过程中借鉴了我国学前教育前辈及同行关于学前教育理论的许多较为成熟的观点，同时尽可能反映国内外关于学前教育的最新成果,包括一些学前教育的新政策、新理念和新方法。

二是在知识阐述上,兼顾学前教育基本知识与技能和教师资格应考的需求。教育部规定,2013年后入学的师范生,需要通过资格考试才能取得教师资格,并颁布了相应的考试标准。这意味着对师范院校的课程设置和教学也提出了新的要求,师范类专业的相关课程及其内容必须进行相应调整。我们在学前教育专业知识的内容选取和阐述上,注意与《专业标准》和《幼儿园教师资格考试标准(试行)》的衔接,力求为学生顺利通过幼儿教师资格认证考试奠定一定的基础。

三是编排的体例上,强调实用性。我们适当削减了部分基本理论的内容,突出与学前教育实践相关的操作层面的内容。为了帮助学习者阅读和理解,我们在每一章前面设计了"导语",来促进学生的思考,"知识结构图",则为学生提供了一个系统的知识体系框架,有助于学生形成系统的学习习惯,提高学习效率;文中还根据需要插入了许多小知识、小案例,增强了内容的实践性,也拓展了章节内涵,同时引导学生综合运用本章所学知识去分析和解决教育中的实际问题;每章后附有本章小结和思考题,以方便学生自学。

全书共分十章。第一章主要阐述了什么是教育和学前教育以及学前教育理论与实践的发展与演进的过程;第二章论述了学前教育与社会发展的关系,包括学前教育与社会政治、经济、文化、社区和家庭之间的关系;第三章主要涉及儿童发展的理论流派、影响儿童发展的诸因素及其作用、0～6岁儿童的发展与教育等问题;第四至第五章为学前教育的理念与原则、学前教育的任务与内容;第六至第八章分别阐述了幼儿园游戏、课程与教学、环境创设等方面的内容,第九章主要涉及学前教育科研与幼儿教师的专业发展问题;第十章是幼儿园的教育评价。

本书力求内容全面、丰富、实用。它既是我们对学前教育理论与实践相结合思考和研究的结果,又是一本高校学前教育专业的教材,它不但可作为高等师范院校学前教育专业本、专科的教学及相关专业的成人教育使用,也适合学前教育理论与实践工作者作为学习与研究的参考书使用。

本书主要由王维、王维娅、孙岩编写,王淑琳老师撰写了第五章。路书红博士对书稿的修改提出了宝贵的建议,北京大学出版社的老师们为本书的出版做了大量工作,我们一并表示衷心的感谢!

本书的编写引用了大量专家及同行的研究成果,虽然我们力求注明出处,但肯定有疏漏之处,对此我们表示真诚感谢和诚挚的歉意!由于水平所限,时间仓促,书中不足之处恳请广大读者批评指正,同时热忱期望专家及同行的不吝赐教!

王 维

2015年3月2日

目 录

前言 ... 1
第一章 学前教育理论与实践发展概述 ... 1
　第一节　教育与学前教育 ... 1
　第二节　学前教育的历史发展 ... 6
　第三节　学前教育理论的历史演进 ... 11
第二章 学前教育与社会发展 ... 22
　第一节　学前教育与社会政治、经济的关系 ... 22
　第二节　学前教育与社会文化的关系 ... 27
　第三节　学前教育与社区、家庭的关系 ... 29
第三章 学前教育与儿童发展 ... 43
　第一节　影响儿童发展的诸因素及其作用 ... 43
　第二节　学前儿童的发展与教育 ... 51
第四章 学前教育的理念与原则 ... 67
　第一节　儿童观的发展与教育 ... 67
　第二节　学前教育法律法规与教育理念 ... 71
　第三节　学前教育的原则 ... 83
第五章 学前教育的任务与内容 ... 94
　第一节　教育目的和学前教育机构的培养目标 ... 94
　第二节　学前教育的任务 ... 97
　第三节　学前儿童全面发展教育 ... 102
第六章 幼儿园游戏 ... 118
　第一节　游戏活动及其功能 ... 119
　第二节　游戏的分类 ... 127

第三节　儿童游戏的条件 ………………………………………… 131
　　第四节　游戏的组织与指导 ……………………………………… 135

第七章　幼儿园课程与教学 …………………………………………… 157
　　第一节　幼儿园课程 ……………………………………………… 158
　　第二节　幼儿园教学 ……………………………………………… 175
　　第三节　幼儿园与小学的衔接 …………………………………… 193

第八章　幼儿园环境 …………………………………………………… 200
　　第一节　幼儿园环境概述 ………………………………………… 201
　　第二节　幼儿园环境的创设 ……………………………………… 205
　　第三节　幼儿园区域活动 ………………………………………… 218

第九章　学前教育科研与教师发展 …………………………………… 223
　　第一节　学前教育科研概述 ……………………………………… 223
　　第二节　幼儿教师专业发展 ……………………………………… 236

第十章　幼儿园教育评价 ……………………………………………… 258
　　第一节　幼儿园教育评价概述 …………………………………… 258
　　第二节　幼儿园教育评价的要素 ………………………………… 265

主要参考文献 ………………………………………………………… 275

第一章 学前教育理论与实践发展概述

学习目标

1. 识记教育、学前教育的概念。
2. 理解教育、学前教育的本质与功能。
3. 了解学前教育机构的产生与发展过程。
4. 了解学前教育思想的发展脉络。
5. 掌握国内外教育家的学前教育思想要点。

本章知识结构图

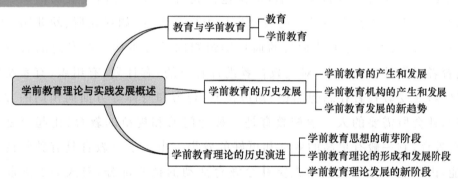

1762年,法国启蒙思想家卢梭的代表作《爱弥儿》的出版是人们真正"发现儿童"的开始,成为传统教育与现代教育的分水岭——教育者的文化自觉和研究儿童的独立进程大大加快了。伴随着工业革命,学前教育实现了"由家庭到社会"的蜕变。1840年,德国学前教育家福禄贝尔创办了世界上第一所幼儿园,意大利教育家蒙台梭利揭示了"童年的秘密"并创立了一套"蒙台梭利方法",一个新的"儿童的世纪"由此开启……

第一节 教育与学前教育

教育是人类社会特有的一种社会现象,是以人才培养和社会经验的传递为主要任务的社会活动。学前教育是教育的重要领域,是针对0~6岁幼儿开展的教育活动。教育和学前教育两者之间既有密切联系又有区别。

一、教育

近代以来,教育日益普及,其在社会发展和个人发展中都发挥着十分重要的作用。

(一) 教育的概念

对于教育通常有两种理解。广义理解的教育泛指一切能增进人的知识和技能,发展人的智力和体力,影响人的思想观念的活动。它在形式、形态等方面多种多样,有组织的或是无组织的,有计划的或是偶发的,自觉的或是自发的,来自社会、家庭或学校的。其任务就是把自然人培养成合格的社会人,逐渐实现个体社会化。广义的教育包括家庭教育、社会教育和学校教育。

狭义的教育主要指学校教育,是教育者根据一定的社会要求,有目的、有计划、有组织地对受教育者施加影响,促使他们朝着期望的方向发展的活动。具体地说,受教育者主要在专门设置的教育机构中接受教育,如托儿所、幼儿园、小学、中学和大学以及人们为了某种目的而特别组织的教育机构。在专门的教育机构中,教育者根据社会的要求,对受教育者进行有目的、有计划、有组织、有系统的教育和培养,使受教育者在思想品德、知识技能、智力和身体等方面向预期的方向发展,成为社会所需要的人。学校教育是一种专门的和规范的教育,比起家庭教育和社会教育,它一般有更高的效率和更好的效果。由于学校教育具有独特的结构和功能,因而它在近现代成为人类社会教育活动的核心部分,对人的发展起着主导作用。

(二) 教育的本质属性与功能

教育的本质属性是一种有目的的培养人和传递社会经验的社会活动,具有以下三方面特点:第一,教育是人类所独有的社会现象;第二,教育是有意识、有目的、系统地对受教育者进行培养的过程;第三,在教育活动中,存在着教育者、受教育者以及教育影响三种要素之间的相互关系。

教育的功能从不同视角可以有不同分类。

1. 个体发展功能和社会发展功能

教育的个体发展功能指教育对个体发展的影响和作用,它由教育活动的内部结构特征所决定,发生于教育活动内部,是教育的本体功能或固有功能。教育的社会功能指教育对社会发展的影响和作用。作为社会结构的子系统,教育通过对人的培养进而影响社会的生存与发展。教育的社会功能是教育的本体功能在社会结构中的衍生,是教育的派生功能,主要包括政治功能、经济功能和文化功能等。

2. 显性功能与隐性功能

显性功能指教育活动依照教育目的,在实际运行中所出现的与之相吻合的结果,如促进人的全面和谐发展、促进社会进步等。隐性功能指伴随显性功能所出现的非预期性的功能。显性功能与隐性功能的区分是相对的,一旦隐性的潜在功能被有意识地开发、利用,就可以转变成显性功能。

教育要服务于一定的社会政治和经济的需求,必须按一定的教育目的来进行。社会制度不同,教育目的也随之变化,比如中国古代为培养统治阶层的官吏和行政人员而设置的各种私塾、书院、太学等,就是要培养能服务于统治阶级的、有一定文化知识的人。教育和社会发展之间是相互影响的关系,教育的发展离不开社会政治、经济、文化条件,教育又反过来影响社会各方面的发展。目前,我国教育要为社会主义现代化建设、为国家的繁荣昌盛培养人才,而我国的社会主义建设和国家的繁荣昌盛又必须依靠教育培养人才。社会不断地发展变化,教育工作就需要不断地进行调整、变革,才能跟上时代的步伐,适应并促进社会的发展。

二、学前教育

学前教育是教育的重要领域。不论对社会还是对个人而言,学前教育都具有重要的奠基性作用。

(一) 学前教育的概念

人的一生按年龄可分为若干阶段,不同的年龄阶段有不同特征、不同的发展需要。因此,应根据人的年龄特征分阶段进行教育。学前教育包括针对0～3岁婴幼儿的早期教育和针对3～6岁幼儿的学前教育,随后与初等教育衔接。学前教育阶段是一个人教育与发展的重要而特殊的阶段。

学前教育也有广义和狭义之分,从广义上说,凡是能够影响和促进儿童身体成长和认知、情感、意志、性格和行为等方面发展的活动(如儿童在成人的指导下看电视、做家务、参加社会活动等)都可以说是学前教育。

狭义的学前教育则特指托儿所、幼儿园和其他相关学前教育机构,对幼儿实施的有目的、有计划、有系统的影响活动。幼儿园教育在我国属于学校教育系统,1996年国家颁布的《幼儿园工作规程》明确指出:"幼儿园是对3周岁以上学龄前幼儿实施保育和教育的机构,是基础教育的有机组成部分,是学校教育制度的基础阶段。"相对于家庭教育和社会教育来说,幼儿园教育突出的特点是其教育活动的目的性、组织性、计划性和系统性等。

(二) 学前教育的性质

学前教育是我国社会主义教育事业的组成部分,是我国学校教育和终身教育的奠基阶段。国家通过立法、制定方针政策来保证它的实施,通过行政管理体系来领导和贯彻落实。

1. 基础性

学前教育是国民教育体系的重要组成部分,是基础教育的基础、终身教育的开端。大量的相关研究表明,学前教育对于促进个体早期的全面健康发展、巩固和提高义务教育质量与效益、提升国民素质、缩小城乡差距、促进教育和社会公平等具有重要价值和奠基作用。如美国著名的幼儿教育长期效果研究项目佩里学前教育研究计划(Perry Preschool Program Study)研究表明,接受了一至两年优质幼儿教育的孩子在学业成就、就业率和经济收入等方面都比较高,而犯罪率又比较低,即学前教育对后续教育具有"支撑"意义。[①]

2. 公益性

学前教育的公益性是由其社会功能所决定的。良好的学前教育不仅使幼儿及其家庭受益,而且能在提高国家人口素质,减少贫困、犯罪等社会问题方面,起到早期预防的作用,并为国家未来人力资源的开发奠定基础。当前,在世界大多数国家,学前教育都属于"公益性事业",不仅是发达国家,许多发展中国家都切实地把对学前教育的投入看做是为国家积累财富,发展学前教育的责任也更多地是由政府来承担。

学前教育公益性的重要体现是所有适龄儿童都应该公平享有接受学前教育的基本权利。1989年11月联合国大会通过的《儿童权利公约》规定,生存权和发展权是每个儿童都应享有的基本权利;1990年联合国通过的《世界全民教育宣言》指出,"每一个人——儿童、青年和成年人——都应能获益于旨在满足其基本学习需要的受教育机会";2000年,联合国教科文组织世界教育论坛又通过了《达喀尔行动纲领》,确认了为每个公民和社会实现全民教育的六项目标,其中首项目标即是"扩大和改善幼儿,尤其是最脆弱和条件最差的幼儿的全面保育与教育"。全世界几乎所有的国家都签署了这三个重要国际文件,向儿童做出了提供学前教育服务以保证其基本权利的庄重承诺。

2010年11月21日,国务院发布了《关于当前发展学前教育的若干意见》,着力解决"入园难"问题。意见指出,学前教育是终身学习的开端,是国民教育体系的重要组成部分,是重要的社会公益事业。办好学前教育,关系亿万儿童的健康成长和千家万

---

① 田涛,吴定初.学前教育独立价值失落与回归[J].中国教育学刊 2013(4):34—38.

户的切身利益,关系国家和民族的未来。"发展学前教育,必须坚持公益性和普惠性",这是对我国学前教育公益性质的明确定位。

当前,我国教育界普遍认为学前教育立法的条件已经成熟,建议将制定《学前教育法》纳入"十二五"立法规划,从根本上确立学前教育在国民素质提高中的基础性和公益性地位,为学前教育的发展提供法律依据和保障。①

 知识小卡片 1-1

《儿童权利公约》解读

(一)性质与地位

《儿童权利公约》(以下简称《公约》)由1989年11月20日第44届联合国大会第25号决议通过,1990年9月2日生效。该公约旨在保护儿童权益,为世界各国儿童创建良好的成长环境。

(二)内容详解

1.《公约》在内容上可以分为三个部分。第一部分为《公约》的前41条。第一部分强调,每一位儿童的人权都必须被重视和保护,这些权利必须依据《公约》的指导原则去实践。第二部分为《公约》的42~45条,含括政府的义务,如推广《公约》的原则、公约的实行、透过政府监督进展儿童权利的过程,使大众都能了解,以及公告政府各机关之职责。第三部分为《公约》的46~54条。第三部分主要含括了经由政府签署及批准之过程和指定联合国秘书长为该《公约》的保管人。

2.《公约》包括四大原则和四大权利。

(1)四大原则

第一,儿童最大利益原则。任何事情凡是涉及儿童的必须以儿童权利为重。

第二,尊重儿童权利与尊严原则。尊重儿童的生存和发展的权利。

第三,无歧视原则。不管儿童的社会文化背景、出身高低、贫富、男女、正常儿童或残疾儿童,都应该得到平等对待,不受歧视和忽视。

第四,尊重儿童观点的原则。任何事情只要涉及儿童,应当听取儿童的意见。

---

① 周洪宇.中国教育报[N].2012:09-30,(1).

(2) 四大权利

第一,生存权利。儿童有权利接受可达到最高标准的医疗服务。

第二,保护权利。防止儿童受到歧视、虐待及疏忽照顾,尤其是那些失去家庭的儿童和难民儿童。

第三,发展权利。每位儿童都有权接受一切形式的教育,以此培育儿童的身体、心理、精神、道德及社交发展。

第四,参与权利。儿童有参与社会生活的权利,并有权对影响他们的任何事情发表意见。

第二节 学前教育的历史发展

人类的教育活动历史悠久,学前教育作为教育的重要领域,亦经历了漫长的历史发展过程。

一、学前教育的产生和发展

学前教育是与人类社会一起产生的。人类社会产生后,为了能够延续生存和抚养后代,保证婴幼儿存活与生长的教育就随之产生了,而且随着社会的进步而发展。

(一)古代社会的学前教育

古代社会的学前教育包括原始社会、奴隶社会和封建社会的学前教育。在原始社会,尚无一夫一妻制的家庭,新生一代的教育主要由原始群体和氏族公社负责,实行儿童公有和儿童公育,幼儿主要通过游戏活动模仿成年人的生活和劳动。到了原始社会末期的父系氏族社会,开始有了家庭,儿童便由家庭抚养与教育。

人类社会进入奴隶社会和封建社会后,由于生产力和科学文化不发达,还不能认识童年在人的发展中的重大意义,儿童大都只是在家庭的日常生活和劳动中接受着自发的教育影响。一直到近代公共学前教育机构出现以前,家庭几乎一直是学前儿童接受教育的唯一场所,父母,尤其是母亲,就是学前儿童的主要教师。

(二)资本主义社会的学前教育

17世纪后半期发端于英国的贫民婴幼儿保护和养育设施,是近代欧洲学前教育设施的胚胎。18世纪末,在欧洲出现了有组织的学前教育。

学前教育机构的产生与当时的社会发展状况是相适应的。产业革命后,妇女进入了劳动力市场,在客观上产生了建立保护和教育学前儿童机构的需要。在这一时期,先是出现了一些主要目的在于看管学前儿童的慈善性质的机构,如法国的牧师奥贝尔林于1776年在他的教区建立的一所托儿所(难童所)等。这些由慈善家创办的学前教育机构更多地关注儿童的生存和安全,实质上属于慈善性质的社会福利机构。

19世纪初,空想社会主义者欧文为工人子女创办的幼儿学校开始以教育为主要任务。1816年欧文在他的模范区新拉纳克建立了"性格形成新学园",其中包括收托2～5岁儿童的学前教育机构,最多时有300多名儿童。这是历史上为工人子女创办的第一所学前教育机构。这种进步的实验虽未能继续下去,但欧文所创立的托儿所的教育原则和方法,影响了后来法国和意大利托儿所的建立。

二、学前教育机构的产生和发展

工业革命后,生产力水平的不断提高对劳动力的素质提出了更高的要求,入学前的准备教育开始逐渐引起人们的重视,促成了现代意义上的公共学前教育机构的产生。

(一)世界上第一所幼儿园的诞生

德国著名学前教育家福禄贝尔被誉为"学前教育之父"。福禄贝尔认为,所谓真正的教育是一种自导的、帮助儿童内部发展的过程,教育的任务在于促进儿童的自我活动和内在本质力量的发展。1840年,他把自己创办的学前教育机构正式命名为"幼儿园"。在他的幼儿园里,游戏是幼儿的主要活动,幼儿通过他创制的"恩物"来学习,并得到体力、语言、认识、想象力、创造力等多方面的发展。

福禄贝尔所创办的幼儿园是世界历史上第一所真正意义上的学前教育机构。之后,"幼儿园"的名称被全世界普遍采用,公共学前教育机构也如雨后春笋般地在欧美各国普及开来。

(二)学前教育机构的发展

进入20世纪后,随着科学技术的飞速发展,生产力水平迅速提高,国际竞争日益加剧。各国为了多出人才,早出人才,更加关注学前教育。学前教育的社会价值和教育价值开始为全社会所重视,从而使学前教育机构得到了前所未有的发展。

1. 国外学前教育机构的发展

(1)学前教育机构数量的增加

随着学前教育的日益普及,幼儿园数量增加很快,许多发达国家如法国、日本、美国等已将学前一年的教育纳入义务教育范畴,幼儿园的入园率均在90%以上。

（2）学前教育机构的多样化

为适应普及学前教育的需要和现代社会家长的各种需求，学前教育机构越来越多样化。由私人、国家、团体、企业、教会等开办的各种学前教育机构，在结构、规模、教育目的、教育方法、教育内容等方面各有特色，相互竞争，促进了学前教育机构向着形式多样化、功能多样化、组织多样化、教育多样化等方向发展。随着各派学前教育理论的涌现，秉持不同教育理念的幼儿园，如福禄贝尔式、蒙台梭利式、皮亚杰式、瑞吉欧式幼儿园，也纷纷出现。

（3）师资质量和教育质量的提高

这是学前教育机构发展的重要方面。世界各主要国家如美国、英国、法国、日本等，都将学前教育师资提高到了大专以上水平，并实行专门的教师资格制度。同时，教师的教育价值观的进步，使尊重幼儿、保障幼儿权利、让幼儿得到全面发展等观念成为全世界学前教育工作者的共识。这一切使学前教育质量的提高有了根本的保证。

2. 我国学前教育机构的发展

（1）我国第一所幼儿园的诞生

清朝末期，当时爱国的思想家为振兴民族，挽救中华，把教育和兴办西学作为强国之途。清政府为了缓和矛盾，顺应社会潮流，自1901年起推行"新政"，其主旨是"废科举，兴新学"，1904年《奏定学堂章程》的颁布，确立了系统的新式学校教育系统，其中的《奏定蒙养院及家庭教育法章程》，规定设置蒙养院作为学前教育机构，第一次将学前教育列入学制系统。1903年湖北幼稚园在湖北武昌创立，这是我国第一所由自己创办的公立学前教育机构。之后又在长沙、北京、上海等地相继成立了蒙养院。但当时的这些学前教育机构完全抄袭日本，具有明显的半封建、半殖民地特点。

（2）旧中国幼儿园教育的发展

在旧中国，政府根本不重视学前教育，导致学前教育的发展极为缓慢，而且幼儿园完全成了西方帝国主义国家文化侵略的工具和富人的专用品。针对这一情况，一批具有爱国思想和民主思想的学前教育家，反对学前教育的外国化、宗教化和贵族化，积极提倡变革并躬行实践，使得学前教育开始中国化、科学化和平民化。如陈鹤琴于1923年创办我国最早的学前教育实验中心——南京鼓楼幼稚园，对幼稚园的课程、教材、教法、设备等方面进行了实验研究；抗日战争时期，我国第一所公立幼稚师范学校——江西省立实验幼稚师范学校成立，并开始进行"活教育"的实践。特别难能可贵的是作为留美归来的大学教授——陶行知先生，身体力行地积极推行平民教育和乡村教育，在南京郊区首创了中国第一所乡村幼稚园——南京燕子矶乡村幼稚园，还创建了乡村幼稚师范学校、乡村幼稚教育研究会等。这些教育家以及他们的教育试验对我国学前教育的发展都产生了极为重要的影响。

这一时期,在中国共产党领导下的农村革命根据地、抗日民主根据地和解放区,则出现了一批适应战争环境和解放区、根据地政治经济特点的各种类型的托幼组织,为我国学前教育事业的发展积累了宝贵经验。

(3) 中华人民共和国成立以后学前教育的发展

中华人民共和国成立后,国家以老解放区学前教育经验为基础,借鉴苏联经验,对学前教育进行了整顿、改造和发展。在办园方向上,保育教育幼儿、方便家长参加社会主义建设成为我国幼儿园的双重任务;在教育目标上,提出对幼儿进行初步的体、智、德、美全面发展教育,使幼儿的身心"在入小学前获得健全的发育"。随着我国社会主义建设的深入,学前教育进一步受到重视,幼儿园数量大幅度增长,社会主义学前教育的新体系基本形成。但在"文化大革命"期间,我国学前教育遭到了严重的破坏,教育、教学陷入混乱局面。

1978年,党的十一届三中全会召开,我国社会主义建设进入了崭新的历史阶段。随着经济的持续发展和改革开放,学前教育机构的发展也出现了重大变化。主要表现在以下几方面。

第一,学前教育机构的多样化。学前教育机构的发展从计划经济下的单一办园模式中解放出来,由国家、企业、机关办园,转向各种社会力量办园,特别是农村、个人、法人团体等积极办园,学前教育机构的数量急剧增加,幼儿入园率不断提高。

第二,学前教育发展逐渐走上规范化、法制化的轨道。一方面,从中央到地方的各级学前教育领导机构逐步完善,另一方面,为了促进学前教育的发展,教育部制定颁发了一系列拨乱反正的文件,如《幼儿园教育纲要(1981)》、《关于进一步办好幼儿学前班的意见(1986)》等,使广大学前教育工作者重新明确了学前教育发展的方向。1989年6月,国家教育委员会为了加强幼儿园的科学管理,提高保育和教育质量,制定颁发了《幼儿园工作规程(试行草案)》(1996年6月正式施行)(以下简称《规程》)。《规程》不仅明确规定了幼儿园的保教目标、任务,而且用专门的章节对幼儿园教育从原则到活动的组织、教育的形式、方法等作了规定。《规程》充分体现了正确的教育观、儿童观,十分重视幼儿的身心发展规律和特点以及幼儿园教育工作的规律。1989年8月,为了加强幼儿园的管理,促进学前教育事业的发展,经国务院批准,国家教育委员会又颁布了《幼儿园管理条例》,这是中华人民共和国成立以来,经国务院批准颁发的第一个学前教育法规,使我国学前教育管理从此跨入了法制化轨道。

2001年7月,教育部颁发了《幼儿园教育指导纲要(试行)》,其中就《规程》中有关"幼儿园的教育"这一部分内容做出了更为具体的规定,在《规程》与教育实践之间架起了过渡的桥梁。2010年5月国务院审议通过了《国家中长期教育改革与发展规划纲要(2010—2020)》,2011年又印发了《中国儿童发展纲要(2011—2020)》,为我国学前教育的发展描绘了一幅宏伟的蓝图。2012年教育部发布《3～6岁儿童学习与发展指南》，对广大幼儿园教师和家长进一步了解3～6岁幼儿学习与发展的规律，全面提高保教水平提供了科学的依据，也是有效引导教育者采取适宜的教育教学行为，促使学前教育独立价值回归的重要举措。2013年3月，为适应新形势下学前教育改革发展的需要，进一步加强幼儿园的科学管理，规范办园行为，提高保育与教育质量，教育部又发布了"关于公开征求对《幼儿园工作规程（修订稿）》（征求意见稿）意见的通知"。这些学前教育法规文件的密集发布与实施，进一步推动了我国学前教育科学化、规范化的进程。

21世纪以来，学前教育取得了长足发展，普及程度逐步提高。据教育部统计，截至2013年年底全国幼儿园总数已达19.86万所，在园幼儿3895万人，学前三年毛入园率达到67.5%。[①]

不过，总体上看，学前教育仍是各级各类教育中的薄弱环节，主要表现在资金投入不足、师资队伍不健全、体制机制不完善等方面。为此，《国家中长期教育改革与发展规划纲要（2010—2020）》中指出："积极发展学前教育，到2020年，普及学前一年教育，基本普及学前两年教育，有条件的地区普及学前三年教育。"指明了今后学前教育发展的方向和目标。

三、学前教育发展的新趋势

20世纪80年代以来，世界学前教育进入了相对繁荣稳定的发展时期，各国学前教育在相互碰撞、相互交流、相互促进、共同发展的过程中，逐渐呈现出一些共同的较为明显的发展趋势，这些新趋势和新动向的出现，也推动着我国学前教育的发展与变革。

（一）学前教育基本理论与实践模式的多样化

学前教育基本理论与实践模式的多样化的发展趋势，一方面表现在各国都在引进、消化、吸收各种教育理论，出现了各种教育理论的同时并存，以解决现代学前教育的各种具体问题；另一方面的表现则是各种学前教育模式互为补充、互相融合，用综合的理论来解决现代学前教育所面临的各类复杂问题。

长期以来，我国学前教育基本理论研究一直处于苏联学前教育理论体系的笼罩之中。改革开放以来，随着学前教育国际交往的发展和自身科研水平的提高，我国学前教育在引进、消化与吸收国外先进理论的基础上，逐渐繁荣并完善了自身，使我国学前教育理论体系与实践模式呈现出多样化态势，主要表现为蒙台梭利教育法的复兴、皮亚杰认知理论的应用、瑞吉欧教育模式的实验以及开放教育思想等西方学前教育理论

---

① http://www.bj.xinhuanet.com/bjyw/2014-05/16/c_1110729775.htm.

的引进等,使我国学前教育界呈现出百花齐放的局面。随着学前教育改革的深入,这些理论与实践逐渐与中国国情、民情相结合,向民族化、本土化迈进。

(二)学前教育目标的整合化

随着人类社会的发展与进步,儿童及儿童权益越来越受到人们的重视和尊重。在学前教育领域的体现就是越来越尊重儿童和注意满足儿童各种发展的需要,并把儿童身心各方面的发展看成是一个有机的整体,把儿童看成是一个全方位不断发展的"整体人"。因此,现代学前教育强调将培养"完整儿童"作为主要的目标。而所谓的"完整儿童",是指获得了身体的、认知的、情感的、社会的和人格的整合性发展的儿童。在现代学前教育的发展进程中,这种整合性的特征,正在向更深、更广的方向发展。

这种整合化的学前教育目标最终要通过具体的教育教学活动来落实。2001年实施新课程改革以来,我国幼儿园课程划分为五大领域,学前教育模式的发展与改革进一步深化。在课程目标、内容、方法和评价等方面都有了新的进展,尤其在课程模式的弹性化与开放化,幼儿个别自发活动、小组学习和集体学习等形式的灵活组织与运用,幼儿情感和社会性发展课程的设计与实施等方面开始了更深入的改革和探索,从而为儿童全方位的发展创造了更适宜的条件。

(三)学前教育机构类型的多元化和社区化

近年来,由于经济文化和教育事业的迅速发展,伴随着我国学前教育领域改革、开放、搞活的浪潮,我国学前教育机构类型开始向多元化、立体化方向发展。与此同时,学前教育还开始向社区化迈进,各种各样以社区为依托的学前教育机构如雨后春笋般涌出,为广泛普及和推广学前教育起到了有效的推动作用。

(四)学前教育方法的科学化

最近十几年来,我国幼教理论工作者与幼教实际工作者进行了更加广泛的合作与研究,对具体的学前教育方法和手段进行了大量的实证研究,促使我国的学前教育方法和手段向科学化和系统化方向发展。如对角色承担训练的研究,对移情训练的研究,对"社会认知冲突训练"的研究,对三种教育方式的研究和对去自我中心化训练的研究等。这些实验研究的结果为幼儿教师有效地运用各种具体的教育方法和手段提供了理论依据和切实可行的具体建议,使幼儿教育方法本身得以完善和发展,并得到推广和普及。

第三节 学前教育理论的历史演进

随着学前教育实践的发展,教育经验日益丰富,有关学者概括总结了这些经验,并在此基础上形成了系统的学前教育理论,促成了一个新的学科——学前教育学的产生。

一、学前教育思想的萌芽阶段(远古至19世纪初期)

从原始社会开始,人类便在生产和生活实践中逐步积累起丰富的教养儿童的经验,到了奴隶社会,学前教育思想开始孕育与萌芽。在西方,古希腊和古罗马时期已有丰富的学前教育思想。柏拉图在西方学前教育史上第一次较为系统地阐述了学前儿童的教育问题。他主张儿童公育,并论述了学前儿童的游戏和故事材料的选择等问题。亚里士多德和昆体良等教育家也论述过学前儿童的教育问题,尤其是亚里士多德,在人类教育史上第一次提出"教育遵循自然"的论点,主张按照儿童的年龄特征进行分阶段的教育,为人类研究儿童、教育儿童指出了正确方向。

近代是学前教育思想发展的重要时期,学前教育思想较集中地反映在众多教育家的教育论著中。

捷克著名教育家夸美纽斯在历史上第一次把学前教育纳入其具有民主色彩的单轨学制中,并撰写了历史上的第一部学前教育专著《母育学校》,构建了一个相对完整的家庭学前教育体系。他还编著了世界上第一本图文并茂的儿童读物《世界图解》,他在历史上首次从理论上论证了学前教育必须遵循儿童之自然,认为进行感官教育是学前儿童学习的基础。他的教育思想对近代学前教育的发展产生了重要影响。

英国教育家洛克在《教育漫话》一书中根据培根的"经验论",论证了著名的"白板说",并提出了儿童体育、美育、德育和智育的具体建议。

法国启蒙思想家和教育家卢梭提出的近代儿童观成为现代学前教育的理论基础。他在其教育代表作《爱弥儿》中明确提出:"你使孩子只依赖于物,就能按照自然的秩序对他进行教育",①而且主张"消极教育",强调教育回归自然,主张按照儿童的自然发展顺序来实施教育,他的理论被视为人类"发现儿童"的开始。尤其是他关于生来具有学习能力的婴幼儿不是通过语言和文字,而是通过经验并利用自己尚未成熟的器官进行学习的主张,对人类认识学前儿童学习的本质特征,并采取正确的教育方法提供了重要启示,成为传统教育和现代教育的分水岭,对后世学前教育思想的发展有极其重要的影响。以卢梭为标志,学前教育逐渐从封闭走向开放:强调教育要适合儿童,而不是使儿童去适应教育,为建立儿童在教育中的主体地位奠定了基础。

瑞士教育家裴斯泰洛齐继承了前人教育要遵循儿童自然的思想,并以毕生的教育实践证明:一切教育都应以感官教育为基础,儿童学习的最好方式是操作,母亲是儿童

---

① [法]卢梭.爱弥儿(下卷)[M].李平沤译,北京:商务印书馆,1983:83.

的最好老师等理论与方法。他著有《林哈德和葛笃德》《母亲读物》等,还在教育史上第一个提出教学心理化的思想,强调教育必须考虑儿童的心理特点,并最早提出了"儿童年龄越小越需要心理学知识的指导"的见解,为学前教育理论步入科学化铺平了道路。

我国最初的儿童教育思想散见在谚语中,如"三岁看大,七岁看老""教儿婴孩,教妇初来"等。我国一些古书中很早就有关于学前教育的记载,如西汉贾谊在《新书》中记载了公元前11世纪周成王母亲注意胎教之说;《礼记·内则》中也有关于古代学前教育的记载,如提出关于小儿出生后选择保姆的要求,从儿童能食能言时便进行教育,从小教儿童日常生活的习惯、礼节和常识等。

魏晋南北朝时颜之推著有《颜氏家训》,南宋朱熹编《童蒙须知》和《小学》等。虽然这些著作中有一些"人伦之教"和三纲五常的封建思想,但也提出了一些有益的学前教育思想,如颜之推在《颜氏家训》中提出应注意胎教,引用孔子所说的"少成若天性,习惯成自然"及俗谚"教儿婴孩"等,论证从小教育儿童的重要意义。又如,朱熹亦重视胎教,认为孕妇应注意审慎自己的行为,还认为婴儿出生后,乳母必须有"宽裕、慈、惠、温、良、恭、敬"等道德品质,主张对儿童"教之以事""从小便养成德行"等。以上说明我国古代就有一些思想家总结了胎教和儿童出生后家庭教育的实践经验,重视幼小儿童的教育,提出了宝贵的学前教育思想。这些丰富的学前教育遗产,还有待我们进一步研究。

二、学前教育理论的形成和发展阶段(19世纪中期至20世纪中叶)

(一)西方学前教育思想及其代表人物

学前教育理论由笼统的认识到建立起独立的范畴与体系,进而成为一门独立的学科,一般认为始自德国教育家福禄贝尔。此后,随着人们对学前教育的认识日益深化,学前教育的理论体系不断完善。此阶段西方出现的学前教育思想在学前教育理论的形成和发展中居于重要地位。

1. 福禄贝尔

德国学前教育家福禄贝尔继承和发展了夸美纽斯和裴斯泰洛齐等教育家的学前教育思想,1840年创办了世界上第一所幼儿园,并撰写了《人的教育》《幼儿园教育学》等著作,系统地提出了幼儿园教育理论,他被誉为"学前教育之父"。一般认为,学前教育学从普通教育学中分化出来,成为一门独立的学科是从福禄贝尔开始的。他的学前教育理论主要有以下几方面。

(1)教育应当追随儿童发展之自然

福禄贝尔继承了前人关于"教育适应自然"的思想,他认为,对儿童的教学和训练在根本原则上必须是被动的、顺应的,而不是命令的、绝对的、干涉的。因此,应当谨慎地遵循儿童的本能。他认为儿童有四种本能:活动的本能、认识的本能、艺术的本能和宗教的本能,其中活动的本能是最重要的本能,因此强调幼儿园要开展各种活动,让儿童的身心都获得发展。

(2) 自我活动是儿童教育的基础

福禄贝尔认为,幼儿的行为是其内在生命形式的表现,是由内在的动机支配的,"自我活动是幼儿园教育方法的基本依据"[①],通过这些行为,幼儿才可以成长发展。教育者的任务是帮助幼儿除去生命发展的障碍,让其自我得到发展。命令式的、强制的、干涉的教育方法对幼儿的发展是无效的,必须尊重幼儿的自主性,重视幼儿的自我活动。

(3) 强调游戏的教育价值

福禄贝尔是教育史上第一位阐明游戏教育价值的人。他认为幼儿是通过游戏将内在的精神活动表现出来的,"游戏是生命的镜子";他强调游戏对幼儿人格发展、智慧发展的重要意义,"游戏会产生喜悦、自由、满足,以及内在的平安、和谐",游戏是幼儿"起于快乐而终于智慧的学习","能自动自发、用心认真地玩到累了为止的孩子,将来必是个健壮、坚韧、能够牺牲、奉献的人";他根据儿童的特点,将玩具、教具、教材融为一体,创造了一种操作物——"恩物"。他认为,通过这些"恩物"可以帮助儿童由易到难、由简到繁、循序渐进地认识复杂的大千世界,了解自然及其内在规律。"恩物"成为现在很多儿童玩具的原型。

福禄贝尔的学前教育理论和实践对后世产生了巨大影响,尤其是他创办的幼儿园以及提出的幼儿教育理论对世界各国幼儿教育发展的影响极其深远。直到20世纪初,他所创设的学前教育体系仍是学前教育领域中最流行的体系。[②]

2. 杜威

杜威是美国进步主义教育运动及教育理论的代表,是20世纪对幼儿教育理论影响极大的教育家。他的著作主要有《民主主义与教育》《经验与教育》等。虽然杜威没有专门论及幼儿教育和从事幼儿教育实践,但他的教育理念实际上成为20世纪以来学前教育变革的重要理论基础。杜威宣扬的"儿童中心论",以及关于教育本质的"教育即生长""教育即生活""教育即经验的改组与改造"等观点,成为改造旧教育的纲领,[③]对世界许多国家的幼儿教育实践产生了极其深远的影响。杜威强调儿童的主观

---

① 周采,杨汉麟. 外国学前教育史[M]. 北京:北京师范大学出版社,1999:195.
② [德]福禄贝尔. 人的教育[M]. 孙祖复,译. 北京:人民教育出版社,2001:37.
③ 周采,杨汉麟. 外国学前教育史[M]. 北京:北京师范大学出版社,1999:281.

能动性在学习中的重大作用,主张儿童在生活和活动中学习,这在当时是难能可贵的,当今美国开放式幼儿园的教学方法就是杜威教育理论的产物。但杜威有过分夸大儿童自身的学习能力,忽视教师主导作用的倾向。

3. 蒙台梭利

蒙台梭利是20世纪上半叶意大利著名的儿童教育家,她于1907年创办"儿童之家",进行了举世闻名的"把教育缺陷儿童的方法用于教育正常儿童"的实验,创造了教育的奇迹。1909年发表了代表作《蒙台梭利教育法》,1933年出版了《童年的秘密》,较全面地论述了她关于学前教育的独特观点,引起了普遍的关注。随后,以她的名字命名的教育方法——"蒙台梭利教育法"传遍了全世界。今天国际上又重新掀起了新的蒙台梭利热,很多幼儿园以她的教育思想、方法以及教具进行教育。蒙台梭利学前教育理论的要点有以下几方面。

(1) 幼儿自我学习法则

蒙台梭利在教育过程中发现,受生命本能的驱使,所有儿童天生具有一种"吸收"文化的心理,"儿童能够自己教自己"。她认为,这一发现带来了一场革命:第一,儿童不再被认为是一种幼小的生物,而被赋予巨大的创造力;第二,这种能力属于无意识心理,只有通过活动、通过生活经验才能变为意识。因此,她视教育为促进幼儿内在力量自然发展的过程,强调幼儿的自由活动,反对以成人为中心的教育,反对传统的班级统一教学,允许幼儿个别学习。她说:"我的教学法就是要培养和保护儿童自身的学习积极性。"

知识小卡片 1-2

自由选择①

有一天,一位教师到校稍迟了一点,事先她又忘记了把柜子锁起来。到校后她发现,许多儿童已经把柜子门打开了,并围着它。其中有一些儿童正在取出教具。这位教师把这看做是一种偷窃行为,认为这些儿童如此不尊重学校和老师,应该严肃处理,并应该告诉他们正确和错误之间的区别。相反,我却把这件事看做是一个标志,标志着儿童已经认识了各种教具,以至他们已经能作出自己的选择。情况证明确实如此。这使儿童开始了一种新的和有趣的活动。现在,他们可以根据自己的特殊爱好选择工作。为了使儿童能够这样做,我们后来制作了矮柜,这样儿童可以方便地选择一些与他们的内在需要相应的教具。因此,重复练习的原则又加上了自由选择的原则。

---

① [意]玛利亚·蒙台梭利.童年的秘密[M].单中惠,译.北京:京华出版社,2002:6.

尽管在儿童之家里有一些确实奇妙的玩具,但是,没有一名儿童愿意选择它们。这使我十分惊讶。我决心进行干预,给儿童演示如何玩这些玩具。我教他们如何拿小碟子,如何在小厨房里点火,并在它旁边放一个可爱的娃娃。但儿童只表现出片刻的兴趣,然后就各自走开了。由于他们从来没有自由地选择这些玩具,因此,我认识到,在儿童的生活中,玩玩具也许只是其中很小的一部分,由于没有更好的事情要做儿童才去玩的。当儿童感到他有重要的事情要做时,他似乎是不会进行这种活动的。他视游戏就如同我们看待下棋或打桥牌一样,同样,对我们来说,下棋或打牌是休闲时的一种快乐的消遣活动,但是,如果我们被迫一直下棋或打桥牌而不做其他事情,那就会感到是一种痛苦。当我们有重要的事情要做时,就会忘掉下棋或打桥牌。由于儿童总有一些重要的事情要做,因此,他对玩玩具就不是特别感兴趣了。

因为每一名儿童不断地从一个较低的阶段发展到一个较高的阶段,所以,他的每一分钟都是宝贵的。儿童正在不断地成长,他会迷恋于对他的成长有帮助的每一件事,而对休闲的工作变得不感兴趣。从儿童的自由选择中,我们能看到他们的倾向和心理需要。其中最有趣的一个发现是,儿童不会选择我们提供的所有各种教具,而只选择某些同一类的教具。他们总是去挑选同样的教具和一些自己明显偏爱的东西。其他的教具很少被他们留意到,以致积满了灰尘。

我常常把所有各种教具都拿给儿童看,并让教师把它们分给儿童并讲解如何使用它们,但是,儿童从不主动再次使用其中的一些教具。于是,我认识到,对儿童来说,每一种教具不仅应该井然有序,而且应该与儿童的内在需要相适应。只有消除了教具混乱无序的情况和去掉不必要的教具,才能更好地激起儿童的兴趣和使其更专心。

(2) 重视教育环境和教师的作用

在蒙台梭利教育法中,一个有准备的环境是关键。她认为,幼儿的发展离开适宜的环境是不可能实现的。因此,教育就是给幼儿创造一个好的学习环境。这个环境是一个有秩序的、充满生机的、愉快的和自由发展的,有助于儿童创造自我和自我实现的环境,那里几乎所有的东西都是为儿童设置的,对儿童有极大吸引力。在教育中,教师不是传统的灌输知识的机器,而是一个环境的创设者、观察者、指导者。教师为幼儿精心设计环境和学习材料,提供必要的发展手段,保证幼儿能展开自由的学习。教师通过"全神贯注地观察"去发现幼儿巨大的个别差异,对幼儿的不同需要做出恰当的反应,提供必要的帮助。蒙台梭利明确指出,幼儿自由学习的质量是由教师的质量决定的,正是教师才使幼儿的自由得以实现。

(3) 强调感觉训练

蒙台梭利特别重视感觉教育。她认为3～6岁是儿童身心迅速发展的时期,幼儿的各种感觉先后处于敏感期,因此必须对幼儿进行系统的和多方面的感官训练,使他们通过与外部世界的直接接触发展敏锐的感觉和观察力,为高级的智力活动和思维发展奠定基础。她认为,感觉教育主要是一个儿童依据教具进行自我教育的过程。"感觉隔离"是蒙台梭利感觉训练的一个重要技术特点,其目的是要借此方法有效地保持儿童的注意,以增强儿童对物体特殊性的感受。感觉隔离主要有两种方法:蒙眼和暗室。为此,她专门设计了一套感觉训练教具,如用以辨别各种形状的镶嵌板,辨别粗细、高低、长短的圆柱插板、长短棒,辨别不同声音和音色的音筒,辨别不同气味的瓶子,练习小肌肉活动的纽扣板,等等。这些教具的特点是简单,幼儿能自我纠正错误,教师容易掌握指导时机。幼儿常常自由地选择教具,并专注地和独立地反复进行操作练习,获得自我学习和提高。

蒙台梭利的教育理论也受到不少批评,主要是指责她的教育偏重智能而较忽视对幼儿情感的陶冶,忽视幼儿的社会化活动,其感觉教育教具脱离幼儿的实际生活,过于狭隘、呆板,操作方法过于机械等。然而,尽管如此,蒙台梭利教育法对世界幼儿教育的巨大贡献是不可否认的,她的理论的基本精神,特别是重视幼儿身心发展特点和规律、重视幼儿的自主操作练习和学习,强调环境的作用,以及她对教师作用的独特观点等,对今天的学前教育改革都具有极大的现实意义。

(二)我国的学前教育代表人物及其理论

我国学前教育理论的发展有着自己的道路。19世纪中叶以后,随着反帝反封建的旧民主主义革命的兴起,西方资产阶级教育思想的传入,传统的封建教育远不能适应当时社会发展的要求,一大批进步的政治家和教育家提出了改革旧教育制度、提倡西学的主张。学前教育作为新式教育的组成部分也随之而得到发展,20世纪初期我国创办了最早的一批学前教育机构。五四运动前后,一大批从欧美学成回国的学者对我国自清末以来兴办学前教育的经验教训进行了反思和批判,并在此基础上,积极开展学前教育中国化和科学化的改革试验。他们的教育理论和试验研究,丰富了幼儿教育理论,对于形成具有中国特色的学前教育理论具有重要意义。下面介绍这个时期我国比较著名的教育家及其理论。

1. 康有为

康有为在《大同书》中提出了一个体系完整、前后衔接的学校教育制度,第一次提出在我国实施学前社会公育。强调早期教育、学前教育,主张男女教育平等,主张实行德、智、体、美诸方面发展的教育,反映了改良主义者的良好愿望。

2. 陶行知

陶行知被誉为"伟大的人民教育家",他在学前教育方面提出了很多进步的教育主张。他强调六岁前教育的重要性,"儿童学者告诉我们凡人生所需要的重要习惯、倾向、态度多半可以在六岁以前培养成功。"他的办园思想是"中国化""平民化",主张在工农中普及学前教育。他提出在幼稚园实施和谐的生活教育,反对束缚儿童个性的传统的教学法,主张通过"艺友制"来培养幼教师资等。他在学前教育方面的代表作主要有《创设乡村幼稚园宣言书》《幼稚园之新大陆》《如何使幼稚教育普及》等。

3. 陈鹤琴

陈鹤琴是我国现代著名的学前教育专家。他从美国学成回国以后,曾对儿童成长与发展进行了长期的观察实验和探索研究,并在总结中国儿童心理发展规律的基础上开展学前教育中国化和科学化的积极探索,为我国学前教育事业走向现代化作出了卓越的贡献。到20世纪40年代,陈鹤琴的学前教育思想日臻成熟,在进一步实验研究的基础上形成了独具特色的活教育理论体系,这个体系是陈鹤琴在吸收借鉴西方先进教育思想的基础上,结合中国国情进行学前教育研究探索的宝贵成果,它标志着我国学前教育理论的初步形成。他关于学前教育的主要观点有以下几方面。

(1) 学前教育对于儿童一生的发展至关重要,关系到国家的前途和民族的命运

陈鹤琴根据他的研究认为,"儿童期是发展个人的最好机会",无论是言语、习惯、道德和能力,都是在儿童期学习最快,养成最易,因此他认定"幼稚期(自出生到7岁)是人生最重要的一个时期",应当把幼稚期的教育当做整个教育的基础。

(2) 强调学前教育要考虑儿童的特点

陈鹤琴认为儿童不是"小人","儿童的心理与成人的心理不同,儿童时期不仅作为成人之预备,亦具有他本身的价值,我们应当尊敬儿童的人格,爱好他的烂漫天真"[①]。通过研究,他认为儿童具有好动、好模仿、易受暗示、好奇、喜欢成功、喜欢合群、喜欢野外生活等特点,主张学前教育要适应儿童的特点,做到儿童化,杜绝中小学化、成人化;他倡导要了解每个儿童的个性,因材施教,使儿童得到健康的成长;同时强调教师要热爱儿童,公平地对待儿童,做儿童的朋友和伴侣,要启发、诱导儿童,要绝对尊重儿童的人格,不能任意恐吓、打骂儿童,以免阻碍儿童身心的正常发展。

(3) 主张让儿童向"大自然""大社会"学习

陈鹤琴认为,传统教育的课程内容是固定的,教材是呆板的,先生只是一节一节课地上,学生只是一节课一节课地学。这样的教育只能培养出"书呆子"。在批判传统教

---

① 北京市教育科学研究所编.陈鹤琴全集(第一卷)[M].南京:江苏教育出版社,1987:9.

育弊端的基础上,陈鹤琴提出了著名的"活教育"理论,主张让儿童直接向"大自然""大社会"学习。他认为大自然、大社会是"活教材",而书本是"死教材"。当然,陈鹤琴并非让人们摒弃书本,他所强调的是要让儿童在与自然和社会的直接接触中,在亲身观察中获取经验和知识。他还把学前教育的内容具体化为"五指活动",即儿童健康活动(包括卫生、体育、营养等);儿童社会活动(包括史地、公民、常识等);儿童自然活动(包括动物、植物、矿物、气象、理化、算术等);儿童艺术活动(包括音乐、图画、工艺等);儿童文学活动(包括读、写、说、译等)。这"五指活动"追求的是完整的儿童生活。用"五指"作比喻,是说明这五种活动犹如人一只手的五个指头,是缺一不可的相联的整体。

(4) 强调学前教育的方法要多样化

陈鹤琴认为儿童的生活是整个的,因此他反对幼儿园搞分科教学,而是大力提倡"整个教学法","就是把儿童所应该学的东西整个地、有系统地去教儿童学。"[①]最好是由一个老师去教,以体现整体性,而不致使课程内容四分五裂、杂乱无章。

陈鹤琴认识到儿童是以游戏为生活的,儿童总是喜欢游戏的,而游戏能锻炼孩子的身体,缓解紧张情绪,体现活动愉悦,展开儿童的想象,因此他认为教学中应采用游戏式的教学方法,让儿童在游戏中、在活动中学习,往往会有事半功倍的效果。

陈鹤琴还认为儿童的年龄不齐、智力不同、兴趣不一,在教育的过程中应多采用小团体的教学法,区别对待、分组施教,以使处于不同发展水平的儿童都有所长进。

后来,他又陆续提出了比较法、比赛法、替代法、观察法等教学法,他强调通过多样化的方法,生动、形象、具体地向儿童进行教育,既可以增强教育效果,又使儿童的兴趣格外浓厚。

三、学前教育理论发展的新阶段(20世纪中叶以后)

20世纪中叶以来,生理学及神经生理学,特别是儿童心理学以及社会学、人类学有了较大的发展,为学前教育理论的深化和完善提供了科学依据,如心理学对儿童心理发展动力的研究,对学前儿童认知能力发展、情感和意志发展的研究,对学前儿童个性形成的研究等,为建立和完善学前儿童认知教育、情感教育和道德教育理论,提供了科学依据。

由于不同的心理学派对于儿童是怎样发展的、怎样学习的等问题,有着不同的解释,同时,各国具体国情和教育目的、任务不同,因而形成了种种不同的学前教育流派。

(1) 苏联学前教育理论

该理论认为人的心理是在掌握间接的社会文化经验过程中产生和发展的,有明确

---

① 北京市教育科学研究所编.陈鹤琴全集(第二卷)[M].南京:江苏教育出版社,1989:224.

目的的教育和教学在学前儿童发展中起决定作用,因此主张有计划、有系统地对儿童进行全面发展教育。

(2) 强调外部刺激的教育理论

这是以行为主义心理学为指导思想的一种理论,认为儿童的行为是由外部刺激决定的,通过控制外部刺激和强化作用,就可以形成或改变儿童的行为。在教育中则主张有明确的目的和实施的原则,选择适当的内容直接教给儿童,并加以强化,儿童的活动要在教师指导下进行。

(3) 西方开放教育理论

该理论认为儿童自己是学习的主人,由儿童自己决定要学什么,如何学。教育的任务在于帮助儿童进行学习,发展他们的智力、情感,以及处理问题、解决问题的能力。在方法上大都采用发现法。

(4) 认知心理学的教育理论

该理论主要运用皮亚杰关于儿童思维和学习的认知理论,认为儿童的学习是一种主动的过程,知识是从儿童内部构成的,重视儿童主动探索和主动操作。教育的任务在于促进儿童的主动学习,使儿童能够产生最佳的认知不平衡,而这种认知不平衡正是重新组织认知结构的动力。

以上这些不同流派的学前教育理论自 20 世纪 80 年代以来逐渐被介绍到我国,有关学前教育工作者从我国实际出发,博采众家之长,使我国的学前教育理论日益丰富和完善,对改革开放以来学前教育领域的改革起到了重要的指导作用。

本章小结

教育是一种社会现象,教育的本质属性是一种有目的的培养人的社会活动。学前教育是指从初生到 6 岁前儿童的教育。学前教育是国民教育体系的重要组成部分,是我国学校教育和终身教育的基础。托儿所、幼儿园和其他相关学前教育机构对幼儿实施的是有目的、有计划、有系统的教育影响。学前教育的性质主要表现为基础性和公益性。学前教育机构的产生和发展经历了一个历史过程,德国学前教育家福禄贝尔创办了世界上第一所幼儿园。20 世纪 80 年代后,学前教育的发展出现了理论与实践模式多样化、学前教育目标的整合化、机构类型多元化和社区化、学前教育方法科学化的趋势。

在学前教育理论形成与发展的漫长历程中,各个不同历史时期的众多哲学家、教育家,如夸美纽斯、卢梭、福禄贝尔、蒙台梭利、杜威、皮亚杰等,他们以其独特的教育思想和丰富的教育实践活动,为学前教育学学科的创建与发展,作出了重大贡献。我国学前教育研究在引进、消化与吸收国外先进理论的基础上,逐渐繁荣并完善了自身,使我国学前教育理论呈现出百花齐放的局面。

思考与练习

1. 什么是学前教育?它的性质是什么?
2. 简述学前教育的历史发展过程,它有哪些发展新趋势?
3. 学前教育理论的发展经历过哪几个主要阶段?有哪些主要代表人物?
4. 简述福禄贝尔对学前教育学创立与发展的贡献。
5. 简述蒙台梭利学前教育理论的要点。
6. 陈鹤琴对我国学前教育发展作出了哪些贡献?
7. 当前国外主要有哪些学前教育流派?

第二章　学前教育与社会发展

学习目标

1. 认识、理解学前教育与社会政治、经济和文化的关系。
2. 认识、了解社区学前教育的意义及发展现状。
3. 认识、了解学前教育机构与家庭合作共育的意义、形式及内容。

本章知识结构图

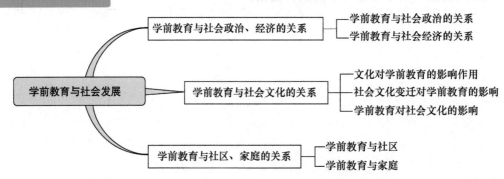

学前教育是教育的重要领域之一,作为一种普遍的社会现象,与社会的其他方面有着千丝万缕的联系,社会的发展与变迁深刻地影响着学前教育,同时学前教育对社会发展也有一定的影响作用。

第一节　学前教育与社会政治、经济的关系

一、学前教育与社会政治的关系

学前教育与社会政治之间有着密切的关系,社会政治对学前教育的发展有明显的制约作用,而学前教育虽然并不直接对社会政治产生影响,但会通过影响人的观念的形成对社会政治产生滞后的影响。

(一) 社会政治制约着学前教育的性质

在阶级社会中,教育具有阶级性。占统治地位的阶级会利用手中的权力规定学前教育的方针、任务和内容等,使学前教育为本阶级的利益服务。

如在近代的欧洲,幼儿园是为社会中上层家庭的子女创办的学前教育机构,工人阶级的子女只能进入条件很差的托儿所和幼儿学校,形成了学前教育的双轨制。在旧中国,幼儿园大多是私人和社会团体或欧美教会办的,数量极少,且收费昂贵,只有少数富裕阶层的子女可能有机会上幼儿园。新中国建立后,根据社会主义教育方针明确并制定了幼儿园的教育任务和教育内容,使学前教育具有了社会主义性质,同时,学前教育机构降低了收费标准,具有一定的福利性质,成为广大人民群众子女受教育的重要场所。

具体而言,社会政治对学前教育性质的制约作用主要体现在:① 统治阶级利用其拥有的立法权,颁布一系列的教育政策、教育法律和教育规章,以保证学前教育目的的合法实现;② 统治阶级利用其拥有的组织、人事权力控制教育者的行为导向,使之符合教育目的;③ 统治阶级通过行政部门控制公职人员的选拔与录用;④ 统治阶级还通过经济杠杆控制教育方向,并对办学权力进行严格控制;⑤ 社会政治制约学前教育目标的制定。

(二)社会政治对学前教育的发展具有重要影响

虽然人类教育的发展从根本上来说受制于社会经济的发展,但也深受社会政治的干预或影响,尤其是学前教育,相对于其他阶段的教育,受社会政治的影响较为突出。在一定的意义上,一个时代的国家政府机关及职能部门对学前教育的重视程度与领导方式,甚至成为学前教育发展的决定条件。如当国家政策鼓励发展学前教育,国家认识到学前教育的重要性,并愿意给予经费支持时,学前教育就会以较快的速度发展;反之,学前教育就会发展迟缓。如近代美国兴起的"公立幼儿园运动"极大地促进了美国学前教育的普及。1965年美国政府实施的"开端计划"、1995年英国政府颁布的"幼儿凭证计划"等对下层环境不利家庭的儿童接受高质量的学前教育提供了机会和帮助。日本在战后经济上非常困难的情况下,高度重视发展学前教育,使战后日本的学前教育发展速度居资本主义国家之首。中华人民共和国成立之后,党和国家十分重视学前教育的发展和提高,动员各方面的力量,大力发展托儿所、幼儿园,尤其是在《国家中长期教育改革和发展规划纲要(2010—2020年)》颁布后,我国的学前教育受到了前所未有的重视,无论在数量上还是在质量上都获得了迅速的发展和提高。

(三)学前教育具有相对独立性,并对社会政治有一定滞后的影响作用

学前教育属于启蒙教育。由于人的发展和培养必须遵循一定的规律,因此学前教育的有些内容、任务和方法等并不随政治的改变而改变,反映出学前教育具有相对独立性。所以当前世界各国的学前教育在教育任务、教育内容和方法等方面都有其相似的一面。同时,在学前阶段,幼儿形成的对社会及人的初步看法和认识,会在其人生观、世界观上留下深深的烙印,会对其成人后社会政治观点的形成等产生一定的影响。

二、学前教育与社会经济的关系

学前教育与社会经济之间存在着相互作用的关系,社会经济制约着学前教育的发展,而学前教育也能通过各种途径对社会经济的发展产生促进作用。

(一)社会经济的发展制约着学前教育的发展

1. 社会经济的发展促进学前教育的发展和学前教育机构的产生

发展学前教育需要一定的物质条件,因而学前教育的发展受到社会经济发展的制约。从历史发展的角度来看,在奴隶社会和封建社会,由于生产力发展缓慢,没有专门的学前教育机构,儿童主要在家庭中接受教育。18世纪后期,资本主义大工业的兴起提出了建立学前教育机构的社会需要。一方面,社会经济的发展、生产力水平的提高,增加了社会的物质财富,为建立学前教育机构提供了坚实的物质基础;另一方面,由于工厂的发展,妇女进入劳动力市场,幼小儿童无人照看,形成了社会问题,从客观上呼唤着学前教育机构的产生。所以,最早的学前教育机构产生于英、法、德、美等工业发达国家,而一些社会经济水平较低国家的学前教育机构的建立时间一般也较晚。

2. 社会经济发展影响学前教育的任务、手段和内容

由于社会经济发展的水平不同,对下一代提出的要求不同,教育的任务也就随之发生变化,同时,经济的发展也为实现这些要求提供了一定的物质基础。从学前教育的历史发展来看,学前教育的任务曾先后经历了四个阶段的演进:初创时期,学前教育主要为工作的母亲照管儿童,只负担儿童生活与安全方面的照顾;19世纪下半叶至20世纪上半叶,学前教育不限于看护儿童,开始对儿童实施促进其身心发展的教育;20世纪60—70年代,由于各国经济竞争激烈,学前教育以发展儿童的智力为中心;20世纪80年代以后,学前教育注重促进儿童身体的、情绪的、智能的和社会性的全面发展。

学前教育任务的历史性变化,是由社会经济的不断发展所导致的。如美国在19世纪50年代最早设立的学前教育机构是为贫穷家庭的子女服务的,设备很简陋,只是照看儿童。随着社会经济的发展,家长对学前教育机构的要求也逐步提高,于20世纪60年代开始的"早期开端方案"就是从教育机会均等出发,对环境不利儿童进行补偿教育,促进其身体、社会性、情感及智力多方面的发展。又如中华人民共和国建立后,随着社会经济的发展,学前教育机构的设置有了较快的发展,但中华人民共和国初期的学前教育机构大多是以照看儿童为主要任务的,60多年来,随着经济的快速发展,学前教育机构逐步转向以促进儿童体、智、德、美全面发展为主要任务,尤其是在我国经济改革与发展的今天,学前教育机构还开始将从小培养儿童的主动性、独立性和创造性作为主要的教育任务。

社会经济的发展还对学前教育的内容和手段等产生重要影响。经济的发展能创造更多的物质财富,为丰富和更新学前教育的内容与手段提供了条件。自一百多年前福禄贝尔为幼儿园制定了教育内容,设计了教具、玩具以来,随着社会经济的发展,学前教育的内容与手段发生了很大的变化。在教育内容方面,扩大了认识社会环境和自然环境的内容和要求,注重儿童认识周围事物的兴趣和求知欲的发展,注重儿童智力的开发和能力,特别是创造力的培养,同时还注重发展儿童的社会交往能力等。在教育手段方面,儿童游戏的内容与形式更为丰富多彩、多种多样,而录音、幻灯、电影、电视、录像及计算机等现代化教学手段的运用,突破了时间与空间的局限,大大加快了儿童的认识过程,极大地促进了学前教育质量的提高。

(二)学前教育为促进社会经济的发展服务

学前教育是国民教育的基础阶段。儿童的强健体魄、良好的社会适应能力以及早期智力开发有助于个体未来的发展,学前教育在提高国民素质进而促进社会经济发展方面的作用日益显著。同时,学前教育的发展还有利于减轻家长养育幼小子女的负担,起到保护和解放劳动力的作用,从而间接为经济发展服务。

 知识小卡片 2-1

奈斯比特:教育不是把篮子装满,而是把灯点亮①

2014年12月14日,世界著名未来学家奈斯比特在"中国教育三十人论坛"首届(2015)年会上发表了精彩演讲,而且接受邀请,担任论坛的国际顾问。奈斯比特先生的《大趋势》在20世纪80年代风靡中国,影响了一代人。以下为演讲实录。

我曾经是肯尼迪总统的教育部副部长,做了很多和教育相关的事情,其中之一就是在芝加哥办了一所"没有围墙的高中",这所学校维持了34年。"没有围墙的学校"这个概念非常成功,后来有很多人效仿。

我是注重战略思维的人。在过去的两年里,我们的研究重点逐渐转移到全球背景下的战略研究。我们发现,现在世界经济、地缘政治正在发生变革,这些变革逐渐改变了世界形态。我们生活的世界正在由以西方为中心的世界,变为多中心、多元化的世界。

我们把全球的未来变化,总结为两个 E 开头的单词,它们分别是教育(education)和经济(economics)。教育和经济的发展是有紧密联系的。经济

---

① http://www.cnsece.com/article/10350.html

的全球化变革,会使几亿人变成中产阶级。这个情况在中国很明显,数以千万计的乃至更多的人口变为中产阶级,而教育变革会催化更多中产阶级的产生。教育是具有决定性的力量,不但会改变一个人的人生轨迹,也会改变世界的面貌。西方能成为世界的中心,绝对不是因为他们的军事力量,而是因为他们头脑和智慧的力量。事实上,过去的200年里,很多技术发明、创新和变革都是由西方发明并且走向全世界的。

  过去,历史上总会偶尔有几个天才产生。但是在今天,我们不能把未来放在几个偶尔出现的天才身上。我们看到,一个大变革正在发生。

  过去生活在传统的经济时代,通过科技革新提高生产率,推动国民生产总值不断增加。现在随着技术的进步,可以把很多制造业的流程数据化。新科技发展可以使生产定制化,不必再像过去那样,在流水线上进行单一的线性生产。

  现在人们对劳动生产率的需求也有了新变化。越来越少的劳动力可以生产越来越多的产品出来,这样就会有更多的闲置劳动力去开发新产品和新服务。另外,由于现在的制造流程已经越来越短,任何工作周期也会越来越短,所以重新学习,扩展知识疆界,这对每一个人来说都越来越重要。每一个劳动生产者都要重新学习新技能、新技巧,扩展自己知识领域。

  传统的教育方式永远会有自己存在的价值,但是到了非常重要的科技和创新边界的时候,仅仅有传统教育方式已经不够了。因此,我们需要进行教育改革,由单一的判断标准、单一的价值取向转变为多元化的标准教育体系。让我们的孩子,以及我们孩子的孩子不仅学习传统的陈旧的教育方式,更要让孩子们的心灵中有创新意识。如果我们培养一种鼓励孩子们创新和勇敢尝试的社会风气,就会创造出新东西出来。因为这种新的教育模式可以产生更多的天才和优秀人才出来。

  一个革命性的教育变革,就是从线性的教育体制,转变为一个订制化的教育模式。如果新的教育系统鼓励创造性的天才找到自己的生产方式,这种教育系统对政府的需求,对行政命令的要求和依赖就会越来越少。这种教育系统应该鼓励人们自己找到问题的解决方案。

  西方有一句谚语,"教育的本质,不是把篮子装满,而是把灯点亮。"如果我们还是把篮子装满,那只能是渐进型的改革;如果我们想点燃一盏灯的话,就是一个革命性的变革。

对全球任何国家来说,过去几年教育都是经济发展必须解决的问题。所以我们毫不惊讶地发现,几乎每个国家都在谈论教育改革,但是教育没有任何实质性的进展。

不论是地缘经济的变革,还是文化领域的变革,中国都已经占据了一个非常好的战略性地位。在过去的十几年里,中国已经成为世界上最大最好的经济体之一,被称为制造业的"世界工厂"。但是如果想继续保持和延续领先地位的话,中国必须作出转变,创造出一个可以培养出创造性思维的新环境。新转变会创造一个重大需求,就是对教育的需求。是经济发展的需求重塑了教育,而不是教育行业本身的重塑影响了经济。

我们认为,一个很好的解决方式就是在线教育。教育的目的和快乐有关。大家知道,幼儿园的小朋友可以熟练地掌握新技术,比如熟练地使用苹果手机,这是对成年人来说反而不大容易掌握的技巧。这是一个非常符合逻辑的推论,科技的变革一定会导致教育的变革。从科学技术的角度讲,大规模开放型的在线教育,肯定会被一种新的教育模式,也就是个人订制的在线公开课程所取代。现在个人订制的教育模式已经逐渐展现了。

教育的本质不是单纯的灌输,而是让人发现人性的本质。现在有一个危险的倾向,就是经济的压力会使教育的水准和人类道德的标准下降。教育的本质绝对不是把大脑灌输满,而是鼓励和激发他们的灵魂和心智。

最后,我想用达尔文的一句话来结束演讲。达尔文曾经说过,年轻的时候阅读诗歌给我极大的快乐,但是最近几年我连一行诗都读不进去了,大脑似乎变成了一个机器,只会处理机械的事务。如果我可以重新再活过一次的话,我会给定一个规则,每周会读两行诗,每周会听一些音乐。由于我生活中失去了这些快乐,肯定让我的快乐减少,而且一定会导致我的智力、灵感和道德标准下降,因为这些快乐的失去,会使我人性中最充满灵性、充满激情的部分受到损伤。

第二节 学前教育与社会文化的关系

文化有广义与狭义两种理解。广义的文化是指人类在社会实践过程中所创造的物质成果和精神成果的总和。狭义的文化则主要指社会的精神文化,即社会的价值观念、思想道德、科技、教育、艺术、文化、宗教、传统习俗及其制度的一种复合体。学前教育作为文化的组成部分，与文化之间有着比社会政治经济更为密切的关系。

一、文化对学前教育的影响作用

文化对学前教育的影响一般表现为以下三个方面。

首先，一定社会的文化对学前教育的发展有显而易见的制约作用。这种制约作用一般表现为两种形式：一种是积极推进作用。例如，社会观念的更新，先进文化的引进，对传统文化精髓的吸取，都会对学前教育的改革与发展产生强大的推动作用。另一种形式是消极阻滞作用，即约束和妨碍学前教育的发展。例如，在社会变革过程中，新旧文化交替，文化心理的撞击，常会使一些消极、落后、腐朽的文化形态与价值观念，对学前教育产生诸多的负面影响，甚至还会使人误入歧途。因此，应全面地认识文化对学前教育的制约作用。

其次，文化所具有的传递功能使之成为政治、经济作用于学前教育的中介。社会政治、经济对学前教育的影响往往要通过文化的桥梁，即通过文化传递一定的政治、经济的要求，如通过舆论、文章、书籍、广播、影视导向等现实文化反映政治经济的要求，从而影响学前教育的发展方向与发展水平。

最后，文化所具有的渗透功能使之能够影响学前教育的观念及其思想体系。文化包括物质文化和精神文化，精神文化的核心部分是深层文化也就是文化观念，而文化观念对学前教育的影响是深远和长久的。如我国的传统文化是一种伦理型文化，特别注重道德教育，在教育过程中比较强调个体的自我修养。这种传统文化的积淀，对学前教育的影响十分深刻，我国的学前教育往往重视伦理道德观念的灌输及儿童良好行为规范的养成，强调儿童的"社会化"，而忽视儿童的"个性化"，使我国学前儿童的个体发展、创造性发展都受到了一定的影响。

二、社会文化变迁对学前教育的影响

社会文化是随着人类社会实践的不断丰富而不断发展的，而新出现的文化特质又必须通过教育的途径来得以传递和保存，因此社会文化的变迁必然会影响到学前教育。如中世纪的西方受基督教"原罪说"的影响，认为儿童生来是有罪的，因此便把赎罪作为教育的重要内容，并且把儿童视为父母的隶属品，因而对儿童施以鞭笞、体罚等肉体与精神的虐待被认为是合情合理的。直到文艺复兴时期，人们从恢复人性的角度出发，提出要尊重儿童的个性，首先在英国形成了新的教育观，认为儿童生来是没有原罪的纯洁存在；在培养方式上反对体罚，主张报酬、激励和竞争，这样逐渐形成了自然适应主义教育。可见，儿童观的变化影响着教育内容和培养方式的变化。

社会文化又是在不同文化相互吸收、相互融合的过程中不断得到发展的,这种文化的整合运动也对学前教育的发展有着重要的影响。如近代以来,东西方文化相互碰撞、相互吸收,作为西方文化重要组成部分的西方先进的教育思想、教育理论也随之涌入我国,对我国的学前教育产生了重要影响,如杜威的实用主义教育学说、蒙台梭利的教育思想等都曾对我国学前教育的发展产生过广泛而持久的影响。

三、学前教育对社会文化的影响

教育是社会文化代际传承的重要途径,由于教育是一种有意识的社会活动,所以在传递文化的过程中会有意识地进行去粗取精的主动选择,保证将社会文化的精华和社会的主流文化传递给下一代。学前教育是教育活动的重要领域,在社会文化的代际传承过程中同样发挥着重要的作用。

第三节 学前教育与社区、家庭的关系

2001年教育部颁布的《幼儿园教育指导纲要(试行)》指出:"幼儿园应与家庭、社区密切合作,与小学相互衔接,综合利用各种教育资源,共同为幼儿的发展创造良好的条件。"对于幼儿来说,其成长受到多方面因素的影响,学前教育机构与社区、家庭密切而良好的合作,可以为幼儿的发展创造最优良的外部环境,有效促进幼儿的健康成长。

一、学前教育与社区

(一)社区学前教育的概念

1. 社区

"社区"一词来源于社会学,它是一个从空间形式上反映社会生活的概念。该词最早是由德国社会学家斐迪南·滕尼斯(F. Tonnies)于1887年提出。当前社会学者一般倾向于认为社区是由生活在一定地域范围内的人们所形成的一种社会生活共同体,社区居民之间有着密切的联系,并对社区有强烈的归属感。

2. 社区教育

社区教育这一概念是第二次世界大战后伴随着工业化和城市化的进程而出现的,目前在世界范围内已被广泛认同和应用。它指的是在一个地区内,以社区内的学校(包括幼儿园)为中心,借助学校的以及该社区中其他文化机构的人力、物力向社区内

的全体居民进行文化知识、科学技术和道德修养的广泛教育活动。①

3. 社区学前教育

在我国明确提出"社区学前教育"概念的是北京师范大学的张燕。她认为："社区学前教育以地域性为基本特征，其对象不仅限于机构中的幼儿，而是扩大到社区内从出生至学前阶段的全体幼儿，不仅如此还包括他们的家长及社区全体成员。主要目的在于提高社区成员的素质和生活质量，发展社区。"她对社区学前教育的基本特点进行了归纳，认为社区学前教育具有广泛性、普及性的特征；地域性的特征；综合系统性、整合性的特征等。②

（二）我国社区学前教育发展存在的主要问题

1. 对社区学前教育的认识程度、重视程度不够

开展社区学前教育，需要幼儿园和社区有关部门、社区居民的密切联系、共同行动。但就目前的情况来看，在很多地区，社区学前教育活动的开展往往是由教育系统自上而下地推动，未能充分发挥和调动多方面的力量参与。从幼儿园的角度来看，开展社区教育多是从自身的利益出发，而未考虑、了解社区公众的需求，没有同社区协调互动，导致开展的亲子活动、家长会等社区教育活动只是场面热闹，社区居民的参与并不积极主动，出现应景行为。从社区的角度来看，一方面由于人们对社区教育工作的目的、意义、目标以及自身和家庭在参与各项活动中能够获取的利益缺乏具体的认识，因此参与各项活动的积极性受到影响；另一方面社区各职能部门条块负责，信息沟通渠道不畅，不能有效地对各种资源加以整合，从而使得社区教育活动的频度和质量也就很难得到保证，甚至有的社区工作人员仅把开展社区学前教育活动，在活动中拍几张照片当做对付上级检查的"武器"。另有调查显示，在开展社区学前教育的活动中，51.5%的幼儿教师抱怨街道社区不支持，认为幼儿园和街道社区间缺乏良好的沟通途径是他们相关工作开展的难点。

2. 对社区教育资源的利用程度不够

学前社区教育的发展一定程度上依赖于丰富的社区资源。社区教育资源是指社区内可供社区教育活动开发和使用的人力、物力与财力等各种要素的总和，如社区内从事各种职业的居民、工厂、医院、超市、公园、博物馆等公共设施。这些社区资源为幼教机构或组织利用后，在教育管理、教育活动的组织、儿童发展与教师成长等方面将产生广泛的社会效益。就目前来看，我国在社区教育资源及其利用方面都还存在许多不足。社区内能够为幼儿园利用的社区教育设施比较少。有限的一些可供利用的公共

---

① 秦旭芳.我国社区教育的必要性和可行性[J].学前教育研究,1995(6):14.
② 张燕.社区教育是幼教事业发展的必然[J].幼儿教育,2004(4):7.

教育设施,也存在应该免费而不免费的问题,像公园、文物景观、革命纪念馆等公益场所,长期以来一直对家长和按一定的身高标准对儿童进行收费。同时,社区各方面关系协调不够,也造成了社区资源不能得到综合利用。

(三)发展社区学前教育的措施

1. 依靠社区,充分发挥社区的作用

我国政权体系的最基层组织是街道办事处,它几乎承担着基层政权的职能,是我国政权组织的"微机"。因此,以社区街道、居委会为主导的联动型教育资源的整合与优化是当前及今后社区学前教育发展的主要范式,这就要求社区充分行使自己的权力,发挥组织管理服务的作用,为社区的居民提供有用的信息和服务。

2. 完善政策,为社区学前教育的合理开展提供必要的经济援助

社区学前教育属于公共事业,具有公益性,政府有责任加大对包括学前教育在内的社会事业的投资,创设有利于社会事业发展和兴旺繁荣的政策制度。从当前我国社区学前教育的开展状况来看,缺少经费和必要的财力、物力投入是普遍存在的一个现实问题,如社区活动中心设施设备的建设和配备,包括开设儿童图书馆、亲子活动室、请专家来社区做指导等,都离不开资金的支持。

3. 关注弱势群体,对处境不利的幼儿进行补偿教育

关注农村社区学前教育的开展,关注低收入家庭幼儿,关注弱势群体,在社区教育活动上向他们倾斜。例如,由社区牵头,开展针对低收入家庭的上门指导服务;幼儿园向低收入家庭提供早教信息,开展讲座;让特困和散居儿童随班就读等。总之,社区应协调好相关部门,满足居民对幼儿教育多规格、多层次的需求,以保证所有儿童都能享受早期教育和服务。特别是在贫困边远的农村地区要更注重非正规幼教形式,利用社区的各种资源,尤其是社区的服务工作人员和幼儿家长,对绝大多数的贫困家庭的幼儿实施免费的补偿教育。

二、学前教育与家庭

家庭既是幼儿的主要生活场所,父母的抚爱和照顾是幼儿健康成长所不可或缺的因素。学前教育机构与家庭密切合作,才能为幼儿创造最佳的成长环境。

(一)家园合作共育的意义

1. 家园合作共育是学前教育的基本立足点

家园共育这一学前教育的基本立足点是学前儿童的年龄特点和学前教育的规律所决定的。《幼儿园工作规程》明确指出:"幼儿园应主动与幼儿家庭配合,帮助家长们创设良好家庭教育环境,向家长宣传科学保育、教育幼儿的知识,共同担负教育幼儿的

任务。"日本于1998年颁布了新修订的《幼儿园教育要领》，它在幼儿园的教育目标中，开宗明义地指出："幼儿园的教育要与家庭密切合作，为人的终身发展奠定基础。"可见，学前教育机构与家庭合作共育已成为世界学前教育领域的共识。而且，随着社会的发展以及对学前教育重视程度的不断提高，学前教育机构与家庭双方携手合作共育作为学前教育的基本立足点越来越受到重视。

2. 家园合作共育有利于整合双方优势，实现教育合力最大化

学前教育机构与家庭都承担着教育儿童的重要责任，都为了一个共同的目的：促进儿童最优和最大限度地发展。学前教育机构作为促进儿童发展的专业机构，以双方共同的责任和目的为基础，主导双方合作共育的正确方向和过程，使之实现教育合力的最大化。

学前教育机构的优势在于它的专业性，但家庭教育儿童的优势正是学前教育机构所欠缺的，主要体现在：

（1）学前儿童与父母共同生活是其最基本的生存状态，其成长离不开家庭的照顾与支持，家长是影响儿童生命及其身心发展的关键所在，是儿童发展所不可替代的。家长若能为儿童创设良好的家庭物质环境与精神环境将对孩子的健康成长起着十分积极的作用。

（2）家长对儿童的影响最为直接，没有谁能比父母更了解自己的孩子，家长是教师了解儿童的最佳渠道。家长富有针对性的育儿成功经验很值得教师学习，家长育儿的不成功教训也是教师引以为戒和研究教育规律的资源。

（3）家长资源丰富，家长的职业优势是教育机构引导儿童认识社会的一个窗口。家长来自各个不同的行业，这是十分丰富的社会资源，各种不同职业或者不同文化背景的家长可以带给学前教育机构丰富的教育内容，能为学前教育提供多种支持和服务。教师利用好这些资源能使教育活动更生动直观，产生倍增效应。另外，家长们有不同的爱好和兴趣、不同的特长、个性优势等，若能将其整合到教育机构的各方面工作中，往往获得意想不到的教育效果。

学前教育机构与家庭能建立起良好的合作共育关系，就能充分发掘、合理利用、优化整合家庭的优势资源，实现教育合力的最大化。

（二）家园合作共育的任务、形式与内容

家园合作共育的任务包括：

第一，通过合作促使家长与学前教育机构在教育理念、目标、内容、原则和基本方法等方面取得共识。

第二，学前教育机构主动与家长沟通，促进双方有效互动，增进了解儿童在家和在班级里的发展情况，磋商和实施共育策略。

第三,引导家长关心、支持学前教育,主动与孩子积极互动,力所能及地参与园所、班级有关的教育教学活动,不断提高保教质量和效益。

合作共育是学前教育机构与家庭双方相互作用、相互影响,共同促进幼儿健康发展的过程,互动交流的形式多种多样,内容亦丰富多彩。

1. 学前教育机构与家长的互动沟通

学前教育机构与家长互动沟通是保证家园合作共育能够有效实施的前提条件,其方式多种多样,如果是面向多数家长的,可以采用集体的方式,如果是面向个别家长的,就选用个别方式。运用时可以根据需要和具体情况灵活选用。

(1)集体方式

这是学前教育机构与家长互动沟通的主要方式,能够增进家长了解、熟悉、学习学前教育机构的目标、理念及对幼儿发展的要求等,而学前教育机构也可以借此了解家长对学前教育机构的期望、在育儿过程中遇到的问题和困惑等,能够有利于双方形成共识。具体来说,学前教育机构面向多数家长的互动交流方式主要有以下几种。

① 家长会。家长会是学前机构与家庭互动沟通的一种经常而有效的形式。从时间上,可分为:A.开学前的家长会。一般在开学前两周左右召开,主要是向新入园的幼儿家长介绍学前机构的生活常规、教育任务、内容及形式、方法;讲解孩子入园时可能会出现的一些问题,希望家长予以配合,共同做好孩子的入园准备工作。B.学期中的家长会。在每学期的中间时段召开,一般是向家长通报开学以来学前教育机构主要做了哪些教育工作,孩子们取得了哪些进步;下半学期的工作重点,将要开展的教育活动,请家长合作的事项等。C.学期结束时的家长会。在学期结束时举行,主要是向家长汇报整个学期、特别是后半学期学前教育机构的工作,对支持学前教育机构工作的家长表示感谢,对重视家庭教育的家长进行表扬。

从形式上,家长会可分为:全园家长会及班级家长会。

② 家长学校。家长学校是对在家庭里承担抚养教育幼儿责任的父母和其他长者进行系统教育和训练的学校。各园根据自身条件决定办学形式,通常是由学前教育机构聘请儿童保健专家、幼儿心理专家、幼儿教育专家,有目的、有计划地向家长传授保育、教育幼儿的知识和技能。

家长学校的教育内容一般根据家庭教育的需要和家长的现状来确定。形式上可以是专题讲座或科学育儿报告会;可以是定期的讲课,也可以是不定期的活动。

③ 家长开放日。为了使家长更多地了解幼儿教育工作,目前多数学前教育机构都会定期或不定期地邀请家长来园参观或参加活动,这一天通常就被定为家长开放日。在家长开放日,家长可以到孩子所在班级听老师讲课,可以参观学前教育机构的

各项设施,可以参与幼儿的各项活动。这些活动能够增进家长对学前教育工作的感性认识,了解教育内容、教育方法,体会教师工作的艰辛,更尊重教师;同时,在观察幼儿的集体活动时,家长能从不同的侧面认识自己的孩子,了解孩子的进步,发现孩子与同伴的差距,便于帮助孩子发扬优点,克服缺点,增强家庭教育的针对性。

④ 家园联系栏。大部分学前教育机构都设有家园联系栏或家教园地,有面向全体家长的,也有各班自办的。面向全体家长的家园联系栏的内容一般都是介绍有关家教新观念、家教好经验、保健小常识、季节流行病的预防、介绍亲子游戏等。各班自办的家园联系栏的内容则主要介绍本班近期教育目标、需要家园合作的教育内容、孩子的发展情况与一些有针对性的家教指导性文章等。

家园联系栏应办得生动活泼,能吸引家长,文章、资料要短小精悍,可由教师编写,可摘录家教报刊上的内容,也可以由家长提供经验、体会等。家园联系栏应设在家长接送孩子必经之处,内容要经常更新,字迹不可太小。

(2) 个别方式

个别方式是指学前教育机构教师与幼儿家长间一对一的联系和进行工作的方式,这种方式有利于深入了解幼儿及其发展状况,有针对性地解决幼儿发展问题以及家长在育儿中遇到的问题及困惑。

家园联系的个别方式包括:家庭访问、个别谈话、家园联系册、电话或网络联系等。

随着信息时代的到来,与家长沟通的方式也越来越多,网上沟通就是一种新型的沟通方式。教师可充分利用网络这一优势,及时把新的信息在网上公布给家长,如每天教学内容、近期活动通知、幼儿活动照片、幼儿食谱、身体发展评价等,家长只要一打开电脑,就可以了解到幼儿园一日活动的方方面面。同时,还可在教育机构网上设有留言板,将园长邮箱、班主任邮箱向家长公开,家长对幼儿园的管理和班级工作的意见和建议,可直接通过电子邮箱进行反馈与交流。这种网上沟通的方式快捷、便利、节省时间,其效果也是非常明显的。

案例 2-1

教师应学会主动与家长沟通

(一) 案例背景

在一日带班过程中,如果家园工作做不好,就会经常出现这种情况:家长嫌教师对幼儿照顾不周,对教师产生误解;教师嫌家长不理解自己的工作,心怀委屈。当出现这种情况时,作为教师,应当主动与家长进行交流与沟通,认真细致地做好家园联系工作。

（二）案例描述

我班有个叫严宇飞的小朋友,她是个体弱儿,性格内向。平时沉默寡言,在教师眼里属于那种听话、守纪律的孩子。因为她的这种性格,使得她奶奶与我之间产生了一次小小的误会。

那天,我带幼儿户外活动,因室内外温差较大,我要求幼儿穿上外套,严宇飞的外套太长,她不愿穿。我看她身上的衣服穿得也不少,就答应了。正当我和幼儿在外面玩得尽兴时,严宇飞奶奶来接她,我没顾上和她说话,只是挥了挥手。她奶奶边走边说:"你们老师真不像话,这么冷的天也不给你穿外套。"

严宇飞一句话也没说。这情景正巧被一位在大门口的教师听见,她马上告诉了我。

第二天,我装作什么事也没发生,主动找严宇飞奶奶聊天,让她为孙女准备一件短一些的外套或背心,向她解释了昨天孩子不穿外套出去活动的原因,并告诉她一些关于进入秋季孩子的保健知识。她听完解释后宽慰地笑了,并主动谈了对我的误解,向我表示歉意。

（三）案例分析与反思

身为一名幼儿教师,不仅要时刻关心孩子的一举一动,还要注意不要冷落了家长。幼儿园应加强与家长的情感沟通与信息交流,了解家长对孩子教育的需要,尽可能地满足他们的需求,从而激发他们参与幼儿园教育的兴趣和热情。

在青年教师培训的活动中,我们了解到家长合作的态度取决于合作是否满足了他们在教育孩子方面的需要。当幼儿园满足了家长的合理要求时,家长合作的热情会更高,态度也会更积极;相反,家长有某种合理的要求,而幼儿园又没有注意,甚至家长被自身的一些问题缠身时,那么家长就不会热心于家园合作。所以说,教师要有强烈的责任感和角色意识,即要明确自己在家园合作中承担的任务,那就是教师是家园合作活动的发起者、组织者与参与者。只有教师的积极态度被家长接纳,他们与家长的沟通与交流的道路才能畅通,幼儿园才能得到更多来自家长方面的支持。而家长与幼儿园的合作伙伴关系一旦建立,那么彼此间就再也不会感到来自对方的威胁,双方就会为其爱子的健康成长而齐心协力。

当沟通双方由于某种原因产生情绪时,无论是谁的过错,教师一方都应抑制自己的情绪。作为教师,应该用自己的真诚来和家长解释事情的经过,原本对教师有意见的家长在教师的感化下也会露出欣慰的笑容。如果教师对家长还采取以前的态度而不给家长任何解释的话,有可能家长对教师、对幼儿园会产生误解和矛盾,那么家长就不会热心于家园合作。矛盾、误解发生时当教师的一方主动向家长做出合理的解释时,家长合作的愿望和热情会更高。

(上海市曹王幼儿园 刘一妹)

2. 学前教育机构引导和组织家长参与教育机构的教育活动

家园合作共育一方面要通过家园的互动交流使彼此相互了解,形成共识,使家长真正承担起共育的一方责任,形成教育的合力;另一方面学前教育机构还要充分调动家长的积极性,只要家长积极主动参与了,就可以使家长这一重要教育资源得以充分发挥作用。

(1) 与孩子一起参与班级的活动

① 亲子活动。亲子活动是一种有助于增强教师与家长、家长与幼儿情感交流的集体活动形式,它是学前教育机构与家庭共育的重要渠道。教师可经常组织开展亲子活动,由孩子邀请家长参与各种形式的亲子活动,它有利于增进儿童与家长的感情,培养儿童良好的个性、健康的心理;有利于教师、家长相互了解,增强共育的默契;有利于强化家长的认同感和合作责任意识,从而达到家园共育的理想境界。

家长可以在家长开放日中参与教师所组织的亲子活动,参与节日的家园同乐活动,也可以参与班级组织的郊游、参观活动以及参加幼儿园的开学、毕业典礼等活动。

② 家长代表参与活动。在日常的教育活动中学前教育机构还可以请个别或一些家长作为代表来班上参与幼儿的活动,他们可以与孩子共同制作食品、手工,一起开展游戏、娱乐及体育竞赛活动等。家长的参与会大大提高儿童学习与探索的积极性,还可以使家长在参与过程中学会如何引导幼儿主动学习。

(2) 支持和参与教育机构创设环境的各项活动

① 支持幼儿园的环境建设。学前教育机构在环境建设时,小至建立自然角,大至美化、绿化全园环境,家长都可以力所能及地发挥作用,并让孩子受益。

② 为儿童认识社会创造条件。家长们来自社会的各个行业,在他们当中蕴藏着极为丰富的社会资源。他们的工作单位和环境就是很好的教育环境资源。教师可充分利用这一资源,带领儿童前往参观,请家长接待并做讲解,以扩大孩子对社会的认

识,扩大视野。

(3) 参与教师的教学

这也是充分利用家长的职业资源而开展的合作共育,可以称之为"家长教师"的家园共育活动。日常与家长专业、职业有关的教育内容都可以有计划地与有关家长沟通联系,请他们当"助教",与家长一起讨论、备课,使家长能以儿童乐于、易于接受的方式,发挥专业、职业优势开展教育活动。实践证明,"家长老师"利用自身专业优势组织开展的教育活动很受儿童欢迎,既有新鲜感,又能让幼儿很准确地认识有关知识经验。"家长老师"往往比幼儿园老师讲授的内容更具知识性、趣味性和创造性。

(三) 家园合作共育的注意事项

《幼儿园教育指导纲要(试行)》指出:"家庭是幼儿园重要的合作伙伴。应本着尊重、平等、合作的原则,争取家长的理解、支持和主动参与,并积极支持、帮助家长提高教育能力。"家园合作共育要取得实效,需注意以下几方面。

1. 要赢得家长的信任和真诚合作

学前教育机构与家庭、教师与家长教育儿童的责任和目的是相同的,家园合作共育以此为基础而展开,家园合作应是双向的,教师与家长互为主体,建立平等合作的关系十分重要。对家长提出要求不仅要考虑"需要",还要考虑家长能否承受、能否做到、有无困难,绝不功利主义、不为难家长,牢固树立为儿童、为家长服务的思想。要注意广泛征求和积极采纳家长的建议,集思广益,不断改进工作。教师必须是充满爱心、诚心、责任心的,要主动增进相互信任,以关注儿童和促进儿童发展为核心,努力发挥专业优势,实施优质教育和做好家长工作,以赢得家长的充分信任、支持和真诚合作。

2. 努力提高双方合作共育的能力

要有目的、有计划地实施家园合作共育。在家长方面,通过各种途径做到:

(1) 了解学前教育工作的方针、政策以及相关的法律和文件,了解幼儿园的各种规章制度,明确学前教育的目标,熟悉教育内容,了解学前儿童身心发展特点,学习科学育儿的方法。这是实施合作共育的基本条件。

(2) 关注儿童发展和在家表现,关心孩子在教育机构的生活、学习等情况。经常与孩子沟通互动,进行亲子活动。支持教育机构的工作,积极参与教育机构的各种共育活动,增强教育合力,促进儿童发展。

(3) 更新教育理念,努力提高教育的能力,包括尊重、赏识孩子的意识;观察孩子的能力;记录并评价孩子成长的能力等。

对教师而言,认真策划和实施合作共育,深入研究、开展多种活动,鼓励家长积极参与,针对不同家庭的不同情况,做到有的放矢地开展一些有针对性的活动,及时反思和改进合作共育工作,在学习研究和实际操作中提高能力,积累合作共育新方法、新经验。

3. 追求合作共育效益最大化

合作共育不是家长或老师单向的、线性地作用于儿童,而是三者交互作用和相互影响的过程。教师要以儿童发展为核心,发挥三方"三主体"的能动性和创造性,充分发挥儿童的纽带作用,增进教师、儿童、家长的情感的融洽和共育工作的和谐。发挥各种合作共育的途径、手段和方法的相互作用,发掘、利用和优化整合各种教育资源,增强合作共育的效果,让家长在合作共育的实践活动中,真切地看到自己的付出促进了儿童整体素质的提高,使之更积极主动。三方真正构成学习发展的共同体,以形成最大合力,高效益地促进儿童全面和谐而富有个性地发展。

 知识小卡片 2-2

社会变迁与学前教育问题①

社会变迁泛指一切社会现象的变化和发展。人类社会由野蛮到文明,由原始社会到当代社会,无论从宏观的角度还是微观的角度看,都无时无刻不处在发展变化中。可以说社会变迁是一种客观存在的普遍现象。如果说在古代社会变迁更多的表现为一种自然的演进,那么在现代由于科技发达所导致的社会变化速度之快、幅度之大是前所未有的、有时甚至是难以想象的。急速的社会变迁不仅表现在社会生产方式的变革上,也表现在人们生活方式、思维方式和行为方式等的变化上。这种种的变化为教育包括学前教育的发展带来了新的问题,提出了新的挑战。

1. 高度科技化与学前教育

高度科技化是现代社会变迁的重要特征。日益发达的科学技术一方面极大地促进了生产力水平的提高,使社会的物质财富日益丰富,进而改善和提高了人们的生活质量和水平,另一方面也带来了一些负面的影响和消极的后果。如电视机的普及一方面丰富了学前儿童的生活,对于扩大学前儿童的知识面、增加信息量、拓展思维、开发智力能起到一定的积极作用,但同时也造就了一批"电视(或网络)儿童"。

---

① 参见阎水金.学前教育学[M].上海:上海教育出版社,1998.

有关研究表明,学前儿童如果长时间单独一人被动地坐在荧屏前接受信息,只追求视觉、听觉的刺激,而缺少触觉、运动等感受,会对学前儿童的人格发展产生极为不利的影响,具体表现为:第一,影响学前儿童的社会性发展。如果在幼儿阶段让电视或网络长时间地陪伴孩子,很容易隔断幼儿与他人的交往,使幼儿失去诸多的社会性学习的机会,造成幼儿的社会性发展不良;第二,使学前儿童过早成熟化。电视(或网络)的内容丰富多样,但大多数是为成人服务的,长时间收看电视(或网络)的学前儿童很容易受到某些成人化的电视内容的影响,使幼儿在言语和行为上会出现一些"早熟"现象。这种早熟现象与幼儿的身心发展水平相脱节,很容易引发各种矛盾行为;第三,会使学前儿童出现一些消极地模仿行为。模仿是幼儿的天性,但由于他们辨别是非能力低,对于电视(或网络)里所呈现的成人的行为难以区分好坏,而且有些消极人物的行为往往更能引起幼儿的兴趣,他们常常会无意识地模仿,这对幼儿的成长是十分不利的;第四,影响学前儿童的语言和思维发展。电视(或网络)往往呈现给儿童的是一种图像化的信息,而且儿童观看电视只是一种机械、被动、单向的信息接收,长时间地观看电视会使幼儿失去语言交流、思维交往的机会。因此,"电视(或网络)儿童"在日后的学校生活、社会生活中会遇到不同程度的困难与问题。

另外,现代高新技术的发展还使得儿童的玩具日益智能化、自动化,这些采用电、声、光、集成电路等新技术制成的玩具一方面能使儿童的视觉、声觉等感官受到刺激,能丰富儿童的科技知识,增强儿童的科技意识,但同时也使儿童失去了许多动手操作、亲手制作玩具的机会和乐趣,以至于出现了离开现成玩具就不会游戏的儿童越来越多的现象。

2. 高度工业化与学前教育

高度工业化也是现代社会发展的明显特征。大工业的发展一方面为社会创造了越来越多的物质财富,另一方面也在消耗着能源、自然资源,改变着自然环境,并造成了不可低估的环境污染问题,如大气污染、水质污染、噪音污染、电磁污染、铅污染等。工业化所带来的环境污染问题,深受其害的首先是学前儿童。

调查认为,目前在中国大多数地区出现的雾霾对儿童的危害极大,主要表现在三个方面:一是导致儿童呼吸道感染与肺癌。"中国工程院院士、广州呼吸疾病研究所所长钟南山指出,霾的组成成分非常复杂,包括数百种大气化学颗粒物质。其中有害健康的主要是直径小于10微米的气溶胶粒子,如矿物颗粒物、燃料和汽车废气等,它能直接进入并粘附在人体呼吸道和肺泡中。学前儿童的身体发育不成熟,抵抗力弱,如果霾被幼儿吸入,就会沉积于肺泡之中,沉积肺泡的烟尘被溶解后进入血液,损伤血红蛋白输送氧的能力,容易造成血液中毒。雾霾严重时,污染物杂质可使幼儿的中枢神经发生病变,引起肺水肿或慢性气管炎,严重时可导致肺气肿及肺癌等症。二是导致小儿佝偻病。由于太阳中的紫外线是人体合成维生素D的唯一途径,紫外线辐射的减弱直接导致幼儿患小儿佝偻病的概率。三是导致幼儿的情绪不稳定。雾霾天太阳昏黄阴暗,幼儿身体中的松果体会分泌出较多的松果体素,使得甲状腺素、肾上腺素的浓度相对降低。甲状腺素、肾上腺素等是唤起细胞工作的激素,一旦减少,细胞就会"偷懒",变得极不活跃,幼儿往往会无精打采。雾霾天气由于光线较弱及导致的低气压,也很容易让幼儿产生精神懒散、情绪低落及悲观情绪,遇到不顺心的事情甚至容易失控。因此雾霾天应当尽量减少幼儿的外出。另外,铅污染对儿童健康的危害也非常严重。有关研究表明,铅中毒会造成中枢神经系统的损伤,如海马回、大脑皮质额前区、小脑及神经传递系统等的损伤,由此可造成注意力分散、多动症、视觉分析差、不能控制等不恰当的行为反应等。铅中毒的儿童常有冲动性、进攻性行为和暴怒行为。铅中毒严重的女孩,长大怀孕后,体内积蓄的铅还可通过胎盘转而损害胎儿发育。

3. 高度城市化与学前教育

改革开放以来,我国的城市化进程也日益加快。城市化的进程标志着人类社会的进步和现代文明。然而,城市化的进程中也出现了诸如"城市环境综合征"的现象,带来了如人口问题、交通拥挤、能源短缺、供水不足、污染严重、环境恶化、空间缺失等问题。而其中的空间环境缺失问题对学前儿童的身心发展带来了十分不利的影响。首先,大都市的兴起隔断了学前儿童与大自然的天然联系,使他们难以亲近自然、探究自然,他们的成长完全受制于人为的塑造,使得当代儿童对大自然仅有的一点神秘感和好奇心消失殆尽。其次,鳞次栉比的城市建筑占据了儿童活动的空间,使得儿童失去了共同游戏的场所,这对他们的身心发展极为不利。

4. 住宅高层化、独户化与学前教育

住宅高层化、独户化是现代社会的又一显著特征。住宅高层化、独户化虽然改善了人们的居住条件,提高了人们的生活质量,但也对学前儿童的身心发展带来了一些消极影响。日本学者的研究表明,住高楼的儿童,由于室外活动少,与社会的隔离机会增多,机体抵抗力下降,患传染病、受感染的机会增多;同时还发现他们与伙伴的交往能力下降,自理能力形成也较晚。

5. 食品精细化与学前教育

随着生活水平的提高,现代社会人们的饮食生活也发生了很大的变化,日常饮食日益多样化、精细化。但值得注意的是精细化食品对学前儿童的发展有一定的不利影响,如过多摄取一些营养补品和含多种添加剂的加工食品会导致幼儿性早熟,破坏儿童身心的正常发展;过多食用软化食品如各类汉堡包、甜点、膨化食品等容易导致幼儿下颚狭窄,齿列不齐,咬合不好,咀嚼困难,甚至产生各种疾病。

综上所述,现代学前儿童所面临的社会环境是先进的、发达的、丰富的,为他们的成长提供了有利的条件。但是高度城市化、高度工业化、高度科技化的现代社会也同时将学前儿童置于了活动空间缩小、活动机会减少、活动过程简化、活动能力弱化的境地,从而导致了学前儿童的健康危机、情感危机和认知能力、社会交往能力危机。从一定意义上可以说,现代社会的学前儿童正处于"发展良机"和"发展危机"并存的时期。所谓的"发展危机"是指人的发展所需要的环境条件的丧失、变异而给人的发展带来的障碍与问题。我们应重视研究学前儿童的发展所需要的种种环境条件的变化状况,以及这些变化对学前儿童的发展所带来的影响,以便有针对性地采取相应的措施来保证儿童的健康发展。

(王国起　王珉　胡宁　编辑)

本章小结

学前教育作为教育的重要领域,与其他社会现象如社会政治、经济和文化都有着密切的联系和相互作用,学前教育对社会政治、经济和文化的促进和影响作用反映了学前教育的社会功能。

社区作为社会的基层组织,拥有丰富的教育资源,开展社区学前教育活动能够为学前教育的发展创造有利的条件,社区和学前教育机构紧密合作能为幼儿的发展创造良好的外部环境。

家庭是幼儿的主要生活场所,家长在幼儿发展中发挥着重要的作用。学前教育机构和家庭在促进幼儿发展上有着共同的目标,加强合作,实现共育,能最有效地促进幼儿的健康发展。学前教育机构要注意引导和组织家长积极参与幼儿园的教育活动,并要充分利用家长所拥有的教育和社会资源,为儿童认识社会创造有利的条件。

 思考与练习

1. 试析学前教育与社会经济的关系。
2. 简析学前教育与社会政治的关系。
3. 试析学前教育与社会文化的关系。
4. 简述学前教育与家庭、社区的关系。
5. 简述家园合作共育的方式及内容。

第三章 学前教育与儿童发展

学习目标

1. 认识关于儿童发展的不同理论。
2. 认识并理解影响儿童发展的诸因素及其作用。
3. 了解各年龄阶段儿童的身心发展特点。
4. 认识并理解各年龄阶段儿童教育的要点。

本章知识结构图

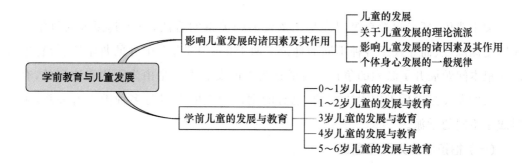

学前教育的对象是0～6岁的幼儿,其身心发展的规律是开展学前教育的重要依据。因此,我们不仅要研究学前教育与社会发展的关系,也要研究学前教育与儿童发展的关系。

学前教育与儿童的发展是一个复杂的相互作用的过程。关于儿童是怎样发展的,主要受哪些因素影响等都是学前教育领域的重大理论问题,也是学前教育中一直有争议的问题。

第一节 影响儿童发展的诸因素及其作用

研究儿童发展与学前教育的关系,首先应了解儿童发展的基本含义以及影响儿童发展的诸因素。

一、儿童的发展

儿童的发展,是指儿童在成长的过程中,身体和心理两方面有规律地发生量变与质变的过程。身体的发展,是指儿童机体的正常生长和发育(包括形态的变化和功能的成熟)。心理的发展,是指儿童的认知、情感、意志和个性的发展。

学前儿童来的身体的发展与心理的发展是密切相关的,儿童年龄愈小,其身体发展和心理发展之间的相互影响也就愈大。

儿童的身心发展不是一个自然成熟的过程,而是影响其身心发展的内外因素综合作用的结果。儿童的发展受到诸多因素的影响:有先天的和后天的因素;有生物的和社会的因素;有生理的和心理的因素;有物质的和精神的因素。这些因素都会对儿童的发展产生不同的作用。

二、关于儿童发展的理论流派

关于遗传、环境和教育等因素与儿童发展的关系的看法,由于其深远的哲学背景和历史渊源,从而导致了各种不同的理论。两千多年来,古今中外的哲学家、教育家对这一根本问题展开了激烈的争论。有的认为人的发展主要是由先天因素决定的,有的认为人的发展是由后天因素决定的,也有的则认为人的发展与多种因素有关系,由此形成了不同的学派。[①]

(一) 柏拉图的先天理念说

古希腊哲学家柏拉图认为,世界的本原并不是物质原子,而是一种叫做"理念"的精神性的东西。人的灵魂也来自理念世界,它支配人体的活动。他认为一个人的认识不过是灵魂对理念世界的回忆而已。灵魂原来是寓居于理念世界中,具有理念世界一切真实的知识,它在投到人体后因受污浊而忘掉了,需要通过感觉经验,提醒灵魂重新予以回忆。因此,柏拉图认为,人生来就具有一种基本上在发展过程中展现,并成为有意识的先天知识(理念),后天环境对人不具影响,一切研究、学习都只不过是对先天理念的"回忆"罢了。显然,这是典型的唯心主义的儿童发展观。

(二) 格塞尔的成熟势力说

美国心理学家格塞尔在经过近半个世纪的儿童发展研究,尤其是在他著名的"双生子爬阶梯"实验研究成功以后,提出和论证了"成熟势力说"。这一理论认为,儿童发展是一个有规律的顺序模式的展现过程,而这个顺序是由物种和生物进化的顺序决定的。所有儿童都按照这个顺序发展,但发展速度则由每个儿童的遗传类型而决定。环

---

① 阎水金.学前教育学[M].上海:上海教育出版社,1998.

境和教育不是发展的主要原因,它虽然可能暂时影响儿童发展的速度,例如营养不良或教育剥夺可能影响发展的速度,但儿童的发展最终还是由生物因素(如成熟机制)所控制的。

由于格塞尔这种"成熟"研究本身的深刻性以及他的成功的实验,人们普遍重视和欣赏他的理论。但这种理论也存在一个根本性的缺陷,即过分夸大生理成熟的作用,而忽视儿童发展的其他条件。虽然格塞尔偶尔也提到环境和教育的作用,但却从未认真考虑过早期环境剥夺和教育剥夺的问题,只是把环境和教育的影响放到了一个极不重要的位置,以致不可避免地犯了以偏概全的错误。

(三) 洛克的白板说

英国哲学家洛克继承和发展了培根的唯物主义经验论,提出了著名的"白板说"。他认为,人脑开始只是一张"白纸,没有特性,也没有观念",儿童发展的原因在于后天,在于教育。他认为,儿童和白痴以及没受过教育的人,对数学公理、形式逻辑既不知道,也根本不会想到。他指出:"我们日常生活所见的人中,他们之所以或好或坏,或有用或无用,十分之九都是由他们的教育所决定的。人类之所以千差万别,便是由于教育之故。"[①]洛克的观点虽然有助于人们认识教育在儿童发展中的重要作用,但他过分夸大了教育的作用,他也因此被认为是"教育万能论"的主要代表人物。

(四) 华生的环境决定论

美国心理学家华生从其行为主义心理学思想出发,提出了儿童发展的环境决定论。在他看来,行为发生的公式是刺激-反应,行为的反应是由刺激引起的,刺激来自于客观而不是决定于遗传,因此行为也不可能取决于遗传,而环境和教育是行为发展的唯一条件。正是基于以上认识他提出了"环境决定论"。这一观点彻底否认了遗传在儿童发展中的作用,也在根本上否定了儿童自身的主动性、能动性和创造性,将儿童视为教育的被动接受者,片面夸大了环境和教育的作用。

(五) 维果茨基的"最近发展区"理论

苏联心理学家维果茨基认为,儿童的发展是在社会环境和成人的教育影响下逐渐转化的过程。他根据对儿童智力发展的实验研究,提出了儿童发展的两种水平:第一种是现有水平,即由已经完成的发展程序的结果而形成的,表现为儿童能够独立地完成某项任务,教育对此不具影响。第二种水平则指尚处于形成的阶段,即最近发展区。维果茨基认为,教育就是变最近发展区水平为儿童的现有水平,从而促进儿童的成熟和发展。因此他提出了"教学要走在儿童发展的前面"的著名论断。

---

① 洛克.教育漫话[M].傅任敢,译.北京:人民教育出版社,1963:4.

(六)赞可夫的教学结构作用论

苏联教育家赞可夫自1957年起对"教学与儿童发展"的关系进行了长达20年的系统实验研究,得出了"外因通过内因而起作用"的辩证唯物主义的结论。他认为,维果茨基正确地指出了教学对促进儿童尚未成熟的心理机能逐渐成熟的作用,但却忽略了一个问题,即儿童可能因教育教学过程的安排不同,而表现出不同的发展,于是他提出了"教学结构决定儿童发展进程"的思想,并通过实验研究揭示了两者之间的因果关系。

苏联的学者不像行为主义学者那样,认为教育机械地决定儿童的发展。他们认为儿童如何发展,向何处发展,既不是由外因(教育教学)机械决定的,也不是由内因(自然成熟)孤立决定的,而是由适合于内因的一定外因条件决定的。这是试图采用辩证唯物主义的观点来解释教育教学与儿童发展的关系,具有一定的辩证性。

(七)皮亚杰的认知发展理论

瑞士心理学家皮亚杰通过研究认为,儿童心理的发展乃是先天因素和后天学习相互作用、不断发展的过程。他提出儿童心理发展的四个基本要素:① 成熟;② 练习和习得的经验;③ 社会性经验;④ 具有自我调节作用的平衡过程。由于这些因素的相互作用,促使儿童不断发展。在他看来,儿童的发展是一个过程,就是通过教育或外界刺激,个体不断进行新的同化和顺应的循环往复的过程。在发展的过程中,儿童的主观能动性是贯穿始终的。

皮亚杰的认知发展理论摆脱了机械论、被动论的观点,较全面、辩证地描述了儿童发展的过程,很多西方国家以他的理论为基础进行了一系列的实验研究。但在许多问题上教育界仍没有达成一致的意见。因此关于教育与儿童发展关系的问题,还有待于进一步深入的研究。

上述各学派关于儿童发展的理论,在教育发展的历史进程中,都已产生过一定的影响作用。今天,我们可以借助这些理论,正确地认识儿童的发展,并用以指导教育实践。同时还应不断地丰富和完善儿童发展的理论,为现代社会学前教育的改革奠定科学的理论基础。

三、影响儿童发展的诸因素及其作用

影响儿童发展的因素有很多,但概括起来主要有以下三个方面。

(一)遗传

大量的实验研究已表明,遗传在儿童的发展上具有重要作用。

1. 遗传素质为儿童的发展提供物质前提,为个体的身心发展提供了可能性。如果没有良好的遗传素质,儿童的发展便无法实现。如健康的身体是一名优秀运动员的生理前提,正常的智力是一名科学家的基本心理素质要求。但遗传素质并不会直接转变为个体的知识、才能、态度、道德品质等,如果离开了后天的社会生活和教育,遗传素质所提供的人的发展的可能性便不能转化为现实。

2. 遗传素质的成熟度制约着儿童身心发展的过程及其阶段。在教育学中,成熟是指儿童个体生长发育的一种状况,指个体的生理和心理机能与能力都达到比较完备的阶段。

人的生理和心理是在发展过程中逐步成熟的。人的各种身体器官的构造和机能在出生时是很不完备和孱弱无力的。个体的器官和整个系统的结构、功能都随年龄的增长而发展。人的机体的成熟程度制约着身心发展的程度和特点,它为一定年龄阶段身心特点的出现提供了可能和限制。心理学家格塞尔曾根据他所做的一个著名的双生子爬楼梯实验提出了个体发展的成熟决定论。这虽然夸大了成熟的作用,但教育中充分重视成熟的意义非常必要。成熟的作用在思维、情感、个性等高级心理活动中也同样不可忽视。

3. 遗传素质的差异是构成儿童身心发展个别特点的因素之一。儿童的遗传素质是有差异的,这种差异不仅表现在体态、感觉器官方面,也表现在神经活动的类型上。婴儿一出生,就会有不同的表现,有的安静,有的大哭大闹;一两岁的儿童对外部世界的反应就有快有慢,有的敏感,有的迟钝。现代遗传学研究证明,遗传基因的物质基础在于核糖核酸排列及其活动的差异。据中国科学院心理研究所对22.8万名儿童的调查发现,低能占同龄儿童的3%~4%,而低能儿中有50%以上是先天因素造成的。所以,我们必须承认遗传对个人发展的影响是客观存在的。

遗传素质并不能单一地决定儿童的发展,儿童具有的遗传素质只有与社会环境以及教育相互作用时,才能实现其对儿童发展的影响。

(二)环境和教育

环境从其广义讲是指对个体身心发展产生影响的一切外部因素。从狭义上讲则是指个体生活于其中,并对其身心发展自发地产生影响的一切外部因素。环境按其性质可分为自然环境(包括自然条件与地理位置)和社会环境(包括政治、经济、文化以及与个体相关的其他社会关系)。

环境对儿童的发展有着特殊的重要作用。人的生存和发展离不开环境,对儿童来说更是如此。儿童自出生后,其生理的发育和心理的发展都离不开一定的环境条件与环境刺激。良好的生活环境、营养和保育条件可以使儿童机体获得正常的生长发育。

外界适宜的环境刺激则是儿童心理发展的源泉,没有外界环境条件的刺激,就不可能有儿童心理的正常发展。儿童心理发展的特征也是在与人的交往以及周围环境的相互作用中发展和形成的。所以,环境对学前儿童的发展,比其他年龄阶段的儿童有着更为重要的作用。

与遗传、环境相比较,教育在儿童身心发展中具有更为独特的作用。学前教育也是一种环境,但它是一种特殊的环境。学前教育之所以特殊,主要体现在如下几个方面:① 学前教育有专职教师。幼儿教师通常要经过专门的训练和特定的审查,一般具有较丰富的知识、较全面的才能和较熟练的教育技能,这是家庭和社会环境难以比拟的。② 学前教育有明确的目标。学前教育机构是为教育儿童而专门设立的社会机构,对儿童所实施的是有目的、有计划、有组织的教育,它有别于环境的自发的、零碎的、不系统的影响。③ 学前教育是一种最简捷、系统的影响儿童的方式。由于学前教育有专职教师和明确的目的,学前教育给孩子施加的影响一般比较全面、系统和准确,针对性也较强。因此,学前教育的效率远远高于社会教育和家庭教育。学前教育成为影响幼儿身心发展的最简捷有效的一种方式。

通过教育可以使儿童优良的遗传素质得到充分的显现,即教育能使遗传所提供的某种可能性变为现实性,并可影响和改造不良的遗传素质。教育还可以对环境加以取舍,并可发挥和利用环境中的有利因素,减少或消除不利因素,从而促进儿童的正常发展。

近二三十年来,由于生理学、生化学和心理学的发展,大大推进了学龄前儿童生理和心理科学的发展,已有不少的科学研究成果证明了环境和教育对儿童发展的重要作用。

20世纪50年代以来,对胎儿发育的研究科学地说明了母亲的营养、疾病、药物和情绪对胎儿发育有重大影响。研究证明,如果孕妇患有某些严重疾病时,常常会引起流产、早产和死胎,或导致胎儿患病或先天缺陷,因此母体环境对发育中的胎儿有很大的影响。

关于环境和教育对新生儿发展的影响,近30年来心理学的研究也有了重大进展。研究表明,丰富的环境刺激有利于新生儿的发展。如有人对30名体重不足1361～1816克(3～4磅,1磅=453.592克)的新生儿做实验,对实验组的新生儿,在保育箱内挂玩具,抱出喂乳,让他们看看四周,从医院回家后再提供玩具,并进行辅导。到1岁时,他们体重接近正常水平。而控制组的新生儿原来比实验组儿童健康情况好,但却以传统保育方法喂养,只喂乳,不注意提供环境刺激,1岁时,体重较实验组轻。因此,适宜的环境与教育有利于促进新生儿的发展。

国内外一些研究者对学前教育在儿童智力发展中的作用进行了很多研究,并认为环境与教育使学前儿童获得的早期经验对其智力与个性的发展会产生深远的影响。如美国的著名心理学家布鲁姆对近千名儿童从出生一直到成年进行了追踪研究,于1964年在《人类特性的稳定性与变化》一书中,提出了早期经验与智力发展的科学假设:5～6岁前是智力发展最为迅速的时期,与7岁所达到普通智力水平相比较,在4岁时就约有50%的智力,其余的30%的智力是在4～8岁时获得的,剩下的20%是在8～17岁时获得的。在智力发展极为迅速的时期,环境对智力发展的影响最大。

环境和教育,不仅对学前儿童智力发展产生重要影响,而且对学前儿童个性发展亦产生深远的影响。有的心理学家曾对第二次世界大战期间失去父母的数千名儿童进行研究,发现早年丧失父母的不正常家庭环境对儿童行为和个性发展极为不利。人类学家的一些研究也表明,由于各个种族对儿童照料的方式不同,如从小受成人关心的儿童,长大后性格温和,能处理好人与人之间的关系;从小成人对他们不关心,只是给他们喂食的儿童,就会有相反的结果。这都说明,早期经验为学前儿童个性的形成打下了最初的基础。然而在强调早期经验对儿童发展的重要作用时,我们还应看到以后的环境与教育对儿童的发展仍然有着重要作用,这种作用具体表现为弥补或改变以前所形成的智力或个性特点。

案例 3-1

狼孩的故事

1920 年,印度传教士辛格在一个巨大的白蚁穴附近,发现狼群中有两个"狼孩",其中一个大约 8 岁,后取名卡玛拉;另一个大约 2 岁,后取名阿玛拉。辛格把她们带到了米梅纳普尔市孤儿院。据辛格讲,这两个孩子刚回到人类社会之初,具备狼的特点,有明显的动物习性:吞食生肉,四肢爬行,喜暗怕光,白天总是蜷缩在阴暗的角落里,夜间则在院内外四处游荡,凌晨 1~3 时会像狼似地嚎叫,给她们穿衣服,她们却粗野地把衣服撕掉。她们目光炯炯,嗅觉敏锐,但不会说话。

辛格牧师夫妇俩为了教育她们而作出了各种各样的尝试。其中的妹妹阿玛拉到第 2 个月,能发出"波、波"的音,诉说饥饿和口渴了。遗憾的是,回到人类社会的第 11 个月,阿玛拉就死去了。姐姐卡玛拉用将近 5 年的时间学会了两脚步行,但快跑时还会用四肢。她会为自己想做的事情(例如解纽扣儿)做不好而哭泣。但她直到死亡时(她活到 17 岁)也没真正学会说话,智力只相当于三四岁孩子的水平。

这一实例有力地说明了正常的社会环境对人的身心发展具有决定性意义。"狼孩"虽然有人的遗传素质,具有人的一切外貌特征、生理机构和感觉器官,但由于自幼脱离了人类社会,没有同人类接触,没有受到社会文化环境的熏陶,没有得到正常的训练与教育,所以无法形成人的心理。

可见,仅有人的遗传素质,若缺乏正常的社会生活环境,人的身心也不可能得到正常发展。

(三) 儿童自身的能动性

儿童在与环境之间的相互作用中所表现出来的主观能动性,是促进儿童从潜在的可能状态转向现实状态的决定性因素。儿童在发展过程中,不是消极被动地接受外部环境的影响,而是积极主动的学习者,他们对环境的刺激有较强的选择性,并表现出作为独立的生命体所具有的能动性。因此,同样的环境对于不同的儿童可以产生不同的影响。另外,从儿童的心理发展来看,儿童认识外界是儿童内部的主动活动的过程。没有儿童自身能动性的体现,其他因素的作用也难以完全得到实现。

综上所述,儿童的发展绝不是某一种因素单独影响的结果,而是多种因素综合地、系统地相互作用的结果。其中儿童的主观能动性对儿童自身发展的作用越来越显现出来。因此我们不能孤立地、静止地强调遗传、环境和教育的作用,更不能忽视儿童主观能动性对其发展的重要作用。只有这样,才能全面地认识儿童的发展与教育问题。

四、个体身心发展的一般规律

(一) 个体身心发展的顺序性

从出生到成人,个体的身心发展是一个由低级到高级、由简单到复杂、由量变到质变的连续不断的发展过程。从生理方面来看,身体的发展基本是按照"从头部向下肢""从中心部位向边缘方向"发展的过程。从心理角度来看,儿童思维能力的发展是从具体形象思维逐步发展到抽象逻辑思维阶段。因而,教育者一定要注意个体发展的顺序性,不能揠苗助长、急功近利。

(二) 个体身心发展的阶段性

个体在不同的年龄阶段表现出身心发展不同的总体特征及主要矛盾,面临着不同的发展任务,这就是身心发展的阶段性,它反映了量变与质变的统一。它表现为青少年身心发展的年龄特征,即在发展的不同年龄阶段中身心发展的一般的典型的特征。如在童年期,思维特征是以形象思维为主,情感特征是不稳定且形于外;而在少年期,其抽象思维已有较大发展,对情感的体验开始向深与细的方向发展,但仍比较脆弱;在青年初期,以抽象思维为主,情感较丰富细腻、深刻稳定,同时道德感、理智感等在情感生活中占主要地位。

(三) 个体身心发展的个别差异性

个体身心发展的个别差异性是指由于遗传、环境、教育和自身等因素的影响,个体之间在身心特征上表现出来的个别差异性。这种差异性一方面表现在同一年龄阶段儿童在不同时期的发展速度和水平有个体差异;另一方面表现在相同方面的发展速度和水平也有个体差异。这就要求教师深入了解每个个体的身心发展状况和水平,有的放矢,因材施教。

(四)个体身心发展的不均衡性

个体的身心发展也具有不均衡的特征,一是表现为同一方面在不同年龄阶段中的不均衡发展,比如智力的发展就表现出不均衡性,出生后的几年发展很快,随后发展减缓;二是指不同方面的不均衡发展,如在心理方面,感知觉的发展较早,然后是思维能力的发展,情感的成熟就比较晚。

(五)个体身心发展的互补性

身心发展的互补性是指不同的机体能力可以互相补偿的特性。它首先指机体某一方面的机能受损甚至缺失后,可通过其他方面的超常发展得到部分补偿。如失明者通过听觉、触觉、嗅觉等方面的超常发展得到补偿。机体各部分存在着互补的可能,故人在自身某方面缺失的情况下依然能与环境协调,从而为继续生存与发展提供了条件。

第二节 学前儿童的发展与教育

学前教育与儿童发展是一个复杂的、动态的相互作用、相互制约的过程。学前教育既是促进儿童发展的重要因素,又受到儿童身心发展水平的制约。

儿童身心发展具有一定的顺序性和阶段性,并且在每一阶段上有着不同的发展水平和主要的活动形式。学前教育的关键不仅要了解、掌握每一阶段的年龄特征,而且还应针对各阶段的主要特征开展教育,这样才能更好地促进儿童的发展。[1]

一、0~1岁儿童的发展与教育

儿童出生后,便面临着生活环境的巨大变化,即由舒适安全的母体内环境到复杂多变的母体外环境的过程。婴儿要学会依靠自己的身体独立进行维持生命的活动,还要以最快的速度发育成长,从完全无力支配身体、不会翻身,到独立站立并开始会走;从只有感觉活动,到能听懂一些语言,会用动作、表情和声音表达自己的意愿,参加社会生活。在这个过程中,其自身的发展具有一些明显的特征,教育者应根据这些特点对其施以相应的教育。

(一)0~1岁儿童的身心发展特征

在人生的第一年中,随着时间的推移,儿童渐渐显示出了在身体发育、精神和气质上的差异。

---

[1] 梁志燊.学前教育学[M].北京:北京师范大学出版社,1998.

1. 生理发展

在第一年里儿童身高和体重增长最快,身高的增长值是出生时的50%,体重是出生时的3倍。第一年中儿童身体各器官构造和机能也处在不断发育成熟的过程中,如新生儿脑重只有350克,而1岁时就长到了950克;连接中枢神经和全身的植物性神经发育基本完成;胃的容量也逐渐增大。此时,婴儿的身体虽渐渐强壮了,但仍然十分孱弱,在对儿童进行生活护理时,要力求讲究卫生,精心细致,动作轻柔。要合理喂养,促进儿童正常生长发育。

2. 心理与动作发展

(1) 感知觉的发展

婴儿一生下来就有了基本的视觉能力,出生不到1周的新生儿就已经具备了颜色视觉能力。视觉集中现象在2~3周时就开始了,这时凡是活动的东西、响亮的或色彩鲜艳的东西以及人脸等刺激都可引起儿童片刻的注视,这就是视觉集中现象。在人生第一年里婴儿的视觉集中时间会逐渐延长,距离也会逐渐由近及远。

2~3周的婴儿已能安静地听一些声响,如,说话、乐声等,渐渐地婴儿就可以分辨出不同的声音,并且做出不同的反应,如听到妈妈的声音便发出"妈啊"的声音,做出微笑转头或寻找等积极的情绪反应,或停止哭声等。相反,陌生人的声音就不能引起这些反应。

(2) 动作发展

儿童动作发展包括身体的协调和手眼动作的协调两个方面,在第一年中,儿童身体动作发展迅速,最先学会抬头,然后是俯撑、翻身和爬。爬,是婴儿动作发展中的一个关键性环节,国外的大量研究证实,早爬或爬得时间长的婴儿比晚爬或爬得时间短甚至于不爬的婴儿要聪明得多、成熟得多。爬行对放松全身、协调全身动作、增进儿童活动的主动性,以及扩大对环境的接触等是有益处的。

手眼动作协调是按眼睛的视线去抓住所见物体的手眼配合动作。3个月前的儿童手的抓握是无目的的,不协调的,自己抓不住东西。大人将玩具放到婴儿手中时,婴儿时而抓住又时而扔掉。4~5个月时能根据眼睛所看到的信息来调整或移动自己的身体去抓握所看到的玩具或物体。6个月以后婴儿的手指动作中出现了五指分工和双手配合的动作,如可以把积木拿进或拿出小篮子,还可以对准物体敲打等。儿童这种成熟的手的抓握动作能够极大地帮助儿童用手的器官去认识物体,认识世界,对其心理发展有着极为重要的意义。

(3) 认知发展

儿童6个月后常常发出各种声音,如"妈妈""爸爸"等声音,这些连续的音节,时而出现时而消失。而且这时也能开始听懂一些语词的简单含义,渐渐还会发出一些表示意愿的声音来。

(4) 社会性发展

儿童最早认识的是母亲(或其他直接抚育他的人),最初和母亲的交往是通过眼睛对视进行的。如每次哺乳时,婴儿就会和母亲对视。由于母亲不断满足婴儿对食物的需要、安全的需要、身体接触的需要以及情绪的需要等,儿童对母亲的出现,对母亲的表情、动作和语言会做出积极愉快的微笑,发出相应的声音以及手足的活泼动作。这是人际交往的开始,是人类特有的交往需要的最早表现。6个月以后的婴儿就会表现出对亲人的依恋不舍和对陌生人的拒绝,这是婴儿社会认知能力发展的突出表现,表明婴儿已能辨别熟人和陌生人,对社会事物已有初步的记忆力和辨别力。

(二) 0~1岁儿童的教育

在人出生后的第一年中,儿童各方面的发展,在很大程度上并不是自然形成的,而是在正常的环境与教育影响下形成的。我们不仅要给儿童以充足的乳汁营养,还要给予精神营养,才能使儿童获得身体、智力和情感的健全发展,而母亲则是儿童出生后赖以生存的整个世界,正是在这种与母亲亲密接触的感受与体验中,儿童受到了最初的教育,开始了最初的学习。

根据儿童第一年的发展水平与特点,其教育应注意以下几个方面。

1. 给儿童以身体和精神上的满足

采用母乳喂养。母亲应以愉快的情绪给儿童哺乳,要恰到好处地实现营养与情感的满足,并通过哺乳过程中的母子交往,强化母子情感。还不宜过早地对这个年龄阶段儿童训练定时排大小便的习惯,应顺其自然地形成排便规律,以免造成儿童精神紧张,因为这时进行训练,超越了儿童自我控制能力的水平。

2. 发展儿童的基本动作

1岁内儿童全身动作的发展变化很大,应按儿童动作发展的顺序,为之创设相应的练习条件。如创设条件让婴儿在床上爬,地上爬。儿童进行早期爬行练习,对协调身体动作,增进儿童活动的主动性,扩大活动范围极有益处。

3. 提供适当适量的玩具

适合1岁儿童的玩具,应具有促进儿童认识能力和动作能力发展的功能。其中包括发展视觉的玩具,如可悬挂的彩纸、灯笼、气球、吹塑玩具等,以训练视觉集中和视线随物体移动的能力;发展听觉的玩具,如拨浪鼓、手摇铃及橡胶、软塑料的摆响或摇响的玩具、能拉响的悬挂玩具等,以培养儿童的听力集中与分辨能力;发展手的动作的玩具,如摇铃、环状玩具、软硬塑料玩具、积木、敲打玩具等,以练习手的抓握、手眼协调等能力;发展站立和行走的玩具,如学步车、小推车、球类等,以练习走路,训练腿脚力量与动作的灵活协调性。除此之外,还有娱乐玩具、家庭自制玩具、图片、图书等,都是1岁儿童所需要的。

需要注意的是,这个阶段给儿童提供的玩具可以很多,但不要同时拿出,因婴儿还没有学会行走,他们活动的天地是很有限的,玩具过多地堆积,妨碍儿童的选择和活动,正确的做法是轮换地提供玩具,有时只需出现一种,有时可提供两种供儿童选择。

4. 儿歌

选择有韵律的诗歌、儿歌反复念给儿童听,这个年龄阶段的儿童虽然不会背诵,但诗歌、儿歌的语音和韵律会给婴儿留下难忘的印象。

5. 音乐教育

出生后的儿童就可以听音乐。可选择安静、悦耳、短小的乐曲,在固定的时间、地点反复播放,这样有助于儿童听力、乐感的培养。

二、1～2岁儿童的发展和教育

1岁以后的儿童,随着年龄的增长,活动范围的扩大,在各方面都有较大的发展。从依赖地、被动地生活,开始变为能自主的、主动地活动。因此,好动、好捣乱、好破坏成了这一时期儿童的最大特点。只要不发生危险或重大的破坏,成人就不要禁止和干涉,因为这往往是儿童独立精神、能力表现的开始。

(一) 1～2岁儿童的身心发展特征

1. 独立行走

1岁后大部分儿童学会了自由地独立行走,这样就扩大了他的生活范围,有可能更多地接触并认识各种事物,同时手的动作也有了较大的发展。儿童已经可以用双手拿取、操纵他所需要的和感兴趣的物体。摆弄实物的活动是这个年龄段儿童的主要活动。这时已学会使用一些简单工具了,如用勺吃饭、用笔画画、端小杯从这屋走到那屋等。

2. 语言交流

1岁以后儿童的语言迅速发展,不但能听懂成人对他说的话,还能用语言和成人交际了。

3. 游戏活动

1岁后儿童可以从事最初的游戏活动,如用积木可以搭成楼房、电梯等。

4. 直觉行动思维

1岁后儿童的各种心理活动都带有明显的直觉行动的性质,儿童对事物的感知、注意、记忆及思维活动都是在直接与该事物的接触或是在活动中进行的。离开具体事物、具体活动,儿童便不能进行认识。

(二) 1~2岁儿童的教育

对1~2岁儿童的教育,要重视其良好习惯的养成,活动积极性的培养,各种动作的练习以及认识事物能力的培养。为此可以通过下列途径对他们实施教育:

1. 游戏

游戏,对儿童来说就是他们的生活。儿童是通过游戏来学习,通过游戏来发展的。1~2岁的儿童已经开始进入在环境中学习的阶段。儿童喜欢在自由、愉快、具体的活动环境中享受快乐,获得发展,因此这个阶段的儿童可以通过游戏来达到教育的目的。

其中较为适合的游戏有练习运动的游戏、认识物品的游戏、练习创造的游戏、练习概念的语言游戏和认数游戏等,用游戏的方式组织儿童活动,使儿童在轻松、愉快的玩乐中受到教育,是最理想的儿童教育。

2. 户外活动

在保证儿童身体健康的情况下,儿童应被带到户外去活动,到自然环境中去观察、玩耍,这不仅有助于增进其身体的抵抗力与对环境的适应力,而且还可以开阔眼界,增进知识,陶冶情感。

3. 阅读、讲故事

父母和儿童一起阅读图书和讲故事,是儿童教育中一项有益的活动。每天可以在一个固定的时间里,由成人进行一次阅读活动或讲故事,不仅可以培养儿童对书的注意和阅读的兴趣,有利于语言的学习与发展,而且还有助于密切亲子关系,增进亲子感情。因此,早期亲子阅读活动也是1~2岁儿童教育的一项重要内容。

三、3岁儿童的发展与教育

"三岁之魂,百岁之才",说明3岁左右的儿童有了一定的发展基础。儿童发展到3岁,可以说完成了人生第一个发展时期,在身心两个方面都开始成熟和充实起来,个性也逐步开始发展。

(一) 3岁儿童心理的显著特征

1. 强烈的好奇心

"好奇"是3岁儿童心理发展的一个显著特征,他们对任何新鲜的物体、情景和新的内容有浓厚的兴趣,能以认真态度对待成人教他做的,并有试着做的愿望。因此,要有意识发展儿童的认识能力,开展各种有趣的活动,丰富儿童的认识范围,满足儿童的好奇心。

2. 好模仿

"好模仿"是3岁儿童非常突出的特点,凡对他有影响的或在他生活周围的人或事物等,都可成为模仿的内容。通过大量的模仿来认识周围的环境正是这个年龄的儿童主要的学习方式。因此,所见的一切都会引起他们的新鲜感,都想尝试一下,模仿一下。所以,一定要给予儿童好的模仿榜样,包括家长、教师的举止言行都要以身作则。

3. 同伴关系的发展

3岁儿童的社会性也发展了,其表现是儿童与他人的关系,与他人的交往。3岁儿童的社会性交往关系已不限于母亲和亲人之间,而是扩展到和同伴的关系上;他们很愿意和其他小朋友在一起玩耍。由于儿童的社会性的发展,这时的儿童可以进幼儿园过群体生活,因为这会把儿童带入一个新的天地,扩大他们的眼界,让儿童交结伙伴,学习交往与相处,增长认识,发展能力。

4. 性格方面的发展

3岁左右的儿童常常会出现"不听话"现象。儿童总想将已经获得的经验和认识在另一个环境里试一试,想要自主地行动,因而经常与成人的教育相对抗、相矛盾,这就是典型的"第一反抗期"。所谓"第一反抗期"是指3岁左右儿童在其身心发展的过程中,所表现出来的一种对教育不太有利的独立行动与对抗行为,也称教育"危机期"。对此,成人要丰富儿童的生活内容,满足儿童的合理要求,使儿童的活动需要得到适当或充分满足,这样"反抗"行为就会较少发生。对待3岁儿童的"反抗"行为,不能操之过急,要通过各种教育的手段,丰富儿童的日常生活与学习活动,使儿童情绪保持平衡,以保证其顺利度过"第一反抗期"。

5. 认知方面的发展

3岁儿童的思维认识活动总是由行为和动作引起的,而且思维缺乏可逆性。因此,要用具体形象或者依靠动作来帮助儿童对各种事物或现象的认识。对他们讲故事要有声有色,必要时还可带有动作。对3岁的儿童千万不能讲反话,他们非但不理解,相反还会强化反面理解的作用。

(二) 3岁儿童的教育

对3岁儿童的教育主要应注意下列几个方面。

1. 运用多种手段发展儿童的语言能力和认识能力

3岁的儿童已有着较强的学习愿望,而学习的内容大多源自周围的生活、游戏的过程、操作的活动等。因此,利用生活情景,采用游戏手段,通过操作活动来开展各种认知活动,训练儿童的观察力、记忆力、想象力、注意力、思维能力,对发展儿童的认知能力极为重要,为幼儿创造说话的机会并体验语言交往的乐趣,养成文明的语言习惯。

经常带幼儿接触大自然以激发其好奇心与探究欲望等。

2. 创造条件发展儿童的人际交往能力

儿童只有在与人的交往中才能了解自己与别人的关系,才能发展其交往能力。所以,在幼儿园与家庭中都应尽量创造一些条件,鼓励儿童去与各种不同年龄的儿童一起玩,并教育儿童学会与他人友好相处的方法。

3. 培养儿童生活自理能力与良好的习惯

3岁儿童手和身体的基本动作已有所发展,开始能够掌握各种大动作和一些精细动作,这就为培养其生活自理能力奠定了基础。培养儿童生活自理能力,要从小开始。其意义不仅仅在于能力的形成,而在于自幼养成独立和不依赖于他人的性格。因此,要充分利用日常生活的各个环节,帮助儿童学会做一些力所能及的事,指导幼儿学习和掌握生活自理的基本方法,并结合生活实际进行安全教育。

4. 满足儿童正当的活动要求

3岁的儿童可以按照成人的要求去行动,但又总是不太听成人的话,他们常常寻找机会采取独立行动,表现自己的发展能力。所以,应该理解儿童独立行动的要求,尽量创造一些条件满足儿童多种活动的要求,让儿童有机会去做他们应该做的事。只有儿童的活动要求得到了适当或充分的满足时,其"反抗"行为才会相应减少。

四、4岁儿童的发展与教育

4岁的儿童随着年龄的增长和认识范围的扩大,其心理出现了较大的变化和发展。如果说3岁儿童还有某些像前一年龄段儿童的特点,那么4岁以后心理发展出现了较大的飞跃。其心理活动表现出新的特征,心理发展出现了质变。

(一) 4岁儿童心理的显著特征

1. 活泼好动

4岁的儿童明显地比3岁的儿童更加活泼好动,因为他们身体长得更结实了,动作能力更强了。儿童对周围生活更熟悉了,也积累了一定的经验,主意也多了起来,更爱活动,活动起来很灵活,也能坚持较长的时间。他们爱说、爱问、爱跑、爱动手、爱玩,对成人的要求往往不那么顺从听话。好动、好玩,更多地表现在儿童的游戏兴趣方面。4岁左右是游戏活动的黄金时期,不但爱玩,而且会玩。这时儿童的有意行为开始发展,在游戏中能有目的地玩、创造性地玩,并能按一定的要求进行游戏。

2. 有意行为开始发展

3岁儿童的行为多受情绪支配,4岁儿童则可以听得进成人向他提出的要求,听懂一些道理,他们可以接受成人给的一些任务。4岁儿童在游戏时已经可以先想一想玩什么,拿什么玩,也更愿意和小朋友一同做游戏,有着简单的角色分配,也可以发展游戏的情节。有意性发展还表现在注意、记忆和想象的有意性上,如4岁儿童已不完全仅凭兴趣才去注意了。成人向儿童交代一些事情时,儿童会有意地听和记,儿童可以按一定的要求进行想象。4岁儿童的坚持性也增强了,儿童可以坚持做完一件别人委托的或是自己选定的事。

3. 认知方面典型的具体形象性思维

4岁儿童主要依靠头脑中的表象进行思维活动,思维具有明显的具体形象性特点,属于典型的具体形象性思维。经过几年的发展,儿童的头脑中已经积累了许多生活印象,每当唤起这些印象时,就可以进行积极的思维活动,离开这些原本的印象或本体与事物,就难以进行抽象思维活动。儿童对数的概念认识和对语言的理解也都是和日常的生活相联系的。因此,引导儿童观察周围的生活现象,扩大儿童的视野,丰富儿童的生活经验,充实儿童的生活感受,对这个阶段的教育尤为重要。

(二) 4岁儿童的教育

对4岁儿童的教育,应注意以下几个方面。

1. 引导儿童观察生活,在观察中学习

根据4岁儿童活泼好动和思维形象性等特征,应通过引导他们细致观察周围的生活来扩大认识视野,不断增长见识和发展其认识多种事物的能力。在观察中学习,是这个年龄阶段的基本特点。4岁儿童已完全可以从观察周围的邻居、商店、马路,以及各种设施、劳动现象、情景、事物等,获得大量的信息。同时儿童还会在观察中提出各种问题以获得更多的知识。所以,对他们提出的问题,应抱尊重的态度,尽量给予解答,以保护儿童在观察中所萌发的学习兴趣与学习能力。

2. 培养儿童的同情心

4岁儿童经常会不由自主地流露出其天然的同情心。例如,对小动物的同情,对弱者的同情等。然而这种同情心继续保持与发展,还需要通过教育来实现。对4岁儿童的同情心教育,一是可以通过饲养有益的动物,或栽培植物,以动植物内在固有的生命力唤起儿童的同情心;二是可以通过讲故事、看电视,以其特有的情节内容,激发儿童的同情心;三是通过在现实生活中,观察或参与生活的实践,以培养儿童的同情心。

3. 发展儿童的表现力和创造力

表现力和创造力是儿童发展的标志,4岁儿童已有一定的独立能力,并富于想象,这些都为表现力和创造力的发展打下了基础。教师鼓励幼儿根据观察或发现提出值得探究的问题,并支持和鼓励幼儿在探究的过程中积极动手动脑寻找答案或解决问题。当然4岁儿童的表现力与创造力是极其有限的,但是这些有限的能力都是儿童自身潜能的发挥,具有独立思考的特点,这对于其将来的发展是难能可贵的。因此,在儿童表现力与创造力的发展中,我们不应过分注重儿童表现与创造的成果,而是应注重儿童表现与创造过程中的认真态度、用心程度、坚持精神以及创造力等特点。还要注意激发儿童创造的愿望,增长儿童创造的信心。

此外,对 4 岁儿童还应采用游戏的手段以促进儿童的全面发展。注意用游戏促进儿童认识能力、运动能力、语言能力和判断能力等多方面能力的发展。

五、5~6 岁儿童的发展与教育

5~6 岁儿童处于学前晚期,同时也是进入学龄期的准备阶段。虽然心理发展继续着 4 岁年龄的心理特征,但又有一些新的特点。

(一) 5~6 岁儿童的心理特征

1. 爱学,好问

好奇心是学前儿童的普遍心理特征,但 5~6 岁儿童好奇好问,不满足于表面性的现象,他们已能注意到一些较深的或是相关联的现象,喜欢追根究底。这表明他们思维更活跃,有着很强烈的求知欲、好学心。而且他们提出的问题已不求回答"是什么",而更多的是问"为什么"?从为什么的提问中已看到儿童对因果关系的注意。

5~6 岁儿童好学好问还表现为自发的观察、动手尝试、拆卸等活动越发地多了起来。所有这些表现不要简单地认为是淘气、破坏而对之进行批评和惩罚,这更多的是儿童强烈的求知和探究欲望的表现。

2. 抽象思维发展

5~6 岁儿童的思维虽然仍以具体形象性思维为主,但抽象逻辑思维已开始发生。这时的儿童能进行一些更加概括的思维和逻辑抽象的思维活动,如对物体的分类可以从多角度进行了,对整体与部分的包含关系有了比较正确的认识。例如,在区分蔬菜时,能区分素菜和荤菜,素菜分为青菜、萝卜、西红柿等;荤菜分为肉类、鱼类、蛋类等;肉类又可分猪肉、牛肉、羊肉等。

当然,5~6 岁儿童的逻辑思维能力还是浅显的,但这种能力的出现是可贵的,它标志着儿童思维能力已开始了新的质变,是儿童进入学习活动的重要前提。当然逻辑思维的出现不是自然形成的,而是教育后才有的结果。

3. 语言能力明显提高

5 岁以后儿童能把一件事说清楚、讲明白,利用语言的能力明显提高。语言的连续性既要有逻辑思维发展作基础,又要有足够数量和种类的词汇的掌握。5~6 岁儿童词汇量已明显增多,基本可以用清楚连续的语言表达自己的愿望或是和他人用语言交谈交往了。

4. 有意行为的增多

有意行为在 4 岁已经出现,到了 5~6 岁有了进一步发展。儿童可以有意地控制和调节自己的活动。在画画时,5~6岁孩子再不像以前那样拿起笔就画,而是静静地先想想,对画面在头脑中先有个构图设计,然后再动笔一部分一部分画出来,这也是有意识、有策略行为的表现。有意行为增多对儿童入学后学习和独立生活都是必要的准备。

5. 个性初步形成

儿童3岁后个性便开始形成,到了5~6岁以后个性特征便有了较明显的显现,表现为5~6岁以后儿童自我意识有了初步的倾向,开始出现相对稳定的兴趣,更加突出的荣誉感、自卑感、羞愧感、嫉妒心、好胜心等。5~6岁儿童的性格特征已有明显差异,开始表现出顺从的、冲动的、懦弱的、好表现的、攻击的、内向的、外向的以及依赖的等各种不同的性格特征,但还远没有定型。

能力方面,无论是运动、操作、智力,还是一般能力、特殊能力等,由于先天的遗传和后天的环境教育等因素的综合作用,儿童发展到5~6岁时,能力差别已经比较明显。这种能力方面的不同特征是构成儿童个性差别的一个显著标志。

(二) 5~6岁儿童的教育

5~6岁的儿童处于学前晚期,将要为入小学做准备。这些准备应该是包括身心健康发展的全面准备,而不是指读写算的提早训练准备,要继续关心儿童的健康,使儿童有较强的适应能力和运动能力,不仅要关心儿童各种认识能力的发展,更要关心儿童良好品德行为与性格的形成,生活学会自理,活动能够自主,在各方面为进入小学奠定良好的基础。

对5~6岁儿童的教育,是学前期教育较为重要的一个阶段,这个时期的教育的重点应放在生活自理能力、合作交往能力、语言能力、思维能力、判断能力和运动能力等方面的发展上。主要可通过以下几方面来进行。

1. 采用教学游戏化的方法,发展儿童诸方面的能力

幼儿园的日常教育工作是发展学前儿童多种能力的有效途径。但是根据儿童发展的特点,应该注重从儿童的日常生活中选择游戏题材作为教学内容纳入日常的教学活动中,让儿童在教学过程中通过愉快、轻松、直观的游戏去学习,并发展各种能力,完成教学要求。

2. 利用生活中的机会,让儿童获得生活经验,养成自理能力

5~6岁儿童心理的发展已要求获得更多的生活知识与经验。所以,应该充分利用日常生活的各个环节、各种机会、各种现象对儿童进行适时的教育,让他们积累各种生活经验,如物品的性能、事物的因果关系和道德行为准则等有关知识与经验。同时应该为儿童提供参与生活的机会,做一些力所能及的事,逐步培养自我服务的意识与

能力,这对入学前的儿童来说是非常重要的。

3. 提供条件,让儿童尽可能参与各种有益活动

随着儿童年龄的增长,其独立性与活动能力也有较大发展。所以只要儿童的活动要求是有益的、合理的,就应该提供条件,满足儿童的要求。在参与活动中,注意培养儿童的兴趣与动手能力,注意培养儿童的注意力与坚持性,还要注意培养儿童在活动过程中的目的性与责任感。

4. 提供运动机会,让儿童的身体得到充分锻炼

5~6岁儿童的运动能力有了较大的发展,但是如果失去了运动机会,就会影响其运动神经的发展,身体动作也会变得笨拙迟缓。运动对学前儿童的身体发展,是必不可少的,尤其对5~6岁儿童应该放手些,适当加大运动量,让他们的身体得到充分锻炼。当然,在运动过程中应教育儿童学会保护自己的身体,同时应尽量为儿童创设一个安全的运动环境。

5. 做好入学前的准备

6岁儿童即将进入小学,所以为6岁儿童作好入学准备工作,是这一阶段教育的重要内容。首先应明确入学准备是指儿童身心健康发展的全面准备,而不仅仅是知识与技能的准备。对儿童的入学准备,主要应抓好认识能力的发展,学习兴趣、求知欲望的培养,入学愿望的心理准备以及良好品德行为与性格的形成等方面的教育。

以上是根据学前儿童发展的一般规律与特点,阐述了学前儿童教育的方法及要点。实际上,学前儿童教育的有效性还取决于对学前儿童个别特点的认识,取决于对教育发展的时代特点的认识。对此,我们也应同样引起重视。

知识小卡片 3-1
教育部《3~6岁儿童学习与发展指南》(2012)摘要

目录

(一)健康

1. 身心状况

2. 动作发展

3. 生活习惯与生活能力

(二)语言

1. 倾听与表达

2. 阅读与书写准备

（三）社会

1. 人际交往

2. 社会适应

（四）科学

1. 科学探究

2. 数学认知

（五）艺术

1. 感受与欣赏

2. 表现与创造

说明

（一）为深入贯彻《国家中长期教育改革和发展规划纲要（2010～2020年）》和《国务院关于当前发展学前教育的若干意见》（国发〔2010〕41号），指导幼儿园和家庭实施科学的保育和教育，促进幼儿身心全面和谐发展，制定《3～6岁儿童学习与发展指南》（以下简称《指南》）。

（二）《指南》以为幼儿后继学习和终身发展奠定良好素质基础为目标，以促进幼儿体、智、德、美各方面的协调发展为核心，通过提出3～6岁各年龄段儿童学习与发展目标和相应的教育建议，帮助幼儿园教师和家长了解3～6岁幼儿学习与发展的基本规律和特点，建立对幼儿发展的合理期望，实施科学的保育和教育，让幼儿度过快乐而有意义的童年。

（三）《指南》从健康、语言、社会、科学、艺术五个领域描述幼儿的学习与发展。每个领域按照幼儿学习与发展最基本、最重要的内容划分为若干方面。每个方面由学习与发展目标和教育建议两部分组成。

目标部分分别对3～4岁、4～5岁、5～6岁三个年龄段末期幼儿应该知道什么、能做什么，大致可以达到什么发展水平提出了合理期望，指明了幼儿学习与发展的具体方向；教育建议部分列举了一些能够有效帮助和促进幼儿学习与发展的教育途径与方法。

（四）实施《指南》应把握以下几个方面：

1. 关注幼儿学习与发展的整体性。儿童的发展是一个整体，要注重领域之间、目标之间的相互渗透和整合，促进幼儿身心全面协调发展，而不应片面追求某一方面或几方面的发展。

2. 尊重幼儿发展的个体差异。幼儿的发展是一个持续、渐进的过程，同时也表现出一定的阶段性特征。每个幼儿在沿着相似进程发展的过程中，各自的发展速度和到达某一水平的时间不完全相同。要充分理解和尊重幼儿发展进程中的个别差异，支持和引导他们从原有水平向更高水平发展，按照自身的速度和方式到达《指南》所呈现的发展"阶梯"，切忌用一把"尺子"衡量所有幼儿。

3. 理解幼儿的学习方式和特点。幼儿的学习是以直接经验为基础，在游戏和日常生活中进行的。要珍视游戏和生活的独特价值，创设丰富的教育环境，合理安排一日生活，最大限度地支持和满足幼儿通过直接感知、实际操作和亲身体验获取经验的需要，严禁"拔苗助长"式的超前教育和强化训练。

4. 重视幼儿的学习品质。幼儿在活动过程中表现出的积极态度和良好行为倾向是终身学习与发展所必需的宝贵品质。要充分尊重和保护幼儿的好奇心和学习兴趣，帮助幼儿逐步养成积极主动、认真专注、不怕困难、敢于探究和尝试、乐于想象和创造等良好学习品质。忽视幼儿学习品质培养，单纯追求知识技能学习的做法是短视而有害的。

正文

（一）健康

健康是指人在身体、心理和社会适应方面的良好状态。幼儿阶段是儿童身体发育和机能发展极为迅速的时期，也是形成安全感和乐观态度的重要阶段。发育良好的身体、愉快的情绪、强健的体质、协调的动作、良好的生活习惯和基本生活能力是幼儿身心健康的重要标志，也是其他领域学习与发展的基础。

为有效促进幼儿身心健康发展，成人应为幼儿提供合理均衡的营养，保证充足的睡眠和适宜的锻炼，满足幼儿生长发育的需要；创设温馨的人际环境，让幼儿充分感受到亲情和关爱，形成积极稳定的情绪情感；帮助幼儿养成良好的生活与卫生习惯，提高自我保护能力，形成使其终身受益的生活能力和文明生活方式。

幼儿身心发育尚未成熟，需要成人的精心呵护和照顾，但不宜过度保护和包办代替，以免剥夺幼儿自主学习的机会，养成过于依赖的不良习惯，影响其主动性、独立性的发展。

（二）语言

语言是交流和思维的工具。幼儿期是语言发展，特别是口语发展的重要时期。幼儿语言的发展贯穿于各个领域，也对其他领域的学习与发展有着重要的影响；幼儿在运用语言进行交流的同时，也在发展着人际交往能力、理解他人和判断交往情境的能力、组织自己思想的能力。通过语言获取信息，幼儿的学习逐步超越个体的直接感知。

幼儿的语言能力是在交流和运用的过程中发展起来的。应为幼儿创设自由、宽松的语言交往环境，鼓励和支持幼儿与成人、同伴交流，让幼儿想说、敢说、喜欢说并能得到积极回应。为幼儿提供丰富、适宜的低幼读物，经常和幼儿一起看图书、讲故事，丰富其语言表达能力，培养阅读兴趣和良好的阅读习惯，进一步拓展学习经验。

幼儿的语言学习需要相应的社会经验支持，应通过多种活动扩展幼儿的生活经验，丰富语言的内容，增强理解和表达能力。应在生活情境和阅读活动中引导幼儿自然而然地产生对文字的兴趣，用机械记忆和强化训练的方式让幼儿过早识字不符合其学习特点和接受能力。

（三）社会

幼儿社会领域的学习与发展过程是其社会性不断完善并奠定健全人格基础的过程。人际交往和社会适应是幼儿社会学习的主要内容，也是其社会性发展的基本途径。幼儿在与成人和同伴交往的过程中，不仅学习如何与人友好相处，也在学习如何看待自己、对待他人，不断发展适应社会生活的能力。良好的社会性发展对幼儿身心健康和其他各方面的发展都具有重要影响。

家庭、幼儿园和社会应共同努力，为幼儿创设温暖、关爱、平等的家庭和集体生活氛围，建立良好的亲子关系、师生关系和同伴关系，让幼儿在积极健康的人际关系中获得安全感和信任感，发展自信和自尊，在良好的社会环境及文化的熏陶中学会遵守规则，形成基本的认同感和归属感。

幼儿的社会性主要是在日常生活和游戏中通过观察和模仿潜移默化地发展起来的。成人应注重自己言行的榜样作用，避免简单生硬的说教。

（四）科学

幼儿的科学学习是在探究具体事物和解决实际问题中，尝试发现事物间的异同和联系的过程。幼儿在对自然事物的探究和运用数学解决实际生活问题的过程中,不仅获得丰富的感性经验,充分发展形象思维,而且初步尝试归类、排序、判断、推理,逐步发展逻辑思维能力,为其他领域的深入学习奠定基础。

幼儿科学学习的核心是激发探究兴趣,体验探究过程,发展初步的探究能力。成人要善于发现和保护幼儿的好奇心,充分利用自然和实际生活机会,引导幼儿通过观察、比较、操作、实验等方法,学习发现问题、分析问题和解决问题;帮助幼儿不断积累经验,并运用于新的学习活动,形成受益终身的学习态度和能力。

幼儿的思维特点是以具体形象思维为主,应注重引导幼儿通过直接感知、亲身体验和实际操作进行科学学习,不应为追求知识和技能的掌握,对幼儿进行灌输和强化训练。

(五)艺术

艺术是人类感受美、表现美和创造美的重要形式,也是表达自己对周围世界的认识和情绪态度的独特方式。

每个幼儿心里都有一颗美的种子。幼儿艺术领域学习的关键在于充分创造条件和机会,在大自然和社会文化生活中萌发幼儿对美的感受和体验,丰富其想象力和创造力,引导幼儿学会用心灵去感受和发现美,用自己的方式去表现和创造美。

幼儿对事物的感受和理解不同于成人,他们表达自己认识和情感的方式也有别于成人。幼儿独特的笔触、动作和语言往往蕴含着丰富的想象和情感,成人应对幼儿的艺术表现给予充分的理解和尊重,不能用自己的审美标准去评判幼儿,更不能为追求结果的"完美"而对幼儿进行千篇一律的训练,以免扼杀其想象与创造的萌芽。

本章小结

儿童是教育的对象,儿童身心发展的规律是开展教育工作的重要依据。关于儿童的发展究竟是自然成熟的过程,还是主要取决于后天环境和教育的影响,学术界还存在争议。一般认为影响儿童发展的因素主要有遗传、环境和教育以及儿童的能动性等方面,这几方面因素的相互作用促使儿童不断成熟和发展;而学前教育是一种特殊的环境,是影响儿童身心发展的最简捷有效的一种方式。

现代生理学和心理学的研究结果表明,儿童的发展是有规律可循的,而且呈现出明显的年龄特征。学龄前儿童的身心发展更是有着许多独具的特点,我们应该根据儿童身心发展的年龄特征,有针对性地对儿童进行相应的教育,以有效地促进儿童的健康发展。

 思考与练习

1. 影响儿童发展的诸因素及其相互关系。
2. 为什么说教育在儿童的发展中起主导作用?
3. 评析各种不同的儿童发展理论及其借鉴意义。
4. 简述个体身心发展的一般规律。
5. 简述出生至1岁儿童的发展与教育。
6. 简述1~2岁儿童的发展和教育。
7. 3岁儿童的心理有哪些显著特征?怎样实施有针对性的教育?
8. 论述4岁儿童的教育要点。
9. 学前晚期的儿童有哪些新的特点?这个时期教育的重点是什么?

第四章 学前教育的理念与原则

学习目标

1. 了解儿童观的发展与演变过程。
2. 理解我国当前的教育法律法规与政策。
3. 掌握现代儿童观。
4. 识记与理解学前教育的原则。

本章知识结构图

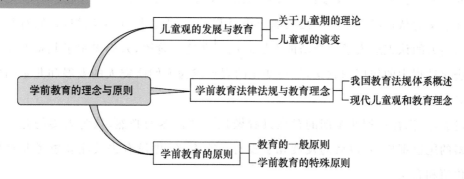

蒙台梭利认为,我们必须认识到"儿童发展的时期是一生最重要的时期,所以儿童教育是人类最重要的一个问题。必须注意为儿童期设置一个适当的世界和一个适当的环境,这是一个绝对迫切的需要。我们这样做,将为人类完成一项巨大的工作。"——任何教育教学变革都是从理念的变化开始的,中国的改革也不例外。理念是人创造的,也是人实施的,这就引出了影响力。我们可以用理念和影响力的结合来理解教育的变革。理念可以正确也可以错误,影响力可能强也可能弱,其中有若干组合,但最好的组合是第一象限,即正确的理念和强的影响力。"观念是文化的原子弹",而唯有形成和掌握了建立在教育规律之上的教育理念和教育原则,才能使我们找到教育行为的正确方式,从而为教育改革创造新的机遇,产生教育的奇迹。

第一节 儿童观的发展与教育

儿童观,是指人们对于儿童的看法和认识。它主要包括人们对儿童期的意义、儿童的地位与权利、儿童的特质和能力、儿童生长发展的原因与形式,以及儿童在其发展过程中所起的作用等问题的看法或认识。人们对于这些问题的认识或观念的总和,就构成一定社会(或时代)的儿童观。儿童观虽说是人们对儿童问题的主观认知,但又总是受到社会的政治、经济、科学技术和传统文化等多种客观因素的影响与制约。

儿童观是随着社会的发展而不断更新的,了解儿童观的演变历史及其特点,有助于进一步加深对儿童的认识,树立科学的儿童观。

儿童观是教育观的依据。有什么样的儿童观,就会有什么样的儿童教育观。所以,儿童观的问题,不仅是做好教育工作的前提,而且也是构成学前教育理论的重要组成部分。

一、关于儿童期的理论

儿童期,是一个人发展过程中的起始阶段,儿童期是一种客观存在。对于儿童期的实际意义的认识经历了一个漫长的历史过程。19世纪末20世纪初,人们对儿童的特质与能力的认识进入了一个新的发展阶段。在这一阶段,人们揭示了儿童期在人类发展进化过程中的作用和意义,发展变化的观点成为人们研究人的发展和儿童的发展的指导思想。

过去,人们往往把儿童期的存在只看做是一种自然的必然,认为人类的儿童期也像蝌蚪的尾巴那样,对以后的发展几乎没有什么意义,更没有去关注和思考儿童期本身的价值和意义。

19世纪由于自然科学得到了长足的进步,细胞的发现、能量守恒定律和达尔文的生物进化论,改变了人们对自然、社会与人的看法以及思维的方法,用发展变化的眼光来研究事物的本质和规律的观点,逐渐被人们所普遍接受。人们发现,低级动物几乎没有幼年期,动物的进化阶段越高,它们的非成熟期就越长。高级动物从遗传中带来的本能比低级动物要少得多。人类的婴儿出生时是非常柔弱的,表明他们大多数行为能力不是靠遗传,而是需要靠后天的学习才能获得。而儿童的柔弱无能,恰恰是他们具有适应复杂环境的发展潜力和可塑性的表现,这是人类发展的重要条件。

儿童期的意义被发现后,人们不再像过去那样忽视、鄙薄儿童期,而是不断深入研究儿童期的重要性,儿童本身成为科学研究的对象。这一时期的学前教育无论是在理论上,还是在实践上,都取得了重大进展。以福禄贝尔、蒙台梭利为代表的学前教育家,对学前儿童身心发展的能力和潜力予以充分肯定,在他们的学前教育机构中为儿童设置了多方面内容的课程,使学前教育的内容结构趋向合理、完善,从理论与实践上奠定了现代学前教育的基础。

二、儿童观的演变

(一)儿童地位观

在儿童观发展的历史长河中,有两种截然不同的儿童地位与权益观。人类社会在儿童享有何种地位与权利的问题上,经历了由国家本位到人本位的演变过程。

儿童作为人类的延续和发展,很早就受到了人们的重视。不论在东方和西方,人们都普遍重视儿童。但是,古人重视儿童,仅仅因为儿童是国和家的财富,是未来的劳动者和兵源,是家族继承和繁衍的工具,其出发点在于国和家的利益。儿童并没有被作为独立的个体和社会群体的正式成员而受到尊重。让儿童受教育的唯一目的,是为了造就符合成年人或社会所期望的某种类型的人。成人在教育中享有绝对的权威和尊严,教育变成了一种强制性活动。

14—16世纪欧洲的文艺复兴运动,高举人文主义旗帜,形成以人为中心的新型人类观,从而为儿童的命运带来重大转机。这种新的人类观,要求人们热爱儿童、尊重儿童,反对把儿童看成是天生的罪人,认为儿童一出生就具有一切道德的、理智的、身体的能力萌芽,如果用适当的教育加以培养,就能使儿童一切内在能力和善良的天性和谐地发展起来。

特别是"第二次世界大战"后,由于人权意识的昂扬和许多关心儿童问题人士的努力,国际社会普遍重视保护儿童的基本权益,并于1959年11月第14届联合国大会通过了《儿童权利宣言》,肯定儿童和成人一样,应当得到人的尊严和尊重,享有生存、生活和学习的权利,成年人和社会应当保障儿童的这些权益。

以人本位的儿童观为出发点的教育观,要求保护儿童的生命和健康,为他们提供基本的营养、居住、娱乐和医疗条件,教育机会均等,使每一个孩子都能受到良好的教育,获得体、智、德、美各方面的和谐发展;儿童是学习的主体,教育者与儿童在人格上是平等的,教育者虽然受社会委托向儿童进行教育,但是必须尊重儿童的人格、意愿和兴趣,不得任意处置儿童,保护儿童免受任何形式的虐待、歧视和剥削。这些要求成为现代教育民主化的基本趋势。

目前,世界上关于儿童权益的国际法、契约和宣言已达80个之多,鉴于目前许多文件不具有法律上的强制性,1989年联合国大会又一致通过了《儿童权利公约》,为儿童的保护和福利订立了一套全面的国际法律准则。1990年9月30日,联合国在纽约召开了世界儿童问题首脑会议,确认在儿童问题上的进步应当成为国家全面发展的一个主要目标。

(二)儿童能力观

人们对儿童能力的认识经历了一个不断变化的过程。

1. "无知无能"的儿童观

在18世纪以前,人们对儿童特质与能力的认识始终停留在感性直观的基础上,把儿童看成是"软弱无能"和"无知"的,但又认为儿童具有身体发育和行为习惯上的"可塑性"。其后的夸美纽斯、洛克和卢梭等,正是基于儿童可塑性强的特点,强调了早期教育的重要性。卢梭还强调根据儿童年龄、性别和个性差异,实施不同的教育,促使其身心健康发展。但是,夸美纽斯、洛克和卢梭的教育理论对学前儿童智力的估计是消极的,认为他们只是被动地接受教育,具有忽视儿童在这个过程中的能动作用的倾向。

2. "人格主体"的儿童观

从20世纪30年代开始,以弗洛伊德为代表的精神分析学派,在对儿童个体心理发展研究的基础上,得出了幼儿期是"人格主体"形成的关键期的结论。他们认为,儿童在学前期就已形成"人格"主体,以后的成长和变化仅仅是在成形的人格结构上作一些小小的改进而已。如果在幼儿期,儿童获得的情感太少,冲动和欲望得不到表现,体验到不幸和挫折就易导致情绪障碍使人格成长受到影响。所以幼儿期是重要的,在此期间形成的"人格"特征将会影响到他的一生。

"人格主体"理论的提出,大大改变了成人对儿童的态度。人们开始认识到,儿童最初对外界的反应是情感方面的,随后才是社会性的和身体方面的。他们最早的经验可能在其心理发展和性格的形成上留下深刻痕迹。由此认为,幼儿的一切情绪,不管是积极的还是消极的,都应得到表现,应当为幼儿提供发泄和表现自己内心情绪的途径。要求教师抑制对不合要求的行为的惩罚,努力去了解这种行为内部潜藏的情绪原因,以帮助孩子去克服情绪障碍。

3. "富有学习潜力"的儿童观

20世纪下半叶以来,随着生理学、生化学、脑神经学和心理学的发展,人们对儿童的特质与能力有了新的认识。大量研究表明,新生儿的世界并不像人们过去想象得是"一片混沌"。早在胎儿时期,他们就有了听觉、触觉、记忆力和情感方面的反应,新生儿已具有很大的学习潜力。

生态学家根据对动物的研究,提出了"关键期"的概念。即小动物出生后在一段短暂的时间内,很容易形成某种本能的反应,错过这段时间,不能再形成。心理学家认为,在儿童心理发展过程中,同样也存在着"关键期",即"敏感期"。它是指儿童在某一时期,学习某种知识和行为比较容易,心理上某个方面发展最为迅速。错过敏感期,学习起来较困难,发展也比较缓慢。例如,4岁前是形状知觉的敏感期,0~4岁是学习语言的敏感期,5~5.5岁是掌握数概念的敏感期。如果错过了敏感的教育时机,就会失去能力发展的最佳时期。

通过众多的研究,人类对儿童的特质与能力的认识达到了前所未有的高度,改变了长期以来忽视儿童,把他们看做软弱无能的生物体的传统观念。这不仅为学前教育提供了科学的依据,而且使学前教育在世界范围内得到了普遍的重视与迅速的发展。

(三)儿童作用观

儿童作用观是指儿童在其自身发展中的作用,究竟是被动的,还是主动的,对此有两种不同的观点。

1. 消极被动论

消极被动论就是用消极被动的观点看待儿童在自身发展中的作用,它主要有两种表现形式:环境决定论和遗传决定论。

环境决定论认为,儿童是被动的,成人完全可以根据自己的意愿把儿童塑造成自己需要的模式,教师在教育过程中就是诱发出符合教师期望的儿童反应,抑制一切不符合教师期望的儿童反应。

遗传决定论则是一种隐蔽的消极被动论,这种观点认为一个人的能力、性格、兴趣等都是与生俱来的,儿童的发展只是先天决定的遗传程序在后天的顺序解码过程,环境和教育只能起到加速和延缓作用,不能从根本上改变一个人的发展方向。这种观点要求教师让儿童自由发展,不要干预儿童发展的自然过程,相信由先天决定的内部因素或本能会引导儿童的发展。

2. 积极主动论

从20世纪50年代开始,用积极主动的观点看待儿童在自身发展中的作用逐渐被人们所接受。这种观点认为,儿童是外部世界积极主动的探索者、发现者,他们有自己的需要和兴趣,有自己的认知结构,不是消极被动地等待和接受外界环境刺激,而是主动对外部刺激加以选择和取舍。因此,同样的环境对于不同的儿童可以产生不同的影响。

回顾儿童观的发展历程,我们可以看到,儿童观的每一次演变,都是一次对儿童认识的深入和对教育发展的一次重大推动。随着人类社会的发展与进步,儿童及儿童权益将越来越受到人们的重视和尊重,人们对儿童的特质和能力的认识将越来越深入,人们的儿童观将越来越趋向于科学化。

第二节 学前教育法律法规与教育理念

关于儿童观,有学者从三种维度来进行考察[①]:一是社会主导形态的儿童观;二是

---

① 虞永平.论儿童观[J].学前教育研究,1995(3).5.

学术理论形态的儿童观;三是大众意识形态的儿童观。三个维度的儿童观中,占有社会主导形态的儿童观往往是执政党或国家以法律、政令、规章等形式加以正式确认的,因此它是一定社会中居统治和支配地位的人们所认定的儿童观。

一、我国教育法规体系概述

(一)法的含义

法是国家制定或认可并由国家强制实施的行为规范的总和。教育法规体系是根据一定的生产力发展的水平和具体的教育发展状况以及国民教育制度的性质,从一般到具体所制定的不同层次之间的规范组成的法规系统。我国教育法规体系由纵向和横向两个层面构成。纵向层面是由宪法、法律、行政法规、地方性法规、自治条例、部门规章构成的统一体;横向层面则是依据现行教育法调整对象的不同,将教育法体系划分为:① 教育基本法;② 基础教育法;③ 职业教育法;④ 高等教育法;⑤ 民办教育法;⑥ 教师法;⑦ 经费投入法等。

(二)我国学前教育法规概况

我国目前已颁布的教育法规主要有:《中华人民共和国教育法》《中华人民共和国义务教育法》《中华人民共和国教师法》《中华人民共和国民办教育促进法》以及《中华人民共和国未成年人保护法》。我国学前教育法规体系是指在学前教育方面的不同层次的法律、规章和纲要等方面的法规系统。我国学前教育法规主要由以下方面的内容组成。

1. 宪法中关于学前教育的条款。《宪法》第19条规定了国家"发展学前教育""鼓励集体经济组织、国家企业事业组织和其他社会力量依照法律规定举办各种教育事业"。《宪法》第49条规定了"儿童受国家的保护""父母有抚养教育未成年子女的义务"。

2. 教育法律中关于学前教育的条款。《中华人民共和国教育法》第17条已将学前教育纳入学校教育制度,并将其规定为我国的教育基本制度。因此,该法确定的教育活动的基本原则、教育机构的法律地位和权利义务、教师和其他教育工作者的权益、教育机构与社会的关系以及教育投入与条件保障的条款,对幼儿园等学前教育机构都是适用的,也是举办、管理幼儿园等学前教育机构以及幼儿园保育、教育活动应遵循的最基本的法律规定;《中华人民共和国教师法》第2条规定该法适用于在幼儿园专门从事教育教学的教师,因此其关于教师权利与义务、资格与使用、培养与培训、考核、待遇等的规定,都是幼儿园教师工作及幼儿园教师应遵循的法律规定。

3. 其他法律中关于学前教育的规定。学前教育涉及许多法律,但从儿童的年龄特点和儿童教育工作特点出发,最主要体现在两个方面的法律上:《中华人民共和国未成年人保护法》在学校保护、社会保护两章中专门对儿童保护做出了规定。此外,在《残疾人保障法》中,专门对残疾儿童的学前教育做了规定。《中华人民共和国传染病防治法》和《中华人民共和国食品卫生法》,虽然不是专门针对幼儿园的,但鉴于幼儿园工作的特点以及幼儿园卫生保健的重要性,也应重点了解。

4. 学前教育行政法规和学前教育规章。目前,关于学前教育的专门法规有自1990年2月1日起施行的《幼儿园管理条例》(简称《条例》)。它对幼儿园的管理做出了全面的规范,包括幼儿园保育、教育工作的基本原则,幼儿园的管理体制,幼儿园的设置和审批规范,幼儿园的保育教育工作规范,幼儿园的行政事务规范等。它是制订《幼儿园工作规程》和《幼儿园教育指导纲要(试行)》的依据。学前教育规章主要有:① 1985年12月7日颁布的《托儿所、幼儿园卫生保健制度》;② 经过六年的试行后,于1996年3月9日颁布并于6月1日起施行的《幼儿园工作规程》(简称《规程》);③ 2001年7月2日颁布的《幼儿园教育指导纲要(试行)》(简称《新纲要》);④ 2010年5月国务院审议通过的《国家中长期教育改革与发展规划纲要(2010—2020)》(简称《规划纲要》);⑤ 2011年印发的《中国儿童发展纲要(2011—2020年)》;⑥ 2012年教育部发布的《3~6岁儿童学习与发展指南》。

二、现代儿童观和教育理念

如上所述,在三种维度的儿童观中,一定社会中居统治和支配地位的儿童观是执政党或国家以法律、政令、规章等形式加以正式确认的。学术理论形态的儿童观[①],是指哲学、心理学、教育学、人类学等学术领域的研究人员所持的儿童观。它不具有社会主导形态的儿童观所含的法律效应,它往往是多元的,因为不同的研究者研究背景与着眼点不同,所持的儿童观也有很大差异。大众意识形态的儿童观[②],是指广大国民对于儿童的根本认识和态度,这是一种最具实际意义的儿童观,因为儿童就是在这种现实的儿童观的作用和指导下生活、成长着。前两种儿童观往往透过大众意识形态的儿童观对儿童发挥作用。

幼儿教师的儿童观是大众意识形态的儿童观的一个重要方面,对于幼儿教育的内容、方式、手段等要素的选择和把握具有十分重要的意义。

(一) 儿童是独立的人,享有人的一切基本权益,具有独立的人格

儿童生来就具有人的尊严和价值,理应享有基本的人权和社会地位,儿童自来到人世之日,其生命就受法律的保护,并不为成人或家庭私有,更不能被其随意处置。尤

---

① 虞永平.论儿童观[J].学前教育研究,1995(3).5.
② 虞永平.论儿童观[J].学前教育研究,1995(3).5.

其是学习和发展是儿童的不可剥夺的权利。因此,成年人应为儿童提供一切有利于生存、发展和学习的条件与机会,应保护和改善现有的儿童教育资源,提供机会让儿童表现和发展自己。儿童的这些权益都要受到国家和政府的尊重与保护。

(二) 儿童是一个全方位不断发展的"整体"的人,应尊重并满足儿童各方面发展的需要

儿童身心各方面是一个有机的整体。儿童机体的各个部分相互联系、不可分割,儿童心理的各个方面也是相互影响和相互制约的,儿童的生理和心理是完整和谐发展的整体。因此,学前教师必须高度重视儿童在身体、认知、品德、情感、个性等方面的发展,并追求全面、和谐、平衡的整体发展。

(三) 儿童是自主建构的个体,应让儿童作为主体参与各种教育活动

儿童天生就充满好奇,天生就是一个探索者。孩子生下不久,就能随声响转动头部,眼睛也能追随物体。稍稍长大以后,当孩子能抓握、能行走时,孩子就会不停地摸,不停地看和玩。儿童虽年龄小,但仍有一定的自主性。因此,学前教师应让儿童以主人的身份与外部环境相互作用,自由、独立地在各种活动中发展。儿童也只有亲自参与各种活动,在活动中积累感性经验,才能保证其发育良好、精神丰富和完善,才能不断地构建自己独特而丰富的内心世界和自尊自爱、自信自强的人格。

(四) 儿童是处于发展初期的幼稚的个体,必须在物质及精神两方面倍加呵护

儿童身心的发展速度极快,变化很大,但他们毕竟还处在人生发展的初期,因此具有幼稚性。儿童身心的各个方面都非常不完善,极易受到伤害。因此,学前教师应努力地呵护、照料和关心他们。在生理方面,应关心他们的衣食冷暖和安全卫生;在心理方面,应该为孩子提供适宜的精神食粮,避免给孩子过强的和有害的精神刺激。

(五) 儿童具有巨大的学习潜能,应创造一切条件使之得到最大限度的发展

大量研究表明,新生儿、甚至在胎儿时期,就有了听觉、触觉、记忆力和情感等方面的反应,所以新生儿就具有很大的学习潜能,这些潜能必须在适当的环境和教育条件下才能被挖掘出来,才能得到充分的发展。"儿童至上"的新观念正是建立在对儿童特质和潜能的充分认识的基础上而提出的。儿童早期的脆弱性和敏感性,以及其身心发展的不可逆性,要求对儿童应该是绝对优先。虽然"总会有一些事情比儿童的事情更紧急,但却永远不会有任何一件事情比它更重要。"

(六) 学前儿童是以生活和游戏为主要活动的人,要寓教育于生活和游戏之中

由于受身心水平的限制,儿童尤其是学前儿童只能从事简单的生活活动和游戏活动,学习和生活是浑然一体的。对他们来说,生活和游戏就是学习的手段。其中生活既是学习的手段,又是学习的目的。因此,从这个意义来看,学前儿童是以生活和游戏

为主要活动的人。这正是学前儿童与其他年龄阶段的人的重大差别。

(七) 每一名儿童都是独一无二的,必须因材施教

由于遗传、环境、教育等方面的影响,每一名儿童身心发展的速度都各不相同,其身心素质的组合特征也不同。每一名儿童都有自身的优势领域和不足之处,并具有一定的个性特点。因此在教育过程中,教师要从儿童的实际情况、个别特点出发,有的放矢地进行有差别的教育,使每名儿童都能扬长避短,获得最佳的发展。

知识小卡片 4-1

《幼儿园管理条例》(1989)解读

(一)《幼儿园管理条例》的宗旨

为了加强幼儿园的管理,促进幼儿教育事业的发展,《幼儿园管理条例》(简称《条例》)明确规定:幼儿园的保育和教育工作的任务是促进幼儿在体、智、德、美诸方面和谐发展。它明确了幼儿园的地方负责、分级管理和各有关方面分工负责的管理原则,并对幼儿园的设置、教师和保育员的任职资格做出了明确规定,对幼儿园的保育和教育工作以及行政事务工作提出了规范性的要求。

(二)《条例》的主要内容

1. 明确了创办幼儿园的基本条件:创办幼儿园必须在安全区域内设置,严禁在污染区和危险区内设置幼儿园。必须具有与保育、教育的要求相适应的园舍、设施。幼儿园的园舍和设施必须符合国家的卫生标准和安全标准。

2. 必须具有符合下列条件的保育、幼儿教育、医务和其他工作人员:幼儿园园长、教师应当具有幼儿师范学校(包括职业学校幼儿教育专业)毕业程度,或者经教育行政部门考核合格。医师应当具有医学院毕业程度,医士和护士应当具有中等卫生学校毕业程度,或者取得卫生行政部门的资格认可。保健员应当具有高中毕业程度,并受过幼儿保健培训。慢性传染病、精神病患者,不得在幼儿园工作。

3. 幼儿园的保育和教育工作:必须贯彻保育与教育相结合的原则,创设与幼儿的教育和发展相适应的和谐环境,引导幼儿的健康发展。培养幼儿良好生活、卫生习惯;促进幼儿智力发展;培养幼儿热爱祖国的情感以及良好的品德行为。在对幼儿的教育和保育中要使用全国通用的普通话。招收少数民族幼儿为主的幼儿园,可以使用本民族通用的语言。

4. 在幼儿园,以游戏为基本的活动形式。严禁体罚和变相体罚幼儿。建立卫生保健制度,防止发生食物中毒和传染病的流行。建立安全防护制度,严禁在幼儿园内设置威胁幼儿安全的危险建筑和设施,严禁使用有毒、有害物质制作教具、玩具。

5. 幼儿园的行政事务由各级教育行政部门负责监督、评估和指导。幼儿园的师资培训、审定、考核由教育行政部门组织。幼儿园实行园长负责制。幼儿园可根据本省、自治区、直辖市人民政府制定的收费标准向幼儿家长收取保育费、教育费。

 知识小卡片 4-2

《幼儿园工作规程》(1996)解读

(一)《幼儿园工作规程》的含义

《幼儿园工作规程》(简称《规程》)是为了加强幼儿园的科学管理,提高保育和教育质量,是依据《中华人民共和国教育法》制定的。它明确了幼儿园的任务、目标和教学原则;规范了幼儿园的卫生保健和教育工作;对幼儿园的园舍设备、经费和管理做出了明确规定;对幼儿园工作人员的任职资格和主要职责做出了明确规定。

(二)《规程》的主要内容

1. 明确规定了幼儿园的任务。实行保育与教育相结合的原则,对幼儿实施体、智、德、美诸方面全面发展的教育,促进其身心和谐发展。幼儿园同时为家长参加社会工作和学习提供便利条件。

2.《规程》指出,幼儿园保育与教育的目标是:促进幼儿身体正常发育和机能的协调发展,增强体质。培养良好的生活习惯、卫生习惯和参加体育活动的兴趣。发展幼儿智力,培养幼儿正确运用语言交往的基本能力,增进幼儿对环境的认识,培养幼儿有益的兴趣和求知欲望,培养幼儿初步的动手能力,萌发幼儿爱家乡、爱祖国、爱集体、爱劳动、爱科学的情感,培养诚实、自信、好问、友爱、勇敢、爱护公物、克服困难、讲礼貌、守纪律等良好的品德行为和习惯,以及活泼开朗的性格。培养幼儿初步的感受美、表现美的情趣和能力。

3. 幼儿园的卫生保健方面。《规程》规定,幼儿园要制定合理的幼儿一日生活作息制度,两餐之间时间间隔不得少于3.5小时。幼儿户外活动的时间在正常情况下不得少于2小时,寄宿制幼儿园不少于3小时。高寒、高温地区可酌情增减。幼儿园应建立幼儿健康检查制度和幼儿健康卡或档案;每年体检一次,每半年测一次身高、一次视力,每季度量一次体重,并对幼儿身体健康发展状况定期进行分析、评论。幼儿园应建立卫生消毒、病儿隔离制度,认真做好计划免疫和疾病防治工作。

4. 关于幼儿园的教育。《规程》明确指出:幼儿园教育工作的原则是体、智、德、美诸方面的教育应相互渗透,有机结合。教育应遵循幼儿身心发展的规律,符合幼儿的年龄特点,注重个体差异,因人施教,引导幼儿个性健康成长。它要求教师面向全体幼儿,热爱幼儿,坚持积极鼓励、启发诱导的正面教育,要求合理地综合组织各方面的教育内容,并渗透于幼儿一日活动的各项活动中,充分发挥各种教育手段的交互作用。创设与教育相适应的良好环境,为幼儿提供活动和表现能力的机会与条件。

5.《规程》明确规定幼儿园教育以游戏为基本活动,寓教育于各项活动当中。在幼儿的一日活动中,教师的组织要动静交替,注重幼儿的实践活动,保证幼儿愉快地、有益地自由活动。幼儿园的日常生活组织,要从现实出发,建立必要的合理的常规,坚持一贯性、一致性和灵活性的原则,培养幼儿良好习惯和初步的生活自理能力。

幼儿园的教育活动应是有目的、有计划引导幼儿生动、活泼、主动活动的,是多种形式的教育过程。游戏是对幼儿进行全面发展教育的重要形式。教师应根据幼儿的年龄特点选择和指导游戏,应因地制宜地为幼儿创设游戏的条件(时间、空间、材料),游戏材料应强调多功能和可变性,应充分尊重幼儿选择游戏的意愿,鼓励他们制作玩具,并根据幼儿的实际经验与兴趣,在游戏中给予适当指导,使其获得积极、愉快的体验,促进其能力和个性的全面发展。

幼儿品德教育应以情感教育和培养良好的行为习惯为主,注重潜移默化的影响,并贯穿于幼儿生活以及各项活动当中。

6. 幼儿园的工作人员。有园长、副园长、教师、保育员、医务人员、事务人员、炊事员和其他工作人员。《规程》明确规定幼儿园工作人员应拥护党的基本路线,热爱幼儿教育事业,爱护幼儿,努力学习专业知识和技能,提高自己的文化和专业水平,品德良好,为人师表,忠于职责,身体健康。

园长除具备上述要求外,还应具备幼儿师范学校(包括职业学校幼儿教育专业)毕业及其以上学历,应有一定的教育工作经验和组织管理能力,并获得幼儿园园长岗位培训合格证书。幼儿园园长负责幼儿园的全面工作。

幼儿园教师实行聘任制。教师对全班工作全面负责,其主要职责如下:观察了解幼儿,依据国家规定的幼儿园课程标准,结合本班幼儿的具体情况,制订和执行教育工作计划,完成教育任务;严格执行幼儿园安全、卫生保健制度,指导并配合保育员管理本班幼儿生活和做好卫生保健工作;与家长保持经常联系,了解幼儿家庭的教育环境,商讨符合幼儿特点的教育措施,共同配合完成教育任务。

幼儿园保育员的主要职责如下:负责本班房舍、设备、环境的清洁卫生工作;在教师的指导下管理幼儿生活,并配合本班教师组织教育活动;在医务人员和本班教师指导下,严格执行幼儿园安全、卫生保健制度;妥善保管幼儿衣物和本班的设备、玩具等。

幼儿园医务人员应按国家的有关规定和程序取得医师资格;医士和护士应当具有中等卫生学校毕业学历,或取得卫生行政部门的资格认可;保健员应当具备高中毕业学历,并受过幼儿保育职业培训。幼儿园医务人员对全园幼儿身体健康负责。

7. 幼儿园的管理实行园长负责制。在举办者和教育行政部门领导下依据《规程》负责全园工作。幼儿园可建立园务委员会。园务委员会由保教、医务、财会等人员的代表以及家长代表组成。园长任园务委员会主任。

幼儿园应制订年度工作计划,定期部署、总结和报告工作。每学年末应向行政主管部门和教育行政部门报告工作,必要时随时报告,应接受上级教育督导人员的检查、监督和指导,并根据督导的内容和要求,切实报告工作,反映情况。

幼儿园应建立教育研究、业务档案、财务管理、园务会议、人员奖惩、安全管理以及与家庭、小学联系等制度,应建立工作人员名册、幼儿名册和其他统计表册,每年向教育行政部门报送统计表。

知识小卡片 4-3

《幼儿园教育指导纲要(试行)(2001)》解读

《幼儿园教育指导纲要(试行)(2001)》(简称《新纲要》)是遵循我国宪法和教育基本法的精神,根据党的教育方针和《规程》而制定的对全国幼儿园教育进行宏观管理和指导的单行法规文件。它与其他有关学前教育的教育行政法规一起,构成一个受共同原则指导的、具有内在协调一致的、层次不同的学前教育法规体系,共同推动我国学前教育的科学化、法制化进程,促使幼教朝着更加健康、正确的方向前进。

(一)《新纲要》的意义

《新纲要》是在总结了近年来我国幼儿教育改革的经验,并充分吸收了世界范围内早期教育优秀思想和研究成果的基础上制定的。《新纲要》立足于我国幼儿教育改革的现实,坚持贯彻党的教育方针,坚持全面推进素质教育的思想,倡导先进的教育理念,如尊重每个幼儿,尊重幼儿身心发展规律,力求体现终身教育的思想,将社会、文化、环境与教育密切结合的思想,努力实现教育的目的性与幼儿发展的可能性相适宜的思想,以及促进教师与幼儿的相互作用,共同成长的思想等。

1. 在知识观上

《新纲要》强调了知识的动态性和过程性,是学习者在与环境相互作用的过程中发展而得来的。而过去,我们常把知识看成是静态的、结论性的,因而,在教学中常常是把现成的结论告诉儿童;《新纲要》肯定了知识的主观性、个别性和相对性,过去我们常认为知识具有客观性、普遍性和绝对性,把知识的获得视为信息的接受,因而教学过程中常常强调教师主导作用的发挥,不注重学生主观能动性的发展;《新纲要》强调实践本身——"做"的能力也是知识,而过去我们把知识仅仅看做是对世界的描述和解释,因而教学过程中常常忽视实践的环节。《新纲要》强调了知识的整体性、综合性,在幼儿园的实际教学中,过去我们将知识领域分解为各门学科个别加以研究,教学中强调了学科教学,较少考虑各学科的整合教学。

2. 在儿童的发展观上

《新纲要》贯穿了终身教育的基本指导思想。明确指出:"幼儿园教育是基础教育的重要组成部分,是我国学校教育和终身教育的奠基阶段。"过去,我们常把教育看成阶段性的,认为幼儿园是小学的预备阶段。《新纲要》把孩子终身受益放在首位,既强调对儿童智力因素(感知观察力、记忆力、想象力和思维力)的培养,又重视对儿童非智力因素(情感、意志、兴趣、信念、世界观等)的培养。

因此,认真学习《新纲要》,积极探索如何将先进的教育理念转化为教师的教育行为,并体现在学前教育实践之中,使学前教育真正起到促进儿童身心发展的作用,这是每一个幼儿教育工作者必须做好的重要工作之一。

(二)《新纲要》简析

《新纲要》从结构来看,由四个部分组成,即总则、教育内容与要求、组织与实施、教育评价。

1. 第一部分:总则

"总则"共有五条。它规定了我国幼儿园教育的性质。《新纲要》明确指出:"幼儿园教育是基础教育的重要组成部分,是我国学校教育和终身教育的奠基阶段。"幼儿园教育的根本任务是为幼儿一生的发展打好基础。

它要求幼儿园在对幼儿的教育中,应与家庭、社区密切合作,与小学相互衔接,综合利用各种教育资源,共同为幼儿的发展创造良好的条件,反映了倡导办开放的、社会化的幼儿教育,以促进教育社会化、社会教育化的进程的理念。

它要求幼儿园应为幼儿提供健康、丰富的生活和活动环境,满足幼儿多方面发展的需要,使幼儿在快乐的童年生活中获得有益于身心发展的经验。在这里它突出了生活与环境对幼儿成长的影响作用,规定在幼儿园教育过程中,应当尊重幼儿的人格和权利,尊重幼儿身心发展的规律和学习特点,以游戏为基本活动,保教并重,关注个别差异,促进每个幼儿富有个性的发展,体现出幼儿教育必须遵循的基本规律和内部原则。

2. 第二部分:教育内容与要求

在《新纲要》的第二部分"教育内容与要求"中,将幼儿学习的范围按学习领域相对划分为广大教师所熟悉的健康、语言、社会、科学和艺术等五个领域,并同时强调了"各领域的内容相互渗透,从不同的角度促进幼儿情感、态度、能力、知识、技能等方面的发展"。

《新纲要》在对每一领域进行阐述时,分成"目标""内容与要求"和"指导要点"三部分。各部分功能各有侧重。

（1）在教育目标方面。《新纲要》重视幼儿的兴趣、情感、态度，并在实施中重视幼儿为主体的探索性学习，使用诸如"体验""感受""喜欢""乐意"等词语，表明该领域要达到什么目的和它主要的价值取向。所有领域的目标既比较集中地体现了该领域特有的价值，也共同体现了《新纲要》的基本精神，着眼于培养幼儿终身学习的基础和能力。如"科学"的目标在将幼儿"对周围的事物、现象感兴趣，有好奇心和求知欲"放在首位的同时，还强调幼儿"能运用各种感官，动手动脑，探究问题"。而且特别指出让幼儿"能从生活和游戏中感受事物的数量关系并体验到数学的重要和有趣"，并在"指导要点"中明确地指出幼儿的科学教育是科学启蒙教育，"重在激发幼儿的认识兴趣和探究欲望。要尽量创造条件让幼儿实际参加探究活动，使他们感受科学探究的过程和方法，体验发现的乐趣"。

（2）"内容与要求"部分。该部分则旨在说明为实现教育目标，教师应该做什么、该怎样做、用什么内容做。在教育内容方面，《新纲要》吸收了建构主义和现代认知心理学的成果，强调了作为教育内容的知识的建构性、过程性，不再把知识列为一大堆静态的、脱离幼儿的、仅仅要他们记住的东西，而是视知识学习为动态变化的、幼儿主动建构的过程。

《新纲要》强调幼儿的主动学习，改革教学方式，要求教师"各领域的内容要有机联系，相互渗透，注重综合性、趣味性、活动性，寓教育于生活、游戏之中"，要着力组织适合幼儿的活动，创造适宜的教育环境，从幼儿的实际生活中去发现教学赖以展开的资源，通过作用于幼儿的活动来对其发生影响，强调幼儿的主动学习，让他们获得体验，获得一定的知识和技能。

（3）"指导要点"部分。其中：① 点明不同，幼儿的学习方式也会随之变化，教师必须根据这些特点来设计教学，以提高教与学的效果。如语言、社会文化、社会规则等方面的知识，教师可以通过语言传授的方式来教，学生可用接受学习的方式来学。教师要重视良好人际环境的创设，重视自己的言行举止，重视幼儿平常生活的点点滴滴等。而科学领域的知识大多属于程序性知识，这类知识是不能靠直接的语言传授让幼儿获得的，它需要幼儿自身与物体、与外部世界直接地相互作用，通过活动而自我地建构。因此，教师的教就应当是间接的，如创设相适应的环境、提供必要的活动条件和其他支持手段等。② 指出该领域特别应当注意的有普遍性的问题。比如，在"艺术"领域，比较严重地存在重视表现技能或艺术活动的结果,而忽视幼儿在活动过程中的情感体验和态度的倾向,因此在"指导要点"中明文要求避免。

3. 第三部分:组织与实施

《新纲要》的第三部分是"组织与实施"。它明确了幼儿教师的角色定位是幼儿学习活动的支持者、合作者、引导者。要求教师尊重幼儿的权利、发展规律、特点、水平、个体差异;要以关怀、接纳、尊重的态度与幼儿交往,耐心倾听,尽力理解幼儿的想法和感受,支持、鼓励幼儿大胆探索与表达。

它尊重教师的创造性,强调教育性、互动性、开放性、针对性和灵活性。要求教师善于发现幼儿的兴趣,在游戏和偶发事件中发现隐含的教育价值,把握时机,积极引导。在活动中关注幼儿的表现和反应,找出幼儿的需要,及时以适当的方式给予回答,使幼儿在互动中学习。

要求教师应科学合理地安排和组织幼儿的一日活动,建立良好的常规要求,逐步引导幼儿学会自我管理。要求教师争取家长的理解、支持和主动参与,并充分利用自然环境和社区的教育资源,促进幼儿身心全面和谐的发展。要求教师的态度和管理方式应有助于形成安全、温馨的心理环境,言谈举止应成为幼儿学习和模仿的好榜样。

在《新纲要》的实施原则中,要求保证幼儿的游戏、自由和自发的活动时间。同时,强调幼儿园教育的生活性,要"引导幼儿实际感受祖国文化的丰富与优秀,感受家乡的变化和发展,激发幼儿爱家乡、爱祖国的情感",要"能从生活和游戏中感受事物的数量关系并体验到数学的重要和有趣"。

4. 第四部分:教育评价

围绕幼儿园教育评价,《新纲要》的第四部分明确指出,教育评价是幼儿园教育工作的重要组成部分,是促进幼儿发展、提高教育质量的必要手段。评价的目的是了解幼儿的发展需要,以便提供更加适宜的帮助和指导,是为了教师的反思成长和提高教育质量。《新纲要》明确指出了评价幼教工作质量和评价幼儿发展状况的重要方面和注意事项。教育评价要"在日常活动与教育教学过程中采用自然的方法进行",强调教育应当关注儿童的生命意识和生命进行状态;强调儿童是在生活中学习,在学习中生活;重视教育评价中潜在的文化决定性和内含的人文关怀等。

(上述知识卡片1-3均参见:郑健成.学前教育学[M].上海:复旦大学出版社,2012.)

第三节 学前教育的原则

学前教育的原则是教师在向幼儿进行教育时必须遵循的基本要求。这些要求是根据学前教育目标、任务和幼儿身心发展的特点,并在总结了长期的幼儿教育实践经验的基础上提出来的。学前教育原则应始终贯穿于学前教育工作的全过程,适用于对儿童有影响的教育的各个方面和环节。

学前教育原则包括两部分:一部分是教育的一般原则,是各级各类教育教师均应遵循的,它反映了教育对所有教育者的一般要求;另一部分是学前教育的特殊原则,是根据学前教育的特点提出来的,是学前教育对教师的特殊要求。

一、教育的一般原则

(一)尊重儿童的人格尊严和合法权益的原则

作为学前教育对象的幼儿首先是一个人,是我们社会的一员。因此,他们享有人的尊严和权利。没有对儿童的尊重,就谈不上真正的教育。

1. 尊重儿童的人格尊严

儿童虽然年龄小,但是他们和教师之间的关系是平等的人与人的关系。教师要将儿童作为具有独立人格的人来对待,尊重儿童的思想感情、兴趣、爱好、要求和愿望等。如果教师的言行中处处体现对儿童的尊重,注意倾听他们的想法,尊重他们的意愿,就会使儿童意识到他们在这个世界上是有价值、有能力、不可缺少的,从而建立起自信心,获得良好的自我概念,为自身的继续发展奠定基础;反之,如果教师随意呵斥、责备、惩罚儿童,让儿童常常感受到委屈、羞辱,他们便会认为自己是无能的、被人看不起的,从而丧失基本的自尊与自信。这种消极的自我概念一旦形成,将会影响儿童的终生发展。

2. 保障儿童的合法权利

儿童是不同于成人的正在发展中的社会成员,他们享有不同于成人的许多特殊的权利,如生存权、受教育权、受抚养权、发展权等,这反映了人类对儿童在社会中的地位和权利的认可与尊重。但是,儿童毕竟是稚嫩、弱小的个体,他们对自己权利的行使还必须通过成人的教育和保护才能实现。家庭、学校、社会应当保障未成年人的合法权益不受侵犯。因此,教师不仅是儿童的"教育者",也应当是儿童权益的实际维护者。

(二)发展适宜性原则

学前教育的出发点和归宿都是促进儿童身心和谐发展,促进每一个儿童在现有基础上获得充分的最大限度的发展。教师进行学前教育与课程的设计、组织、实施都应着眼于促进儿童的发展。所提出的教育目标,既不可任意拔高,也不能盲目滞后,内容的安排应以儿童身心发展的成熟程序为基础,注重儿童的学习准备。依照维果茨基的理论来说,即要找准每个孩子的"最近发展区",使每个孩子通过教学活动都能在原有的基础上有所提高。教师应在充分了解儿童已有知识和理解能力、智力水平的基础上,提出"略为超前"的适度的教育要求,把儿童发展的可能性与积极引导二者辩证地结合起来,既不低估或迁就儿童已有的水平,错过发展的机会,又不可拔苗助长,超出发展的可能性。总之,遵循发展适宜性原则包含以下几层含义:① 教育活动的设计、组织与实施,既符合儿童的现实需要,又有利于其长远发展;② 教育活动的设计、组织与实施,既适合儿童的现有水平,又有一定的挑战性,教育活动内容的安排与要求、活动过程的推进应循序渐进;③ 关注儿童的身心发展规律和个体差异。教育必须面向每个儿童,使每个儿童都能在原有发展水平上充分地发展。常常有这样的情况:有的教师只关注学习好、能力强的儿童,而那些既不出众又不活跃的儿童基本上不在教师的关注范围之内。要保证每个儿童有同等的受教育机会,教师必须平等地对待所有的儿童。学前教育除了适宜于年龄特点外,还应实施适宜于个体的教育,注重个性化教学,因材施教。

案例 4-1

适合的才是最好的[①]

"梁老师,桌子上有许多沙子。"正旼来告诉我。"那不是沙子,是咖啡,仔仔把咖啡撕开了。"知情者马上纠正。仔仔站在那儿看着我,似乎已经做好了接受批评的准备。直觉告诉我,不能批评,因为它不会有效果。上午馨馨在做奉茶工作,仔仔在一边很着急,终于忍不住举起咖啡壶,嘴巴对着壶嘴,我马上制止他,但小家伙还是成功地"品尝"到了咖啡的味道。

我把面无表情的小家伙叫到面前,坐下来问他:"咖啡好吃吗?""我就吃了一点,不好吃,发苦。"他回答我的问题,表情也放松了许多。"小朋友不能喝咖啡,对身体不好……"我本能地又要开始说教了,但我一开口,仔仔便不讲话了。唉,无效的沟通不行,转换方式吧!

仔仔见识面广,沟通能力强。"仔仔,你知道以前打仗时有一种很厉害的人叫特工,专门秘密地做事情。""知道,电视上正在播放的那个五号特工组就

[①] 烟台莱阳市实验幼儿园,梁睿。

是,可厉害了!""你是不是就是跟他们学的,秘密地在我不注意时做出不允许的事情啊?!"这样的问法仔仔不抵触,"王昊哲也想吃,不过他打不开包装,我能打开。""我又不是你的敌人,你干吗背着我呀,你不能跟我商量呀?""我跟你说了我想做那个工作,可你说收工了不能做了。"无论怎样,愿意沟通才有可能达到沟通目的。"那你可以把你的想法告诉我啊,说你特别想做那个工作。"仔仔"哦"了一声,"我现在特别想做奉茶工作,梁老师,可以吗?"小家伙是出名的机灵鬼。

我当然答应了他,同时也告诉他是因为他愿意通过商量来解决问题,而不是偷偷地去做,所以我才答应他。他美滋滋地去奉茶去了。小二班、小三班,还有一楼的老师差不多都喝到了他的咖啡或茶,从他喜悦的表情上知道一定得到了不少的好评。

第二天上午,仔仔依然早早选择了这项工作,工作积极性特别高。一位老师来班里有点事情,他就抓住机会。"老师,您想喝咖啡还是茶呢?"彬彬有礼的样子,真不错。

中班孩子叛逆心理已经增长了,总是想去尝试禁止的事情,与其让他们偷偷地去做,不如换一种更为有效的沟通和引导方式。

一壶咖啡奉完了,仔仔又发现了"榨果汁"工作,在等待过程中,我趁热打铁,引导他去背首诗歌来等待"榨果汁"。我用老师的尊严向他保证今天上午一定能做"榨果汁"工作,他愉悦地答应了。这对一向不喜欢背诵练习的仔仔来说很难得,当然,我也遵守诺言,保证了他"榨果汁"的权利。又一次有效的沟通,让我们双方关系更融洽,也更愉快了。

每个孩子的性格不一样,喜欢的沟通方式更是不尽相同。但无论什么方式,达到有效的良好的效果才是最重要的。适合的才是最好的。

(三) 促进儿童全面发展的原则

促进儿童全面发展的原则指的是教师在制订教育计划、设计教育活动时,应当注意以下几方面。

1. 儿童的发展是整体发展而不是片面发展

教育必须促进儿童体、智、德、美诸方面全面发展,不能偏废任何一个方面。

2. 儿童的发展应协调发展

协调发展包括:儿童身体的各个器官、各系统机能的协调发展;儿童各种心理机能,包括认知、情感、性格、社会性、语言等协调发展;儿童的生理和心理协调发展;儿童个体的需要与社会的需求之间的协调等。

3. 儿童的发展是有个性的发展

教育不仅要使每个儿童达到国家统一要求的标准,还要根据每个儿童的特点和可能性,充分挖掘他们的潜能,让不同的儿童在不同的方面能够展现出自己有特色的发展。

(四) 面向全体,重视个别差异的原则

在教育过程中,教育者在关注全体受教育对象的同时,还应重视儿童的个别差异,因人施教,有针对性地采取最有效、最合理的方式促进每个儿童的发展。

1. 教育要促进每个儿童的发展

教育必须面向每个儿童,使每个儿童都能达到教育目标的要求。要保证每个儿童在教育机构里有同等的受教育机会,教师必须平等地、一视同仁地对待所有的儿童。

2. 教育要促进每个儿童在原有基础上的发展

面向全体,使所有的儿童都得到发展,并不是要求所有的儿童都达到同等水平,也不是要求每个儿童在所有方面都达到同样高度。由于每个儿童的需要、兴趣、性格、能力、学习方式等各有不同的特点,因此,必须考虑每个儿童的特殊需要,因人而异地进行教育,使每个儿童都能发挥优点和特长,在自己原有的水平上得到尽可能的发展。

3. 多种组织形式促进儿童的发展

在我国,因为班额多、场地小,集体活动是教育机构进行教育的主要组织形式,而小组活动、个别活动相对较少,这样不利于充分满足儿童的不同需要,因此,教师应注意在教育中灵活地使用集体、小组、个别的教育组织形式。有教师认为,集体活动是"面向全体",小组和个别活动是"照顾个别差异",这是不对的。面向全体与照顾个别差异是不可分割的两个方面,是在各种组织形式的活动中统一实现的,不重视个别差异的集体活动是不可能真正面向全体的。

(五) 充分利用儿童、家庭、社会教育资源的原则

儿童自身、儿童群体以及家庭、社会都是宝贵的教育资源,要充分发挥它们的教育作用。

教育资源存在于儿童的生活中。在家庭、社会、教育机构、街道、市场、田野,在儿童自身和儿童群体中,在看电视、听广播、交谈、游戏、旅游等各种活动中,都存在着丰富的教育资源,都在对儿童发挥着强大的影响作用,其广泛性、灵活性和多样性,是教育机构难以比拟的。学前教育如果局限在幼儿园内,不仅造成教育自身的封闭、狭隘,

而且也是对教育资源的极大浪费。因此,教师应当有意识地去开发、利用这些资源,如与家庭、社区合作,充分利用儿童的经验和儿童之间的相互影响,利用大众媒体等渠道,使学前教育更丰富、更有效。

二、学前教育的特殊原则

由于学前儿童身心发展阶段的特殊性,学前教育机构里的教师,除了遵循上述教育的一般原则外,还要遵循以下几个原则。

(一) 保育与教育结合的原则

教师应从幼儿身心发展的特点出发,在全面、有效地对幼儿进行教育的同时,重视对幼儿生活上的照顾和保护,保教合一,确保幼儿能真正健康、全面地发展。把握这个原则应明确以下几点。

1. 保育和教育是幼儿园两大工作

保育主要是为幼儿的生存、发展创设有利的环境和提供物质条件,给予幼儿精心的照顾和养育,帮助其身体和机能良好地发育,促进其身心健康地发展;教育则重在培养幼儿良好的行为习惯、态度,发展幼儿的认知、情感、能力,引导幼儿学习必要的知识技能等。这两方面构成了幼儿园教育的全部内容。

2. 保育和教育工作互相联系、互相渗透

学前教育机构保育和教育不可分割的关系是由幼教工作的特殊性和幼儿身心发展的特点决定的。

保育和教育虽然各有自己的主要职能,但并不是截然分开的。教育中包含了保育的成分,保育中也渗透着教育内容。如幼儿画画时,教师除了指导绘画之外,还必须在幼儿的用眼卫生、坐姿等方面给予高度重视。只有保教融合在一起,才能取得好的效果。

幼儿正处在长知识、长身体的时期,其自身诸方面的发展是彼此依存、协调统一的,任何一方面的障碍都可能影响其他方面的发展。只有保教结合,幼儿身心的全面发展才可能实现。

3. 保育和教育是在同一过程中实现的

对幼儿实施保育的过程,实质上也是对幼儿在体、智、德、美诸方面实施有效影响的过程。保育和教育不是孤立地进行的,而是在统一的教育目标指引下,在同一教育过程中实现的。

有的教师认为保育工作是保育员的事,与自己无关,因而未将保育工作列入教育工作计划中,或将保教结合理解为保、教人员的简单配合,而没有理解保教结合的深层次含义,因而在教育时忽略保育因素。比如,作业课时长时间地让幼儿坐着听讲,连续地进行智力活动,而无视幼儿身体和脑神经系统的疲劳等。

保教结合是全面发展的教育方针在幼儿园教育的具体体现,也是我国幼教实践工作的总结。幼儿教育工作者要充分认识保教结合在幼儿全面发展中的意义,真正将保教结合的思想落实到幼儿园每一环节的工作中。

(二)以游戏为基本活动的原则

学前教育机构的基本活动是指在学前教育机构中出现频率最高,对儿童的生存发展最有价值、最适合幼儿年龄阶段的活动。游戏是学前教育机构的基本活动。

游戏作为幼儿健康成长所必需的活动,正如克鲁普斯卡娅所指出的那样,游戏对于学前儿童有着特殊的意义,游戏对于他们是学习,游戏对于他们是劳动,游戏对于他们是严肃的教育形式。游戏最符合幼儿身心发展的特点,最能满足幼儿的需要,能有效地促进幼儿发展,具有其他活动所不能替代的教育价值。因此学前教育机构必须以游戏为基本活动,保障幼儿游戏的权利,创设丰富的游戏环境,让幼儿能愉快地游戏。

(三)教育的活动性和直观性原则

学前儿童认知直觉行动性与形象性的方式和特点,决定了他们不可能像中小学生那样,主要通过课堂上书本知识的学习来获得发展,而必须通过活动去接触各种事物和现象,与人交往,实际操作物体,才能逐步积累经验,获得真知。离开了活动,就没有儿童的发展。学前教育机构的教育,不能只让儿童静坐着看和听,而应该尽可能采用多种办法,引导儿童主动活动。对学前儿童来说,只有在活动中的学习,才是有意义的学习,才是理解性的学习。教师应从儿童身心发展的特点和水平出发,以活动为基础展开教育过程。同时,活动形式应多样化,让儿童能在多种多样的活动中得到发展。贯彻这一原则要注意以下几点。

1. 教育的活动性

(1)以活动为中介,通过各种活动促进儿童的发展

学前儿童通过参与各种活动得到各方面的发展。因此,在活动的设计、组织和实施过程中,教师要为儿童提供丰富的材料和充分的活动空间、时间,开展各种类型的活动,为儿童积极主动活动提供可能。

教师既要相信儿童,放手让他们进行各种活动,又要适时地支持和引导,进行必要的指导和帮助,同时还应鼓励儿童在活动中的积极性、主动性和创造性,使活动真正成为儿童发展的手段。

活动过程要了解儿童的活动状态,这包括儿童心理觉醒水平、兴趣和需要、活动准

备状态、习惯性行为、动机和情绪背景、学习和活动方式及其特点等。因此,研究和了解儿童状况,对于实现课程组织实施活动化具有实质性价值。

(2) 教育活动的多样性

学前教育机构的活动不应当是单一的。因为活动的内容、形式不同,在儿童发展中的作用是有差异的。教师要注意教育活动的多样性,才能有效地促进儿童发展。如从类型来说,有集中教育活动、游戏、日常生活活动、亲子活动、劳动等;从活动的领域来说有健康、科学、语言等领域的活动;从表现形式来看,有听说表达类、运动类、动手制作类、小实验等活动;从组织形式来看,有集体活动、小组活动和个别活动等。

2. 教育的直观性

由于学前儿童思维的具体形象性和第一信号系统占优势的特点,他们只有在获得丰富的感性经验的基础上,才能理解事物。学前儿童主要是通过直接感知认识周围事物,形成表象并发展为初步的概念。对学前儿童的教育,应特别强调直观形象性：① 教师要根据儿童不同年龄的身心发展水平,运用各种形式的直观教学手段,从具体的、有情节的事物向无情节的事物过渡,从实物类型的直观向图片、模型、语言直观等过渡；② 教师通过演示、示范、运用范例等直观教学手段,变抽象为形象、化枯燥为生动的同时,还可以辅以形象生动的、声情并茂的教学语言,帮助儿童理解教学内容；③ 通过具体可见或可操作的活动,使儿童比较容易直观形象地理解所学的内容,更快地获得各种知识经验。

(四) 发挥一日活动整体教育功能的原则

幼儿园一日活动是指幼儿园每天进行的所有保育、教育活动。它包括由教师组织的活动(如幼儿的生活活动、劳动活动、教学活动等)和幼儿的自主自由活动(如自由游戏、区域活动等)。

幼儿园应充分认识和利用一日生活中各种活动的教育价值,通过合理组织、科学安排,让一日活动发挥一致的、连贯的、整体的教育功能,寓教育于一日活动之中。

1. 一日活动中的各种活动不可偏废

无论是幼儿吃喝拉撒睡一类的生活活动,还是作业课、参观访问等教育教学活动,无论是有组织的活动还是幼儿自主自由的活动,都具有重要的教育作用,对幼儿的发展都是不可缺少的。因此不能顾此失彼,随意削弱或取消任何一种活动。

在幼儿教育实践中,很普遍地存在着重教学活动轻生活活动、重有组织的活动轻幼儿自由活动的倾向,因此有必要强调生活活动和幼儿自由活动的重要性。

生活活动在幼儿期有特殊的意义。它不仅是幼儿健康成长所必需,也是幼儿最重要的学习内容和学习途径。将它纳入幼儿教育机构的教育内容,可以说是幼儿教育的一大特点。幼儿自由活动对幼儿健康人格的发展是至关重要的,一个完全被控制的幼儿,会缺乏主动性、独立性,缺乏创造力、想象力,甚至会造成心理问题。因此,教师应当注意克服上述两种错误倾向,保证幼儿身心健康成长。

知识小卡片 4-4

幼儿园的一日保育工作

幼儿在园的一日生活,包括接待、健康检查、晨间活动、教学活动、区域和游戏活动、点心和午餐、午睡、离园等八个环节。每一环节都有基本的保育任务和要求。

1. 接待

幼儿来园前半小时,教师就应进班,做好接待准备。接待小班或新班幼儿,最好是在室内。因为幼儿怕生,不愿离开家长,而室内活动容易转移幼儿的注意。

幼儿来园时,教师要以亲切、热情的态度迎接他们,观察和了解他们的情绪,如哪些幼儿不愿来园,原因是什么,等等,并有针对性地对他们进行教育,利用有趣的玩具、图书、游戏等,吸引他们,转移其注意,使他们乐意留在幼儿园里。接待中,教师应指导幼儿注意仪表,教会他们使用镜子检查自己的装束,养成爱整洁的习惯,要求幼儿有礼貌地问候周围的人。接待中,教师还可以与家长进行简短的交谈,了解孩子在家的情况,听听家长有什么要求和意见,同时,在教育思想和方法上给家长以指导。

2. 健康检查

晨间健康检查由护士或保健老师负责,主要是了解幼儿的健康状况,发现疾病及时医治,防止传染病侵入幼儿园。

3. 晨间活动

晨间活动是幼儿来园后的第一项活动,意在调整幼儿来园的精神状态,稳定入园情绪,并在活动中舒展手脚,为参加晨操和集体教育活动做准备。保育重点是"稳",稳定幼儿的情绪以便参加幼儿园活动。具体工作包括:① 事先检查室内外场地设施、运动器械、玩具等的安全、卫生状况。② 活动前进行安全和自我保护教育,检查幼儿的服饰、鞋带、衣帽是否便于活动。③ 活动中注意幼儿的情绪、活动量,适时增减衣服,对体弱和年龄小的孩子多关照。④ 活动后饮水。

4. 教学活动

教学活动是幼儿园一日活动中的重要环节,是对幼儿进行系列教育的重要形式。由于该活动是相对集中地教育幼儿,与其他活动相比,幼儿教师对幼儿的控制度最高。所以,其保育工作的重点是"调控"。具体工作包括:① 端正幼儿的坐姿,纠正握笔姿势有误的孩子;② 注意保护幼儿的视力、听力和嗓音;③ 观察幼儿的情绪和注意力;④ 留意孩子是否将碎物放入口、鼻、耳中;⑤ 容许孩子中途如厕和饮水;⑥ 注意动静结合,调节活动方式和气氛。

5. 区域和游戏活动

区域和游戏活动是介于幼儿作业教学活动和生活活动之间的一种具有过渡性质的幼儿教育活动。幼儿在其中具有较高的自由度,是典型的"玩中学"。在该类活动中,幼儿教师的保育任务是提供"支持"。具体工作包括:① 丰富玩具材料,检查其安全性;② 注意孩子的身体和情绪变化,调解幼儿之间的矛盾;③ 维持幼儿游戏和区域活动的安全和卫生;④ 活动后洗手、饮水和收拾衣物。

6. 点心和午餐

吃点心、午餐是幼儿一日生活中的重要生活环节,它关系到幼儿的营养摄入和健康发育,也直接影响幼儿活动的积极性和保证其有旺盛的精力。保育重点在于保证幼儿愉快而适量进餐。保育工作包括:

① 观察食物的冷热、软硬及卫生和新鲜程度;② 进食前做好桌面、餐具及幼儿手的卫生消毒工作;③ 观察幼儿进食的习惯、速度和食量,提醒孩子注意果核、肉骨头、鱼刺等;④ 教育孩子爱惜粮食,不偏食,学会独立并以适当速度进餐;⑤ 保持愉快轻松的就餐环境,及时添加饭菜。

7. 午睡

午睡对恢复幼儿身体各器官的机能,调节体力,保持幼儿健康有很大意义。具体工作包括:先铺床、室内开窗通风、拉上窗帘等,创造安静舒适的午睡环境。教师应要求幼儿保持安静,小声指示他们依次脱衣、脱鞋,折好、放好衣物,重点帮助体弱和独立生活能力较差的孩子。幼儿上床后,要检查他们午睡的姿势,引导他们迅速入睡。在幼儿午睡的整个过程中,教师应留在他们身边,观察他们午睡的情况,对难以入睡的孩子和体弱的孩子,应特别给予关照。午睡后,可以让年龄小的孩子逐个起床,使体弱的需要午睡多一些的幼儿和入睡较晚的幼儿多睡一会儿。对于年龄大的幼儿,可以让他们在规定时间内同时起床,共同做好整理工作。

8. 离园

离园活动是幼儿一天集体生活的结束。教师的任务是做好结束工作,使幼儿愉快地离开幼儿园。

结束工作包括活动室玩具、用具的整理,幼儿仪表的整理,以及让幼儿上厕所,带好回家用品等。结束工作应建立各种常规,使幼儿能独立完成,培养其责任感和良好的生活习惯。

离园前,教师可以与幼儿进行简短谈话,对他们进行交通安全教育和礼貌教育,并同他们一起回顾一天的生活,表扬好人好事,与他们进行短暂告别。

离园谈话之后,教师将陆续接待家长,与他们互相问候,进行简短的交谈或相互交流孩子的情况。对于家长不能按时接回的幼儿,教师应继续组织他们开展愉快的活动,避免他们因等待亲人而产生急躁不安的情绪。

2. 各种活动必须统合为一个整体

每种活动不是分离地、孤立地对幼儿发挥影响力的。一日活动必须统一在共同的教育目标下,形成合力,才能发挥整体教育功能。因此,如何把教育目标渗透到各种活动中,或者说,每个活动怎样围绕目标来展开,就成为实践中应当特别关注的问题。如培养幼儿独立性,就需要在生活中注意培养幼儿自己吃饭、穿衣、上厕所等自理能力;在教学活动中,指导幼儿独立思考、有困难自己多动脑筋,尽量自己完成学习任务;自由活动时,鼓励幼儿自己设计游戏,自己想办法来玩、主动去与别人交往等。没有这样的有机统一,就不可能充分发挥整体的教育功能。

上述的一般的和特殊的教育原则是学前教育机构实施教育的基本准则。各条原则反映了对教育的不同要求,又彼此密切联系、相互渗透,不可分割。因此,应当在深刻理解每条原则的基础上综合地运用它们。

本章小结

儿童观是指人们对于儿童的看法和认识。它主要包括人们对儿童期的意义、儿童的地位与权利、儿童的特质和能力、儿童的生长发展的原因与形式,以及儿童在其发展过程中所起的作用等问题的看法或认识。儿童观是教育观的依据。树立科学的儿童观,是做好教育工作的前提。在社会中占主导形态的儿童观往往通过执政党或国家以法律、政令、规章等形式表现出来,因此要深刻理解国家关于学前教育的相关法律法规。现代儿童观和教育理念强调尊重儿童的尊严和社会地位,了解儿童处于发展初期的身心特点和个别差异,尊重并满足儿童各种发展的需要,充分发挥儿童在生活和游戏活动中的积极性、主动性,最大限度地发展儿童的潜力。

学前教育原则是教师在向幼儿进行教育时必须遵循的基本要求。学前教育原则包括两部分:一是教育的一般原则,是各级各类教育机构的教师均应遵循的,它反映了教育对所有教育者的一般要求;二是学前教育的特殊原则,是根据学前教育的特点提出来的,是学前教育对教师的特殊要求。学前教育原则应始终贯穿于学前教育工作的全过程,它适用于对儿童有影响的教育的各个方面和环节。

思考与练习

1. 儿童观的演变经历了怎样一个过程?你从中得到了哪些启示?
2. 论述现代儿童观及教育理念。
3. 国家有哪些学前教育法律法规?它们的基本内容及要求是什么?
4. 学前教育的基本原则有哪些?谈谈你的理解。

第五章 学前教育的任务与内容

学习目标

1. 识记教育目的的概念和幼儿园教育目标的层次结构。
2. 理解托儿所和幼儿园的教育任务。
3. 理解学前儿童全面发展教育的意义。
4. 了解体、智、德、美各育的任务及实施要点。

本章知识结构图

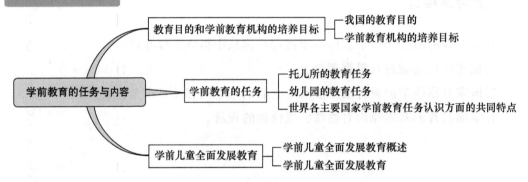

教育必须促进儿童体、智、德、美诸方面全面发展,不能偏废任何一个方面。陈毅同志曾做过一个生动的比喻:"一个飞行员没有坚定正确的政治方向,没有无产阶级觉悟,一起飞就飞到敌人那里去了,怎么能让这样的人驾驶飞机呢?另一个飞行员有高度的政治觉悟,有为人民服务的愿望,但技术不过硬,一起飞就被敌人打下来了,这样的飞行员有什么用呢?自然,一个体弱多病的人,连陆军尚且不够条件,就更谈不上当飞行员了。"这个比喻充分说明了全面发展的重要性。

第一节 教育目的和学前教育机构的培养目标

一、我国的教育目的

广义的教育目的,是指人们对受教育者的期望,即人们希望受教育者通过教育在身心诸方面发生什么样的变化,或者产生怎样的结果。一切教育工作都是为实现教育目的服务的,教育目的是一切教育工作的出发点,教育目的的实现则是教育活动的归宿,它贯穿于教育活动的全过程。

狭义的教育目的是指一定社会对年轻一代(或受教育者)的培养规格和教育质量所规定的标准。它是国家对培养人才的质量和规格的总体要求。教育目的规定了教育的方向,指导和支配整个教育过程,同时又指出了教育对象的明确发展方向和确定的教育结果。

教育目的是由人提出的,属于意识范畴,它的形式是主观的。但是它的内容是客观的,人们提出教育目的是有其现实的社会依据的。教育目的的制定既要依据特定的社会政治、经济、文化背景,还要依据人的自身发展的需要,并且体现人们的教育理想。我国的教育目的是建立在马克思主义关于人的全面发展学说基础之上的。马克思主义关于人的全面发展的学说确立了科学的人的发展观,指明了人的发展的必然规律,为我们制定教育目的提供了理论依据。

中华人民共和国成立以后,我国关于教育目的有过多次表述。1995年颁布的《中华人民共和国教育法》规定,我国的教育目的是:教育必须为社会主义现代化建设服务,必须与生产劳动相结合,培养德、智、体等方面全面发展的社会主义事业的建设者和接班人。这一教育目的确定了我国社会主义初级阶段教育对象的发展方向。

1999年6月,中共中央、国务院颁布了《关于深化教育改革,全面推进素质教育的决定》,又一次对现阶段我国的教育目的做出了表述:"以培养学生的创造精神和实践能力为重点,造就'有理想、有道德、有文化、有纪律'的、德智体美等全面发展的社会主义事业的建设者和接班人。"

2007年在党的十七大报告中,明确提出新的教育方针,其内容表述如下:"要全面贯彻党的教育方针,坚持育人为本、德育为先,实施素质教育,提高教育现代化水平,培养德智体美全面发展的社会主义建设者和接班人,办好人民满意的教育。"

我国当前的教育方针,是党的十八大报告中提出的:坚持教育为社会主义现代化建设服务,为人民服务,把重德树人作为教育的根本任务,培养德智体美全面发展的社会主义建设者和接班人。努力办好人民满意的教育。

二、学前教育机构的培养目标

教育目的的实现是一个长期的、连续的教育过程。由于各个阶段的教育对象的年龄不同,身心发展水平不同,各阶段的教育要考虑受教育者的不同发展水平,提出不同程度的教育要求。

学前教育机构的培养目标是教育目的的具体化。1996年原国家教委在颁布的《幼儿园工作规程》中明确指出:"幼儿园保育和教育的主要目标是:① 促进幼儿身体正常发育和机能的协调发展,增强体质,培养良好的生活习惯、卫生习惯和参加体育活动的兴趣。② 发展幼儿智力,培养正确运用感官和运用语言交往的基本能力,增进对环境的认识,培养有益的兴趣和求知欲望,培养初步的动手能力。③ 萌发幼儿爱家乡、爱祖国、爱集体、爱劳动、爱科学的情感,培养诚实、自信、好问、友爱、勇敢、爱护公物、克服困难、讲礼貌、守纪律等良好的品德行为和习惯,以及活泼、开朗的性格。④ 培养幼儿初步的感受美和表现美的情趣和能力。"2001年教育部颁布《幼儿园教育指导纲要(试行)》(简称《纲要》),其中重申:"幼儿园教育应当贯彻国家的教育方针,坚持保育与教育相结合的原则,对幼儿实施体、智、德、美诸方面全面发展的教育,全面落实《幼儿园工作规程》所提出的保育教育目标。"《纲要》将幼儿园的教育内容按照幼儿学习活动的范畴划分为健康、社会、科学、语言、艺术五个方面,强调各方面的内容都应包含知识技能、情感态度、活动方式方法等多方面的学习。

(1) 健康领域的活动旨在增强幼儿的体质,培养健康生活的态度和行为习惯

具体的教育目标包括:

① 适应幼儿园的生活,情绪稳定;

② 生活、卫生习惯良好,有基本的生活能力;

③ 有初步的安全和健康知识,知道关心和保护自己;

④ 喜欢参加体育活动。

(2) 科学领域的活动旨在激发幼儿的好奇心和探究欲望,发展认识能力

具体的教育目标包括:

① 有好奇心,能发现周围环境中有趣的事情;

② 喜欢观察、动手操作和实验,积极寻求答案;

③ 初步理解事物的数量关系,能用比较、分类、测量等简单方法探究事物;

④ 愿意与同伴共同探究、互相交流、分享各自的发现;

⑤ 喜爱动植物,亲近大自然,关心周围的生活环境。

(3) 社会领域的活动旨在增强自信,培养幼儿乐群、友好的态度和行为

具体的教育目标包括:

① 喜欢参加游戏和各种有益的活动,活动中快乐、自信;

② 愿意与人交往,礼貌、大方,对人友好;

③ 知道对错，不做明知不对的事；

④ 乐于接受任务，努力做好力所能及的事；

⑤ 爱父母、爱同伴、爱家乡、爱祖国。

（4）语言领域的活动旨在提高幼儿运用语言交往的积极性，发展语言能力

具体的教育目标包括：

① 喜欢用语言与人交往；

② 能清楚地说出自己的想法、经验；

③ 愿意倾听并能理解别人的讲话；

④ 喜欢阅读画册和图书。

（5）艺术领域的活动旨在丰富幼儿的情感，培养初步的感受美、表现美的情趣和能力

具体的教育目标包括：

① 能初步感受环境、生活和艺术中的美；

② 喜欢艺术活动，能用自己喜欢的方式大胆地表现；

③ 乐于与同伴一起娱乐、表演、创作。

这些具体的培养目标为幼儿园开展教育工作指明了方向，幼教工作者应认真领会我国的教育目的和幼儿园的培养目标，并在具体的教育工作中加以贯彻落实。

表 5-1　幼儿园教育目标的阶梯式结构

教育目的
幼儿园教育目标
各年龄阶段教育目标
学期教育目标
一月、一周（单元活动）的教育目标
一日（一个）活动的教育目标

第二节　学前教育的任务

学前教育任务是教育目的在学前教育阶段的具体体现。学前教育的任务是根据统一的教育目的，结合学前儿童身心发展水平而提出的具体目标与要求。学前教育具

体任务是指家庭与托儿所、幼儿园等教育机构所应承担的教育职责。但是,因为家庭与托儿所、幼儿园等教育机构在其教育环境、教育内容、教育方法、教育的组织形式、手段,以及儿童的发展方面,都存在着不同的特点和极大的差异性,所以,在教育任务方面,有其一致性,也有其特殊性。除家庭教育外,单就托儿所与幼儿园教育任务来看,一般是由国家统一制订的,所以托儿所与幼儿园的教育任务基本上是一致的,但是在具体要求上则有一定的区别。

一、托儿所的教育任务

在我国,托儿所是为 3 岁前儿童设立的教育机构,负有教养 3 岁前小儿及为其父母亲参加工作提供方便的双重任务。所以,托儿所具有社会福利性和教育性的双重性质。

托儿所的教育任务,概括地说,就是要对儿童进行良好的保育与教育,促进儿童得到初步的全面发展。1981 年,卫生部妇幼所颁发的《三岁前小儿教养大纲(草案)》中提出托儿所的教育任务:"就是要培养小儿在德、智、体、美各方面得到发展,为造就体魄健壮、智力发达、品德良好的社会主义新一代打下基础。"由于托儿所的教育对象的年龄特点,所以托儿所教育任务的具体要求又有其自身的特点。

3 岁前小儿体格生长发育与心理正处在迅速发育时期,从出生到两岁大脑发育最快,其基本生理功能已接近成人,已具备接受教育的条件。但由于整个身心尚处于发育过程中,还是稚弱的,因而精心保育是十分必要的。

根据 3 岁前儿童的发展水平与特点,托儿所在体育、智育、德育、美育的具体任务是有所不同的。托儿所教育任务的具体要求,可以概括为以下几个方面:① 发展小儿的基本动作,进行适当的体格锻炼,增强抵抗力,提高健康水平,促进身心正常发展;② 发展小儿模仿、理解和运用语言的能力,通过语言认识周围环境事物,使小儿智力得到发展,并获得简单的知识;③ 培养小儿友爱、礼貌、诚实、勇敢等良好品德;④ 培养小儿良好的饮食、睡眠、衣着、盥洗等文明卫生习惯。

与幼儿园相比,托儿所教育任务的具体实施过程中,保护儿童的健康最为重要,促进儿童动作和语言的发展占据显著地位,而且教育任务的实施应尽量与日常生活活动密切结合,并且注重儿童良好生活习惯的培养。

图 5-1　丹麦幼儿园室内环境布置掠影①

全园幼儿集中在餐厅就餐,稍大一些的孩子也可以自带午餐

幼儿盥洗室分洗手间和如厕区,洗手间设有冷热水龙头,配有洗手液、烘干机;如厕区则是分隔开的独立区域,并有小门,私密性较好。

（摄影：薛生）

二、幼儿园的教育任务

在我国,幼儿园的教育对象主要是 3 岁至入学前(6 岁)儿童。这一阶段的儿童,在前阶段发展的基础上,他们身体生长发育速度虽然较前减慢,但仍比后阶段迅速。在动作方面,走、跑等动作比以前协调;在语言方面,语言表达逐渐准确,词汇量增加,会用多种形式的句子,连贯性语言增多;心理过程带有具体形象和不随意的特点,抽象概

---

① http://www.cnsece.com/article/3073.html

括和有意的行为刚开始发展,高级情感继续发展,行动的目的性、计划性、坚持性逐渐增强,个性倾向逐渐明显,在性格、兴趣、能力等方面表现出个人特点。这些都为入小学奠定了一定的基础,也决定了幼儿园的教育任务比托儿所的教育任务有着更高的要求。

1981年教育部颁发的《幼儿园教育纲要(试行草案)》中指出:"幼儿园教育任务应是向幼儿进行体、智、德、美全面发展的教育,使其身心健康、活泼地成长,为入小学打好基础,为造就一代新人打好基础。"

1996年国家教委正式颁布的《幼儿园工作规程》明确规定:"幼儿园的任务是:实行保育和教育相结合的原则,对幼儿实施体、智、德、美诸方面全面发展的教育,促进其身心和谐发展。幼儿园同时为家长参加工作、学习提供便利条件。"幼儿园保育和教育的"双重"任务是我国幼儿园的社会使命。

2001年,为进一步贯彻《中华人民共和国教育法》和《幼儿园工作规程》,指导幼儿园更加深入地实施素质教育,国家制定了《幼儿园教育指导纲要(试行)》,它将幼儿园的教育内容划分为健康、语言、社会、科学、艺术等五大领域,进一步把幼儿园的任务具体化。

以上各个时期对幼儿园教育任务的提法基本上是一致的。幼儿园教育任务的具体要求可以概括为以下几个方面:① 搞好卫生保健工作,培养幼儿良好的生活、卫生习惯和独立生活能力;② 发展幼儿的基本动作,培养幼儿对体育活动的兴趣,提高机体的功能,增强体质,以保护、促进幼儿的健康;③ 在幼儿学习周围生活中的粗浅知识与技能时,注重发展幼儿的注意力、观察力、记忆力、想象力、思维能力,激发他们的学习兴趣与求知欲望,培养他们良好的学习习惯与初步的动手能力,学习运用感官和运用语言交往的基本能力,增进对环境的认识;④ 萌发幼儿爱家乡、爱集体、爱祖国、爱劳动、爱科学的情感,培养他们诚实、自信、好问、友爱、勇敢、爱护公物、克服困难、讲礼貌、守纪律等良好品德行为和习惯,以及活泼开朗的性格;⑤ 培养初步的感受美和表现美的情趣和能力。

幼儿园的具体教育任务是在托儿所教育任务的基础上提出来的,其体、智、德、美各育的具体任务更完整,内容更丰富,要求也更高。托儿所与幼儿园除了承担促进儿童全面发展的教育任务以外,还有一个共同的任务,就是减轻家长负担,解除其后顾之忧。托儿所、幼儿园的双重任务,体现了社会发展与学前儿童身心发展的需要,同时也是对托儿所、幼儿园教育提出的客观要求。

三、世界各主要国家学前教育任务认识方面的共同特点

目前,世界各国政治和经济制度不同,科学技术和文化教育发展水平不同,民族

传统和地区特点不同,因此各国对学前教育任务的认识和提法也各有不同。国外对学前教育任务的提法,经历了一个历史过程,在19世纪后期和20世纪初期的学前教育,大多把对儿童的保育、照管和营养,保证儿童安全和健康作为主要任务;20世纪中期到20世纪60年代的学前教育,大多把儿童的智力教育及社会性发展作为主要任务。20世纪80年代的学前教育,在重视儿童智力发展的同时,还把儿童情感的、社会的及身体的各方面发展作为主要任务。由此可见,随着社会、经济发展和文化科学技术的进步,以及学前教育科学研究的发展,人们对学前教育任务的认识也在不断深化。

目前一些主要国家在学前教育任务认识方面呈现出以下共同特点。

1. 重视儿童身心健康

强调学前时期是儿童身体成长与心理发展的迅速时期,也是重要时期。学前教育的任务在于培养儿童成为身心健全发展的人。

2. 重视儿童与环境的交互作用

强调儿童要接触环境。激发儿童对周围事物的探索兴趣,从环境中学习,培养对环境的适应能力。

3. 重视儿童智力和创造力的发展

强调发展儿童的智力。通过儿童自己的操作与活动,进行探索和实验,获得知识与经验。培养儿童的主动性、独立性与创造性。

4. 重视儿童个性的发展

有些教育学家对曾经以发展智力为中心,忽视儿童社会性与情感发展的现象提出批评,强调学前教育应以培养儿童个性全面发展为重要任务。

5. 重视家庭在学前教育中的作用

强调托儿所、幼儿园与家庭的联系,把幼儿园做好家长工作作为学前教育的基本任务。

6. 重视幼儿入学准备工作

许多国家的学前教育都把儿童的入学准备工作作为学前教育的任务之一,而且都作了有关的研究,以强化学前教育与学龄教育之间的有效衔接。

7. 重视特殊儿童的教育

随着学前教育事业的发展,对超常儿童、弱智儿童、有缺陷儿童的教育也越来越受到人们的重视,并开始逐步列入学前教育任务之内。

对学前教育任务认识的共同发展趋向,反映了学前教育发展的现代特征,把握这些趋向,可以帮助我们更好地完成学前教育的任务,有效地促进学前儿童的健康发展。

学前教育任务的最终完成,需要通过具体的教育环节来实施。

第三节 学前儿童全面发展教育

一、学前儿童全面发展教育概述

(一)学前儿童全面发展教育的含义

学前儿童全面发展教育是指以学前儿童身心发展的现实与可能为前提,以促进学前儿童在体、智、德、美诸方面全面和谐发展为宗旨,并以适合学前儿童身心发展特点的方式、方法、手段加以实施的,培养学前儿童素质的教育。对学前儿童实施全面发展教育是我国学前教育的基本出发点,也是我国学前教育法规所规定的学前儿童教育的任务。

体、智、德、美是人发展的基本素质。体育、智育、德育、美育是全面发展教育的有机组成部分,它们一方面在全面发展教育中承担着相对独立的任务,对人的身心发展发挥着不同的作用;另一方面,由于人的发展是一个整体,它们又是紧密联系、相互促进的,偏重任何一方或削弱任何一方都是不正确的,都不是全面发展教育。

学前儿童的全面发展教育并不是要求个体在体、智、德、美诸方面齐头并进、平均地发展,也不意味着个体的各个方面可以各自孤立地发展。对于不同的儿童来说,有可能各有所长,在不同的方面有突出一些的表现,但学前儿童各方面的发展应该是全面与和谐的。

(二)学前儿童全面发展教育的意义

1. 对社会发展的意义

学前儿童的全面发展教育关系到国家的未来与民族的兴旺发达。

(1)重视学前儿童体育有利于提高全民族的身体素质

人的能力发挥必须以健康的身体为物质基础。随着社会科学技术不断发展进步,生活节奏逐渐加快,社会对人的身体的要求相应提高:不仅需要有强壮的体质,灵活的动作,还要有良好的对外界变化的适应能力。儿童教育是培养人的基础教育,健康的身体要从小抓起。现在的儿童将是21世纪社会主义现代化建设的主力军,他们的健康成长关系到中华民族的兴旺发达。所以,要促进儿童身体全面发展,提高健康水平,从而为提高整个民族的体质打下良好的基础。

(2)重视学前儿童智育能为提高社会的文化科学水平奠定基础

随着社会的飞速发展和科学技术的进步,社会对劳动者的智力要求越来越高。现代化的生产更需要掌握现代科学知识、具有较高智力水平,以及开拓、创造精神的劳动者。不仅如此,科学还通过各种技术渠道深入人们生活的各个领域,没有足够的知识修养,也不能适应现代化的社会生活。只有充分发挥智育的作用,才能为社会主义现代化建设培养出具有良好智力结构的建设者和接班人,而对儿童进行智育则是培养这种人才的重要开端。

(3)德育是社会主义精神文明建设不断发展的保证

儿童是祖国的未来,他们将来的思想品质和道德素养将会在很大程度上代表着未来社会的文明程度,将会对我国未来的社会风貌、民族精神产生不可估量的影响。所以我们必须重视儿童的德育。

(4)美育有助于提高整个社会的审美能力,形成良好的社会风气

美育能给人以追求美好生活的精神动力和按照"美的规律"改造主客观世界的审美修养。在我国进行社会主义现代化建设中,美育作为社会文明和进步的标志,受到前所未有的重视,成为我国社会主义精神文明建设的一个内容。对儿童实施美育,促使儿童形成健全的人格,能为提高全民族的素质打下基础。

2. 对个体发展的意义

(1)体育能促进儿童身体的正常生长发育,增强体质,为儿童的发展奠定良好的物质基础

《幼儿园教育指导纲要(试行)》中明确指出:幼儿园必须把保护儿童的生命和促进儿童的健康放在工作的首位。在儿童个体发展中,生命的健康存在是儿童一切发展的基础和前提,体育是促进儿童正常生长发育的重要保证。儿童各器官、组织正在发育之中,尚未成熟;儿童生长发育迅速,新陈代谢旺盛,对营养、睡眠、新鲜空气等的需要较多。因此合理地对儿童实施体育,能促进他们健康地成长,并为其一生的健康打下基础。

体育亦为儿童的其他方面发展提供物质基础。身体健康的儿童,精力充沛,求知欲强,愉快活泼,能主动积极地参加各种活动,这就使他们能广泛接触周围环境,促进智力的发展,并形成勇敢、开朗、自信的良好个性品质。反之,如果一个孩子体质虚弱、经常生病,就会使他在智力、情感等诸多方面的发展受到阻碍。因此,学前教育机构应该科学护理儿童的生活,预防疾病,保护儿童的生命和健康,并通过有目的、有计划的体育活动,促进儿童生长发育,增强机体的机能及对外界的适应能力,增强体质,为其未来的发展打下良好的基础。同时,要树立正确的健康观念,在重视儿童身体健康的同时,高度重视儿童的心理健康。

(2)智育可以满足儿童的认知需要,促进儿童智力的发展,并为以后的学习打下良好的基础

早期智育可以促进大脑正常发育。儿童期是大脑迅速发展的时期,大脑的发育为

儿童智力的发展提供了物质基础。美国心理学家布鲁姆对近千名儿童进行追踪研究得出结论:5岁前是儿童智力发展最迅速的时期,但是,人的大脑结构和机能不是自然成熟的,而是在后天的环境中发育成熟的。婴儿诞生后,由于与外界环境不断接触,脑神经细胞的"突起"不断增多,脑细胞联结、反应和传递感官从外界获得的信息,促进大脑细胞功能的形成。在早期教育中,反应和传递信息的过程越频繁,脑细胞的功能就越好。国内外大量的实验证明,接受早期有计划的教育和训练的婴幼儿比没有接受这种教育的同龄儿童的智商要高。

儿童有强烈的认知需要,强烈的好奇心和求知欲,但是他们的认识还带有极大的无意性,他们只注意那些突出的表面现象而忽略反映事物本质的现象,他们所获得的知识往往是零碎的、表面的和不系统的。智育能有目的、有计划、有系统地满足儿童认知需要,引导他们有顺序地认识周围事物,正确理解各种现象和因果关系,并在此过程中帮助儿童逐步学会学习,提高其认知能力,培养儿童良好的智力品质。

(3) 德育可以帮助儿童适应社会生活,促进个性品质的健康发展

良好的个性品质对人一生的成长和发展都起着十分重要的作用。研究表明,人的成就高低与自信心、独立性、坚持性等个性品质有密切的关系。儿童期是个性开始形成的时期。儿童3岁以后,由于语言、自我意识和独立性的迅速发展,在行为中开始出现个性倾向性的萌芽,也开始有初步的支配自己行动的能力。但是由于学前儿童好模仿,加之认识活动的具体形象性和生活经验的局限性,辨别是非的能力还很差,容易受环境的影响。社会上一些消极的东西,也会影响着儿童。因此,从小加强德育,增强儿童的是非观念,培养儿童良好的个性品质是非常必要的。

(4) 美育可陶冶儿童的心灵,促进其审美能力和智力的发展

美育通过美的事物和具体鲜明的形象唤起儿童的兴趣和感情上的共鸣,使儿童在轻松自如、没有压抑和强制的情形下,在主动感受美的活动过程中接受教育。如在欣赏祖国秀丽山川时,爱祖国的情感便会油然而生。因此,美育可感染陶冶儿童的情操,培养其积极向上的精神和活泼开朗的性格。

美育通过艺术活动,帮助儿童借助形象化的方式认识世界,弥补了用语言和逻辑推理方式进行学习之不足,有利于促进儿童大脑左右半球的均衡发展。

美育的实施过程,能促使儿童对周围事物产生更广泛的兴趣,这不仅有益于开阔儿童的视野,增长知识,还可促进其智力发展。周围生活中美的事物以其美的声、光、形、色等特征激起儿童的兴趣和学习探索活动,促使其感知能力、想象力和创造力等方面均得到发展。如艺术作品中美的形象,可引起儿童丰富的联想和想象;音乐的优美旋律可锻炼儿童的听觉感受力;自编表演动作可增强儿童的表现力和表演技能,并丰富其内心的情感体验。儿童在艺术活动中,实现着内在的认识、情感和外在的表现活

动的统一。

如前所述,体、智、德、美四育在学前儿童的发展中具有各自独特的作用,有各自不同的价值,不能相互取代。但必须注意,体、智、德、美诸方面统一于学前儿童个体的身心结构之中,体、智、德、美任何一方面的发展都与其他方面的发展相互促进、相互渗透、相互制约,不可分割。任何一方面的偏废都将影响其他方面的发展。体、智、德、美四育融合在一起,形成一种整体教育力量,落实在学前儿童的全面和谐发展之中。只有正确认识四育之间的相互关系,实施全面发展教育,才能发挥教育的最大功效。

二、学前儿童全面发展教育

(一) 学前儿童体育

学前儿童体育是指在学前教育机构中进行的,遵循儿童身体生长发育的规律,运用科学的方法,以增强儿童的体质,保证儿童健康为目的的一系列教育活动。

1. 学前儿童体育的任务

(1) 保护儿童生命,促进儿童正常发育和健康成长

儿童的身体软弱、娇嫩,对环境的适应能力较差,容易感染各种疾病,各部分器官也处在迅速发育时期,需要吸收大量的营养。体育的首要任务是增强儿童对环境的适应能力和对疾病的抵抗能力,保护儿童的生命,促使儿童身体的正常发育,获得健康成长。

(2) 培养儿童良好的生活、卫生习惯

良好的生活、卫生习惯是保证和增进儿童健康的必要条件,也是培养儿童文明行为的一个重要方面。学前儿童体育的重要任务之一就是教会儿童饭前洗手、穿着整洁、及时理发、按时睡眠、多在户外活动等。培养他们在这些方面的良好习惯,不仅可以保护儿童的健康,还培养了他们独立生活的能力,对他们一生的健康有重大的影响。

(3) 锻炼儿童的身体,发展儿童的基本动作,培养儿童的正确姿势,增强其体质

基本动作是人体进行各种活动所必不可少的,如走、跑、跳、投、钻、爬、平衡、攀登等。锻炼与发展儿童的基本动作,可以使儿童在进行各项活动时,动作协调,姿势正确,从而增强体质。

利用日光、空气、水等自然因素锻炼身体,能增强有机体对外界环境变化的适应能力和对疾病的抵抗力。学前教育机构应尽量创设条件,让儿童多接触日光、新鲜空气和水。

(4) 增强儿童的自我保护意识

针对儿童好奇、好动,对生活中的危险缺乏知识,自我保护能力差的特点,应对儿

童进行必要的安全教育,从生活中常见的、与儿童关系密切的安全知识教育入手来进行。

2. 学前儿童体育的实施

(1) 学前儿童体育的途径

① 为儿童创设良好的生活环境,科学护理儿童的生活。良好的生活条件,对儿童科学、精心的护理是儿童健康发展的必要条件。幼儿园应充分利用现有的经济条件,为儿童的健康成长创设良好的生活环境。

• 物质环境的创设。创设合乎要求(卫生、安全、绿化以及面积、数量等)的房屋、设备和场地;建立合理的科学的生活制度,完善、严格的卫生保健制度以及安排合理、丰富的营养膳食等。

• 心理环境的创设。建立平等、和谐的人际关系,特别是良好的师生关系,营造宽松、自由、愉快的生活气氛等。

② 精心组织各项体育活动,提高儿童健康水平。体育活动是学前儿童体育的重要组成部分。体育活动形式多样,主要有广播体操、体育课、体育游戏、户内外体育活动等。学前教育机构要重视各种体育活动,特别是户外体育活动,幼儿园每天应保证儿童至少有 2 小时的户外体育活动时间。

(2) 实施学前儿童体育应注意的问题

① 注重儿童身体素质的提高。提高儿童身体素质,是学前儿童体育的重中之重。儿童身体素质的提高主要是体质的增强。影响儿童体质强弱的因素很多,如遗传、疾病、营养状况、生活环境条件、体育锻炼等。其中,科学的适合于儿童的体育活动是增强儿童体质最积极、最有效的因素之一。学前儿童体育应以增强儿童体质为核心,全面地、综合地为儿童有一个强壮、健康的身体创造条件。

在学前儿童体育中,不能把目光只盯在技能技巧的训练上;更不允许进行伤害儿童身体的任何活动;要充分考虑儿童身体的特点,以游戏为基本活动形式,用丰富多彩、轻松活泼的各种身体活动来促进儿童体质的增强。

② 重视培养儿童对体育活动的兴趣和态度。培养儿童参加体育活动的兴趣是提高体育活动质量的关键。而任何被动的、强制性的体育活动,都将扼杀儿童对体育活动的兴趣。

• 首先,要使体育活动游戏化。教师所选择的体育内容必须是儿童喜闻乐见的,符合儿童的年龄特点,有兴趣、也乐意并努力去完成的。体育活动的设计也要游戏化,要遵循儿童身心发展的规律和特点,把各种动作和活动融于愉快的游戏中,克服单纯的动作训练。

• 其次,充分发挥儿童的主动性。在体育活动中,教师要采用积极鼓励、启发诱导、调动和培养儿童锻炼的积极性,并积极参与儿童的体育活动,对儿童平等相待,绝对不能训斥儿童。

• 最后,注重体育活动环境的创设。整洁、丰富的活动环境,色彩鲜艳、造型活泼的教具、饰物、器械等都可提高儿童参加体育活动的兴趣和积极性。

③ 专门的体育活动与日常活动相结合。专门组织的体育活动是增强儿童体质的有效途径,但并不是唯一的途径,因学前儿童体育的某些目标,如培养儿童良好生活卫生习惯,仅仅靠体育锻炼是不能完成的,还必须通过日常生活中的培养和训练。因此要实现体育的目标,必须重视日常生活中的体育。

④ 注意体育活动中教师的指导方式。学前儿童体育活动的形式是多样的。不同的体育活动需要不同的教师与儿童相互作用方式,如,在早操活动中,教师的示范很重要;组织体育课,教师作为活动的指导者,要调动儿童活动的积极性来实现活动目标;体育游戏中要充分保证儿童的自主性;户外体育活动中则要首先保证儿童自由、安全地活动等。

(二)学前儿童智育

1. 学前儿童智育的概念

学前儿童智育是指按照儿童认知发展的特点,有目的、有计划地增进儿童对周围环境的认识,获得初步的知识与技能,发展智力,并培养其认识活动的兴趣和良好的学习习惯的教育过程。

在古今中外教育的发展进程中,智育始终占有重要的地位。在现代社会中,智育对社会的文明进步、促进儿童全面发展的作用更是日益显著。

2. 学前儿童智育的任务

(1) 向儿童传授粗浅的知识

儿童年龄小,缺少知识经验,思维具体形象,不可能掌握抽象的知识或从抽象的说教中掌握知识。因此,教给儿童的知识,必须是他们在周围生活中能接触到的具体形象的、带有启蒙性的、浅显的、儿童能理解的知识。通过传授粗浅的知识,激发儿童对客观事物的兴趣和求知欲,帮助他们形成简单的概念,培养他们对周围事物的正确态度,为今后形成科学的世界观打下初步的基础。

(2) 发展儿童的智力

发展儿童的智力,主要是指发展儿童的观察力、记忆力、想象力、思维力等。无数教育实践证明,具有相同知识的孩子,智力不一定相同。他们在运用知识解决实际问题时表现出来的聪明才干,往往个别差异很大。因此,教师在传授知识的同时,要注重发展儿童的智力,培养儿童从小学会观察,善于发现问题,并通过自己的思考和动手操作去解决问题,帮助他们打造一把将来可以打开知识宝库的金钥匙,为培养学得活、能迁移知识、会举一反三的创造型、开拓型人才打下基础。

(3) 发展儿童的语言

语言是思维的外壳,人们交际的重要工具。一个人的语言水平在一定程度上标志着他的智力水平。学前期是人的语言发展的敏感期,这一时期儿童如果没有得到正确的教育,语言就发展缓慢甚至出现障碍。所以,发展儿童的语言是智育的重要任务。

发展儿童的语言,主要是使儿童发音正确、清楚,会说普通话,掌握一定数量的词汇,发展口头表达能力,从而为儿童进入小学学习书面语言打基础。

(4) 培养儿童的学习兴趣、求知欲和良好的学习习惯

兴趣和求知欲是发展儿童智力、扩大眼界、获取知识和技能的动力。教师要最大限度地调动儿童学习的主动性、积极性,培养他们对学习的兴趣和求知的欲望。培养儿童广泛的学习兴趣和求知欲,也是开发儿童智力的重要环节。

良好的学习习惯,是指学习时注意听,仔细看,会动脑筋,认真思考,积极发问,能克服学习中的困难,主动完成教师指定的任务。良好的学习习惯是儿童获取知识和技能、发展智力以及今后学业上取得成功的重要条件,必须从儿童开始学习时,就注意培养。

上述学前儿童智育的任务是互相联系、互相促进的。其中,智力发展是核心,智力发展了,可以促进儿童对知识、技能的掌握,但智力发展又必须以知识为基础。儿童在获取知识、技能,发展智力的过程中,可以培养浓厚的学习兴趣和良好的学习习惯,而浓厚的学习兴趣和良好的学习习惯,又可以促使儿童更好地获取知识,发展智力。

3. 学前儿童智育的实施

学前儿童的智力发展,不是自发的,而是要通过一定的教育形式,让儿童在接触或参与外部环境的积极活动中不断得以实现的。在托儿所与幼儿园中,智育主要通过上课、游戏、劳动、日常生活等多种活动进行,各项活动应有机配合产生综合效应。只重视课堂教育这一种教育形式是不够的,还应该通过采用多种活动形式,让儿童在参与的过程中更多地发现问题,积极思考,寻求解决问题的途径和方法,以激发求知欲与学习兴趣,在不断积累知识的同时逐步发展智力。

学前儿童智育的实施,应注意以下几个方面。

(1) 重视早期经验的获得与积累

学前儿童早期经验的获得与积累,对智力的开发有着十分重要的意义。学前儿童早期经验的获得,主要是依靠经常接触周围的事物,参与日常生活、游戏、学习等活动。

因此,对学前儿童来说,智力教育应大量通过采用多种活动形式与活动途径,才能使儿童广泛地接触周围环境,了解周围事物的现象、特征及其相互关系,才能形成亲身的感性经验和知识,并在此基础上,逐步实现智力的发展。

(2) 发展儿童的智力

智力包括感知力、观察力、注意力、记忆力、想象力、思维能力和语言能力等。智力发展包括认识过程的发展,良好智力品质的形成以及智力活动方法的掌握。其中,良好智力品质的形成是至关重要的。良好智力品质,具体包括感知的敏感性、观察的全面性、注意的稳定性、思维的独创性,是有助于智力发展的典型特征。

学前期是良好智力品质形成的重要时期,而且智力品质的形成特征会影响学前儿童一生的智力水平。因此,学前儿童智育,在积累丰富知识经验的基础上,应注重对儿童进行智力品质培养。第一,应创设良好的教育条件,提供各种适合儿童智力发展的活动机会与学习场所,有意识地培养儿童的各种智力品质。第二,要从儿童开始,在重视智力发展的同时,训练他们的动手能力,如吃饭穿衣、手工劳动、饲养种植、器乐演奏等,使儿童手脑并用的能力得到充分的发展,从而展示儿童的创造性才能,这对学前儿童智力发展尤为重要。

(3) 激发求知欲和学习兴趣

求知欲是儿童学习积极性的内在动力,也为以后入小学的学习活动提供有利条件。学前儿童学习的兴趣经常表现为强烈的求知欲望和参与探索性的活动。所以应尊重他们的这种兴趣与相应的学习行为,同时又要重视求知欲和学习兴趣的培养。第一,要正确对待儿童的提问,既要根据不同年龄、不同知识经验和理解力,浅显易懂地正确回答儿童的提问,又要积极引导儿童不断提高提问题和回答问题的水平。第二,对儿童的要求要适度,要求过高或过低都不利于儿童的发展。第三,运用启发式的教学方法,教师要经常向儿童提出各种启发性问题,打开思路,激发兴趣,让儿童从多种角度认识事物,并促使儿童养成依靠自己努力探索问题、克服困难、解决疑问的习惯,这有利于进一步提高学前儿童创造性思维的发展水平。

(4) 发展口头语言

学前期是学习口头语言的重要时期,发展口头语言是学前期智力教育极其重要的任务。教师在学前教育中,力求做到:① 组织好语言教学。充分利用日常的生活与交往环节,帮助儿童积累一定数量的语词,还可通过故事、儿歌等语言教学的形式,帮助儿童学习掌握规范语言,并且发音正确,用词准确。② 创设练习语言的机会。除了上课回答问题、图片讲述等,还可利用游戏、观察以及各种活动,并创设各种交往情景,鼓励儿童多开口、多说话,培养儿童的口头表达能力。③ 成人要正确地示范,以自己清楚、简练、规范、有条理的语言为儿童提供学习口语的榜样。因为儿童说话是从模仿开始的,让儿童经常欣赏系列规范的语言,并通过儿歌、故事、木偶、童话剧等表演,利用小小广播台等进行模仿性的语言学习,来激发儿童学习语言的积极性,提高儿童语言的发展水平。

(5) 提供多种活动,丰富学习环境

学前儿童智育不能仅仅局限于教学活动或有计划的课程,提供丰富有趣、符合儿童年龄特点和需要的学习环境以及多种类型的活动与丰富的活动材料,这对完成学前儿童智育任务也是非常重要的。如布置种植区、科学实验角等各种区角,为儿童提供充分的游戏机会以及提供充分的、多种类的图书等,让儿童通过各种活动自由探索,主动地获取各种知识与经验,有效地促进智力的发展。

(6) 重视非智力因素的培养

学前儿童智力发展的水平,往往与其非智力因素有着十分密切的关系,学前儿童的行为习惯、学习态度、意志品质等这些非智力因素在很大程度上影响着其智力因素的发挥。因此,在学前儿童智育中,不仅要关注智力因素的培养,而且还要想方设法,采取各种有效的途径,强化对儿童的非智力因素的教育,形成智力因素与非智力因素的良性循环机制。只有这样,才能真正有效地促进学前儿童的智力发展。

总之,学前儿童智育不宜过早地追求精与专,重点应放在培养儿童的学习兴趣、认知能力以及学习的主动性、创造性等方面。

(三) 学前儿童德育

1. 学前儿童德育的概念

德育在中小学教育中指的是政治教育、思想教育和道德品质教育。学前儿童德育是指根据儿童身心发展的特点和实际情况,按照社会的要求,有目的、有计划地对学前儿童施加教育影响,发展儿童社会性,培养道德品质的教育活动。

2. 学前儿童德育的目标与内容

(1) 学前儿童德育的目标

《幼儿园工作规程》明确规定了儿童德育的目标:使儿童萌发爱家乡、爱祖国、爱集体、爱劳动、爱科学的情感,培养诚实、自信、好问、友爱、勇敢、爱护公物、克服困难、讲礼貌、守纪律等良好的品德行为和习惯,以及活泼、开朗的性格。

学前儿童德育的目标强调从情感入手,符合儿童品德形成和发展的规律,符合儿童的年龄特点。目标中的"五爱"及其对儿童行为规范等要求,充分地体现了我国教育目的的基本精神。

(2) 学前儿童德育的内容

① 文明行为习惯的教育。文明行为是人们内心、性格特征的外部行为表现。文明行为教育的内容包括：培养儿童讲文明，讲卫生，待人热情有礼貌，能遵守教育场所和公共场所的规则和纪律，爱护公物，并参加一些力所能及的文明行为的实践活动等。

② 萌发爱的情感。爱家乡、爱祖国、爱集体、爱劳动、爱科学的情感，是人们思想和品德发展的基础，是人们开拓前进的强大动力，所以应从小对儿童进行爱的情感教育。

培养爱家乡、爱祖国的情感要由近及远，应从热爱自己的父母、老师、小伙伴，逐渐扩大到爱各行各业的劳动者等；从爱家庭、爱幼儿园，逐渐扩大到爱家乡和爱祖国。爱家乡、爱祖国的培养要从具体的事物入手，如认识家乡或祖国的名胜古迹、自然风景、革命文物及家乡的社会主义建设成就；了解祖国的简单知识，如认识首都北京、国旗、国徽及一些节日等。

③ 培养儿童良好的个性品质。诚实、自信、勇敢、主动、活泼、开朗等都是良好的个性品质，它们推动儿童积极地与周围环境中的人交往，有利于儿童与周围的人建立良好的关系，从而健康快乐地成长。

我国的特殊国情培育了一代独生子女，他们身上既有积极的个性品质，如自我意识强、自信、活泼、开朗；也有不良倾向，如自私、任性、独立能力差等。有针对性地帮助儿童个性健康发展是德育的一个重要内容。

3. 学前儿童德育的实施

(1) 学前儿童德育的途径

① 日常生活是实施学前儿童德育最基本的途径。日常生活对儿童品德的形成有多方面的影响，并且为儿童提供了行为练习与实践的机会。学前儿童德育应贯穿于儿童的日常生活之中。

儿童在日常生活中，在与同伴、成人交往的过程中，了解人与人之间、人与社会之间、人与物之间的关系，了解一定的行为准则，并且进行各种行为练习，日积月累，循序渐进，逐步形成某些良好的行为品质。教师应当高度重视一日生活的教育价值，挖掘生活常规中的点滴教育因素，让儿童在日常活动中逐步形成良好的品德。

② 专门的德育活动是实施学前儿童德育的有效手段。专门的德育活动是指教师根据儿童的年龄特征与德育的内容与要求，结合儿童的实际情况、行为表现，有目的、有计划组织的德育活动，也就是为实现某项德育内容而组织的教育活动，例如，谈话、讨论、上课以及丰富多彩的实践活动（如参观、春游、劳动、节日庆祝活动）等。通过每一次活动，特别是实践活动，使儿童的道德认知、情感以及行为得到逐渐发展。

（2）实施学前儿童德育应注意的问题

① 热爱与尊重儿童。热爱儿童是向儿童进行德育的前提,是使儿童身心健全发展的重要条件和必要的环境因素。同时,儿童对成人的信赖和热爱,也是他们接受教育的重要条件。

热爱儿童,是对教师职业的前提要求,是教师的一种社会责任。教师只有爱每一个儿童,了解、关心、体贴儿童,特别是不歧视那些有缺点或接受能力较差的儿童,才能使儿童获得道德成长的良好环境。在没有爱的环境中长大的儿童,将不会关心他人、热爱社会,其道德的发展一定是畸形的。

教师对儿童的爱是一种理智的而非盲目的爱,它是建立在教师对教育、对儿童发展的深刻理解基础之上的。那种出于爱儿童的良好愿望,而代替儿童做他们自己能做的事,或者放纵儿童做他们不应该做的事,都不是真正的爱。

尊重儿童首先要尊重儿童的人格和自尊心。教师不能因为儿童年幼无知,而任意讽刺、挖苦、责骂儿童,更不能恐吓和体罚儿童,那样会伤害儿童的自尊心,不仅危害儿童现实的个性发展和进步,而且对其长远的健康人格的形成也将造成不利影响。

尊重儿童必须尊重儿童的主体性。德育绝不是向儿童灌输大道理、命令或强迫儿童服从就范的教育。在实施德育时,必须牢记儿童是自身发展的主体,离开了儿童自身的努力,德育是不会有效的。

② 遵循德育规律实施学前儿童德育。人的每一种品德都由知（道德认识）、情（道德情感）、意（道德意志）、行（道德行为）四要素构成。在儿童的品德形成过程中,四要素的发展不是同步的,儿童的道德认识、道德意志等发展较慢,因此,学前儿童德育必须从情感入手,重点放在道德行为的形成上。在具体的德育过程中应注意以下几方面：

• 由近到远,由具体到抽象。比如,对儿童进行爱祖国的教育,祖国这一概念对儿童来说是很抽象的,因此,必须从培养儿童对周围的人和事物、对周围生活的爱入手,由近及远,逐步扩大范围。可以从爱家庭、爱幼儿园、爱家乡的情感开始培养,从对父母、家庭成员、老师和同伴的爱,引导到对家乡、对生活以及对当前所处的社会之爱,然后对祖国的爱才会成为可能。

• 直观、形象,切忌说教,避免空谈。由于儿童思维能力的局限,德育必须直观、形象、具体,才容易为儿童所理解和接受。比如要让儿童认识劳动的意义,教师就要让儿童切切实实地看到劳动的成果。如当儿童参加打扫卫生,把活动室的地板擦干净了,如果教师表扬说"你们爱劳动,真是好孩子。"就比较空洞,如果再具体地说"你们把地板擦得干干净净,待会儿小朋友在地板上玩游戏就不会弄脏衣服了。"就为儿童描述了一个可理解的具体景象,让他们看到自己劳动的价值。德育中要坚决反对形式主义,空洞的说教除了让儿童鹦鹉学舌似的学会一些道德词语之外,是不可能产生真正的教育效果的。

- 注意个体差异。儿童在个性品质的发展上存在着个体差异,因此德育应当有针对性地进行,以保证每个儿童的个性健康发展。如德育中常用的表扬手段在不同性格的儿童身上所产生的效应是不一样的。随儿童的年龄、家庭背景等的不同,表扬的方式也应当不同。如对有的儿童,教师的口头表扬胜过物质奖励,而有的儿童则相反。同样,批评教育也必须因人而异。如常常让教师头疼的打人的儿童,其情况也往往是各不相同的,有的是习惯反应,有的是被欺负后的报复,有的是出于自卫,有的是模仿电视中的人物行为等,因此教师必须有针对性地进行不同的教育。

案例 5-1
冲突(大班)——教会幼儿解决冲突的基本技巧①

幼儿园大班有一个名叫宇明的小朋友,他的脾气不好,特别急躁,总是与其他幼儿发生冲突,常常动手打人,抢走别人的玩具,然后,独自一人躲在角落里玩。教师对他说:"宇明,快去和小朋友一起玩。"他却说:"我不和他们玩,我不喜欢他们。"小朋友们都不喜欢他,可他却摆出一副满不在乎的样子,继续玩他手里的玩具。

针对宇明的问题,教师在班级里设立了一个"小法庭",让幼儿自己评判谁对谁错。每次宇明和其他小朋友发生冲突,其他小朋友纷纷来告状时,就选出一个幼儿当"法官",让告状的幼儿当"原告",宇明就是"被告",再找来几个"知情"的幼儿当"证人",讲清楚事情的来龙去脉,"小法官"自己评判谁对谁错。这样,孩子们的是非观念就越来越清楚,知道什么是对,什么是错,从而培养幼儿独立解决问题的能力和合作精神。

"小法庭"终于使宇明的行为有了明显的转变,打人、争抢玩具的行为减少了,宇明学会了和小朋友们友好相处,一起快乐地做游戏,成为一个受欢迎的好孩子。

[案例评析]

当幼儿之间发生冲突时,教师要有意识地教给幼儿一些避免和解决冲突的基本技巧。教给幼儿如何倾听别人说话,遇到冲突时要先听听别人的解释;如何向别人道谢和道歉,自己不小心碰到别人或对别人造成了伤害要

---

① 徐慧.幼儿园教育案例研究指导[M].北京:北京师范大学出版社,2012:115.

真诚地道歉,别人帮助了自己要说谢谢,交往中要尽量互相帮助;学会向别人提出要求,在别人不小心伤害了自己时要宽容些,可以说"下次你小心些,好吗?"学会表达自己的愿望,如"把这个玩具给我玩玩,行吗?"等。这些技能的熟练运用,可以使幼儿之间避免一些冲突,也能使他们自己尝试解决冲突。

(四)学前儿童美育

1. 学前儿童美育的概念

美育亦称"审美教育",它主要通过艺术等审美方式,来达到教育人的目的。

学前儿童美育是根据儿童身心特点,通过美育活动,培养他们对美的兴趣和爱好,培养美感和初步的审美能力,并通过多种艺术活动,发展表现美与创造美的能力。儿童身心发展的特点,特别是思维的直觉行动性和具体形象性,认识过程中的情绪性等,决定了儿童美育的特点:通过活动,用具体鲜明的形象去引导儿童直接感受美,而不要求对美的形象从逻辑上进行过多地理解和分析;以培养儿童审美的情感、兴趣为主,而不以培养审美观念、概念为主;以培养表现美的想象力、创造力为主,而不以训练技能技巧为主。

2. 学前儿童美育的任务

(1) 教给儿童关于音乐、舞蹈、美术、文学等方面的粗浅知识和技能,培养儿童对艺术的兴趣

粗浅的音乐、舞蹈、美术、文学等方面的知识和技能,是儿童感受美、理解美、创造美的基础。儿童学会了唱歌、跳舞、欣赏音乐,就能感受到音乐的优美,理解歌词和曲调所反映的内容和表达的情感,就会用歌声、动作来反映他们对音乐美的感受,从而喜爱音乐。儿童对艺术的喜爱,能促进对美的追求,激起学习艺术知识、技能的积极性。例如,喜欢唱歌的儿童,会积极地去学习歌词和曲调,模仿歌曲中人物的行为,体验人物的情感,从而加深对音乐作品的认识。

(2) 初步发展儿童对周围生活、大自然、文学艺术美的感受力、表现力和创造力

① 培养儿童对美的感受力。培养儿童对美的感受力就是培养他们对自然美、社会美和艺术美的较灵敏的感知能力和正确理解、评价能力以及相应的情感体验。

学前儿童美感的发展,是与他们的认识能力的发展以及美育分不开的。儿童美感发展过程大致经历以下三个阶段:无意识反映——模仿表现——有意识表现。到了学前晚期,儿童才开始有真正的美感反映。只有通过正确的教育,才能促进和提高儿童的美感。

儿童从出生起,就表现出对美的早期感受力,例如,无意识地凝视或偏爱鲜艳夺

目,惹人喜爱的物品或玩具,并产生喜悦的情绪。但是,这种感受力是幼稚、肤浅的,具有片面性,并与个人的情绪紧密相联。儿童认为美的东西,往往是形象夸张、色彩鲜艳的事物,或是个人所喜爱的东西。他们常以自己的行为和活动去反映对事物美丑的感受和爱憎,例如,观察和抚摸他们认为美的东西,撕毁他们厌恶的东西。因此,要培养儿童对美的感受力,教他们欣赏一些美术作品、歌曲、乐曲和文学作品,评价人们的道德行为等。培养儿童对美的感受力,主要是发展儿童感官的感知能力,因为感官是感知美的基础。还应培养儿童理解美,对美产生情感与反应的能力,培养儿童对美的评价能力。

② 发展儿童对美的表现力和创造力。发展儿童对美的表现力和创造力,是指发展儿童在感受美、理解美的基础上创造性地表现美的能力。

儿童写字、绘画、唱歌、跳舞、朗诵时,能体现他们的艺术表现力,并带有个人的特点。儿童随着想象力的发展,特别是大班儿童随着创造性想象的发展,对艺术的创造才能明显地提高。教师要在此基础上,发展儿童的艺术表现力,发展儿童创造美的能力。

发展儿童对美的表现力和创造力,主要包括发展儿童的创造性想象,培养儿童善于动脑筋构思、用手操作和实践的习惯等。

3. 学前儿童美育的实施

美育,作为一种教育,包含着十分丰富的内容,应该根据学前儿童的特点与教育的需要来进行美育。它具体包括以下各方面的内容。

(1) 创造美的环境

托儿所、幼儿园是儿童生活和受教育的场所。环境美是美育整体中的一个部分,具有潜移默化的教育作用。美的环境包括室内、室外环境的装饰及布置,要清洁、整齐和美观。要引导儿童欣赏和创造美的环境。如儿童与教师一起在庭院中种花植草;装饰自己的活动室,挂上儿童亲手制作的美术作品或小小手工艺品等,以唤起儿童美感,增进对美的欣赏能力。教师还要提高自身美的修养,使言行举止和服饰打扮、人际关系等都要符合美的要求,为儿童树立良好的榜样。

(2) 领略大自然的美

大自然是美育的丰富源泉。让儿童从小领略蓝天、大海、阳光、沙滩等大自然的美妙,可提高他们的美感和审美能力。如在野花飘香、百鸟争鸣的时节,把孩子们带进大自然中,让孩子们去"寻找春天",用生动形象的语言,描绘出一幅幅春天美的景象以及千姿百态的自然现象的美,使儿童受到大自然美的陶冶。

(3) 感受各种形态的社会美

社会主义现实生活,到处充满了美好的事物。要引导儿童认识与了解先进的社会现象和社会主义新人所表现出的各种形态的社会美。如壮丽的长江三峡工程、雄伟的黄河大桥、城市中繁华的商业大街,以及社会各行各业的英雄模范人物,都是发展儿童认识能力、培养审美能力的丰富内容。

（4）注重艺术教育

对学前儿童的艺术教育包括音乐、美术、文学等方面的教育。这些都是美育的有效手段，在完成美育任务中具有特定的作用。

① 音乐教育。音乐是以声音塑造形象的听觉艺术，它是美育的一种重要形式。在教育实践中，要注重培养儿童的音乐感受力和表现力以及指导儿童感受美的方法，如通过欣赏等，充分体会音乐之美，以音乐之美来感染儿童。让他们掌握一定的动作技能，如歌舞技能和动作、音乐节奏感等。可引导儿童主动地表现美，让每名儿童都有机会自编自演，提高他们的音乐表现力。但在教育实践中要克服以"技能为中心"的重知识、技能、技巧的灌输和训练的倾向，而应重视儿童潜在能力的发掘和个性的培养。

② 美术教育。美术是以线条和色彩塑造形象的视觉艺术，具有直观性、可视性，对儿童有强烈的感染力。如图画、泥工、欣赏等美术活动，可提高儿童对美术作品的理解与欣赏水平，培养儿童对美术的兴趣和爱好，发展观察力、想象力和创造力。

当代儿童美术教育新理念，向传统的单纯注重技能的美术教育模式提出了挑战，使儿童美术教育从技能型向审美型转化。因此，对学前儿童的美术教育，应在掌握初步技能的基础上，注重培养对美术活动的兴趣；提高对美术作品的欣赏能力；强化对美术作品的表现力。挖掘艺术思维活动的创造性，以此引导儿童充分利用美术活动，主动地去感受美、表现美，从而促进美感及其表现力的发展。

③ 文学教育。文学以形象、生动、精练的语言塑造人物或情景，对儿童有着极大的感染力。文学教育对于学前儿童，可以培养其初步的感受、理解、欣赏文学作品的心理能力，培养美好情趣，丰富内心世界，同时也是发展语言、思维、想象力等心理品质教育不可缺少的组成部分。儿童通过听、看、说、动作、表情等方式，感受、体验文学作品中的艺术形象，这对丰富想象力、学习艺术语言、发展审美能力都是十分有益的。同时，要注重充分挖掘与利用文学作品对儿童智力、品德方面的教育价值。

（5）在游戏中实施美育

游戏有利于儿童对美的表现与创造。教师要在儿童各类游戏活动中，引导他们反映现实生活中的美，并在游戏的内容、方式、玩具的选择和使用上，使之有利于美育任务的实现。

（6）节日、娱乐活动中的美育

节日和娱乐活动是学前儿童美育的重要手段之一。这些活动丰富多彩，又多是综合性的艺术活动，儿童可以通过节日娱乐性的丰富多彩的活动多方面地感受美。尤其在节日活动中，学前儿童置身于欢乐的海洋中，其视觉听觉及心灵所受到的冲击及震撼是其他任何形式所无法比拟的。教师应精心组织节日活动，让儿童主动参与节日活动,让儿童在感受美、表现美的过程中受到全面的教育。

综上所述,学前儿童教育是整个教育体系的第一环,是培养人才的基础。为了适应社会发展需要,学前教育应注重儿童在体、智、德、美等方面的全面发展。在学前教育实施过程中,体、智、德、美等各育都有自己的地位和作用,但它们又不是各自孤立的,而是密切联系的统一整体,只有诸方面的教育相互联系、有机结合,才能真正促进学前儿童的全面发展。

本章小结

教育目的有广义与狭义之分。狭义的教育目的是指一定社会对年轻一代(或受教育者)的培养规格和教育质量所规定的标准。它是国家对培养人才的质量和规格的总体要求。现阶段我国的教育目的为:"以培养学生的创造精神和实践能力为重点,造就'有理想、有道德、有文化、有纪律'的、德智体美等全面发展的社会主义事业建设者和接班人。"学前教育任务就是教育目的在学前教育阶段的具体体现。学前教育具体任务是指家庭与托儿所、幼儿园等教育机构所应承担的教育职责。托儿所的教育任务,就是要对儿童进行良好的保育与教育,促进儿童得到初步的全面发展。《幼儿园工作规程》明确规定,幼儿园保育和教育的"双重"任务是我国幼儿园的社会使命。对学前儿童实施全面发展教育是我国学前教育的基本出发点,也是我国学前教育法规所规定的学前儿童教育的任务。体育、智育、德育、美育是全面发展教育的有机组成部分,在学前教育实施过程中,上述诸育都有自己的地位和作用,但它们又不是各自孤立的,而是密切联系的统一整体。只有体、智、德、美等方面教育相互联系、有机结合,才能真正促进学前儿童的全面发展。

思考与练习

1. 什么是教育目的?幼儿园的教育目标有哪些层次结构?
2. 简述托儿所和幼儿园的教育任务。
3. 学前儿童全面发展教育的内涵和意义是什么?
4. 简述学前儿童体育的意义、任务与实施。
5. 简述学前儿童智育的意义、任务与实施。
6. 举例说明培养学前儿童求知欲和良好学习习惯的重要性。
7. 简述学前儿童德育的意义、内容与实施。
8. 简述学前儿童美育的意义、内容与实施。
9. 根据学前儿童美育的要求,设计一次大班节日活动。

第六章　幼儿园游戏

学习目标

1. 识记与理解儿童游戏的特点。
2. 了解有关游戏的理论。
3. 掌握游戏的分类。
4. 能够合理地设计游戏环境和使用游戏材料。
5. 能够熟练地组织与指导幼儿的游戏活动。

本章知识结构图

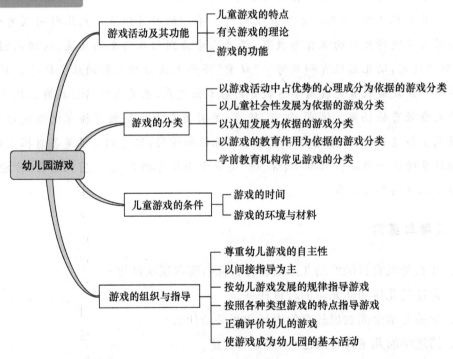

有一则轶事，说是爱因斯坦有一次和儿童心理学大师让·皮亚杰进行了一次关于儿童游戏的对话。在听完了皮亚杰有关儿童游戏研究的介绍之后，爱因斯坦深深地为其中包含的那些隐秘而深刻的生命内容和文化信息所震撼，他感慨地说："看来，认识原子同认识儿童游戏相比，不过是儿戏。"小觑儿童及其游戏，也许比"儿戏"还"儿戏"！

儿童是游戏的化身、游戏的精灵、游戏的天才！游戏是儿童自由生命的依靠！

第一节 游戏活动及其功能

游戏是广泛地存在于人类社会的一种活动。它不仅存在于儿童的世界,而且也广泛地流行于成人的生活中,是现代生活的重要内容。

1989年11月,第44届联合国大会在巴黎通过了《儿童权利公约》,规定儿童的游戏是儿童的正当权利。1996年6月,我国正式实施的《幼儿园工作规程》中规定,幼儿园要"以游戏为基本活动,寓教育于各项活动之中",进一步明确了游戏在学前教育中的地位。

一、儿童游戏的特点

儿童游戏的历史和人类社会的历史一样久远,但对于什么是游戏?人们却众说纷纭,莫衷一是。这主要是因为游戏现象本身比较复杂。"游戏"是一类行为的总称,各种游戏在主动控制的分量、复杂的程度、动静的性质和运用材料的种类等方面,差距巨大且又多变,因此很难用一种定义涵盖游戏的全部。另一方面,由于研究者们持有不同的认识论、不同的观察视角和不同的方法论,使得游戏的概念很难得到普遍的认同。

关于游戏的本质,研究者们也从不同角度来进行阐述。如一批心理学家和教育家持游戏的生物性本质观,认为游戏是儿童的本能活动。最早的代表是德国学前教育家福禄贝尔,他认为游戏是儿童内部存在的自我活动的表现。美国心理学家霍尔认为游戏是种族的过去活动习惯的延续和再现,将儿童对游戏的喜好理解为生物进化复演规律的必然表现。德国心理学家格罗斯则强调游戏是对未来生活需要的活动的准备,是本能的练习。

苏联以艾里康宁为代表的一批心理学家和教育家则坚持游戏的社会性本质观,认为游戏是借助想象,再现人与人的关系。美国教育家杜威也提出了"生活即游戏,游戏即生活"的观点。

中华人民共和国成立后,我们一直采用苏联关于游戏的观点,更多地从社会角度来阐释游戏。20世纪90年代以来的关于人的主体性及主体性发展与培养问题的讨论,为人们认识游戏的本质,重新审视这种自由自发的活动的价值与意义提供了新的视点与理论背景。许多研究者开始尝试把游戏活动的本质概括为主体性活动,来探索建立一种更加客观科学的儿童游戏观。

把游戏看做是儿童的主体性活动,主要是在对游戏的自主、自愿、愉快、自由等与动机相关的活动特征的充分理解和把握的基础上对游戏的本质进行概括的新尝试。把游戏看做是儿童的主体性活动,比以往任何一种游戏本质观都更能充分地概括出儿童在游戏中能动地驾驭活动对象的主体性特征,从而能够真正地说明游戏活动本身所固有的决定其活动性质、面貌和发展的根本属性,较科学地揭示出游戏活动区别于人类其他活动的本质特征。

儿童在游戏活动过程中所表现出来的主动性、独立性和创造性,唯有把游戏本质特征定义为主体性活动,才能得到充分而合理地诠释。

游戏的特征是游戏本质属性的表现。我国教育工作者在学前游戏理论与实践结合的基础上,一般把幼儿园游戏的特征归结为以下四个方面。

(一) 游戏是儿童主动的自愿的活动

主动性是游戏的首要特点。游戏是幼年生命力的体现。[1] 学前儿童正处于身心迅速发展的时期,游戏符合儿童的生理和心理发展水平。在生理方面,1岁以后的儿童的独立活动能力增强,对活动有兴趣,他们有参与活动、认识事物、操作物体及反复练习的需要。从心理方面而言,游戏内容和形式丰富多彩,引人入胜,儿童可以在游戏中自由地活动。并且游戏是一种较松散、儿童可以支配的活动,能适应儿童的需要,因此,游戏成为儿童主动自愿的行为。

(二) 游戏是在假想的情景中反映周围生活

游戏具有社会性。游戏的内容、种类与玩法,受着社会历史的、地理的、习俗的、文化的、道德的影响。因此,儿童的游戏是对周围现实生活的反映。

但是儿童在游戏中反映的并非周围生活的翻版,不是机械的模仿,而是通过想象,将日常生活中的表象形成新的形象,用新的动作方式去重演别人的活动。在游戏中,儿童一般不受实际条件以及时间的限制,是以真诚的情感体验游戏中的活动,并且相信虚构的真实性。一般儿童游戏的假想表现在:① 对游戏角色的假想(以人代人),如"娃娃过家家"中扮演"爸爸""妈妈"等;② 对游戏材料的假想(以物代物),如把地板当做大海,把椅子当做汽车等;③ 对游戏情景的假想(情景转换),即儿童在以人代人和以物代物的基础上,通过动作把自己目前的现状想象成生活中的某一情景[2]。儿童的游戏在某种程度上与戏剧反映现实生活相近似,具有类似成人艺术的创造性。

(三) 游戏没有社会的实用价值,没有强制性的社会义务,不直接创造财富

人的工作或劳动都有明确的目的,要求生产有社会实用价值的财富。而游戏恰恰相反,游戏没有实用价值,游戏的目的在于本身的过程。当然,成人在设计、指导游戏时,也可给游戏外加一定目的,如通过在游戏中扮演医生,培养儿童关心别人,并发展

---

[1] 华爱华.幼儿游戏理论[M].上海:上海教育出版社,1998:97.
[2] 洪秀敏.金秀.保教知识与能力[M].上海:华东师范大学出版社 2013:176.

儿童的想象力。但并不需要儿童在游戏中明确并达成这一目的。儿童的兴趣在于游戏的过程,游戏之外的结果往往被忽略。

(四)游戏伴随着愉悦的情绪

一般来说,游戏者对游戏的评价大多数用"好玩""有趣""放松"等能对主体带来正面体验的词汇,没有愉悦也就不成为游戏。游戏带给儿童的愉悦主要表现在三个方面:一是游戏适应儿童的需要和身心发展水平,幼儿在游戏中由于能够积极活动,从而感到了极大的快乐;二是在游戏中,儿童能自主地控制所处的环境,表现自己的能力和实现愿望,从成功和创造中获得愉悦;三是游戏中没有强制的目标,没有压力,因而儿童感到轻松愉快。

根据以上游戏的特点,我们把游戏简单定义为,游戏是幼儿喜爱的、主动的活动,是幼儿反映现实生活的活动。

二、有关游戏的理论

(一)古典游戏理论

古典游戏理论主要试图解释游戏产生的原因。限于各研究者所持的观点及当时心理学的水平,有的理论只说明游戏的一个方面,有的理论也不确切和完全,有些理论还互相矛盾。

1. 精力过剩说

代表人物是德国思想家席勒和英国社会学家、心理学家斯宾塞。主要观点是:生物体都有维护自己生存的能力,生物体进化得越高级,这种能力越强。游戏就是儿童和高等动物对多余精力的一种无目的的消耗。而低等动物的精力只能用于保存自己,无多余精力,所以不存在游戏。

2. 松弛说

代表人物是德国学者拉察鲁斯和帕特里克。主要观点是:人类在脑力和体力劳动中都会感到疲劳,为了消除疲劳、恢复精力,需要游戏。对于幼儿来说,由于身心发展水平的限制及生活经验的缺乏,对复杂的外部世界难以适应,很容易产生疲劳,这就需要游戏来放松一下,以便恢复精力。

3. 复演说

代表人物是美国心理学家霍尔。主要观点是:游戏是人类生物遗传的结果,儿童游戏是重视祖先生物进化的过程,重现祖先进化过程中产生的活动。霍尔认为,游戏的发展过程同种族的演化过程相吻合,儿童就通过游戏重演史前的人类祖先到现代人进化的各个发展阶段,以在游戏中根除史前状态的动物残余,让个体摆脱原始的不必要的本能动作,从而为复杂的当代生活做准备。

4. 生活预备(预演)说

代表人物是德国的心理学家格鲁斯。与复演说相反,生活预备说认为,游戏是对未来生活的一种无意识的准备。儿童有天生的本能,但本能不能适应将来复杂的生活,要有一个准备生活的阶段。游戏就是在天赋本能的基础上进行的练习,锻炼自己为生存竞争所必需的能力。"他们必须这样做,才能用个人经验来补充与生俱来的不完善的机制。"如女孩子玩过家家,是为将来做妻子、做母亲、养育子女做准备;男孩子喜欢争斗、打仗、开车也是为将来的生活做准备。

5. 生长说

代表人物是美国阿普利登。他们以为游戏是儿童能力发展的一种模式,是机体练习技能的一种手段,生长的结果就是游戏。游戏是练习生长的内驱力,儿童通过游戏可以生长。

6. 成熟说

代表人物是荷兰心理学家、生物学家拜敦代克。主要的观点是,游戏是儿童操作某些物品以进行活动,是幼稚动力的一般特点的表现,而不是单纯的一种机能,如儿童经常表现出运动的无方向性、冲动性、好动等。因此,游戏不是练习[①]。如孩子玩着走是游戏,而孩子学走路是练习。认为游戏也不是本能,而是一般欲望的表现。游戏的特点与童年的情绪性、模仿性、易变性、幼稚性相近。由于在童年才会进行游戏,而不是因为游戏才有童年。他的游戏理论在 20 世纪初流传很广。

古典游戏理论普遍地受到生物进化论的影响,基本上都是从本能、欲望和生物性的角度来解释和分析游戏,科学论证不足且具有一定的片面性。但它们肯定了游戏对于儿童的教育价值,为现代游戏理论的形成奠定了基础。

(二)当前的游戏理论

20 世纪 50 年代以来流行的游戏理论,更多地倾向于解释游戏的内容或游戏的功能。这些理论往往有一定的心理学基础,对当前幼儿园游戏的影响较大。

1. 精神分析论

精神分析学派的游戏理论,又称发泄论或补偿论。代表人物是精神分析学派的创始人弗洛伊德和美国新精神分析学派的代表人物艾里克森。在现代西方心理学流派中,精神分析学派是最重视游戏问题的一个学派,他们从精神分析的角度来解释游戏问题。

[①] 丁海东.学前游戏论[M].济南:山东人民出版社 2001:251.

精神分析学派认为,游戏能实现现实中不能实现的愿望,能控制现实中创伤性的体验。一切生物生存的基础都是一些与生俱来的原始冲动和欲望,这种冲动和欲望在动物界可以赤裸裸地表现出来。但在人类社会,由于受到社会道德规范的约束,不允许这些原始的欲望和冲动随意地、直接地表现出来,而是受到压抑,这种压抑如果经常性地找不到一条出路便会导致精神分裂。儿童天生也有种种欲望需要得到满足、表现和发泄,但由于儿童所生活的客观环境不能听任儿童为所欲为以满足他们的内在需要,从而内心产生抑郁,导致儿童的自私、爱捣乱、发脾气等各种不良行为。所以,儿童就要在游戏中宣泄情感,发展自我力量,以应付现实环境,补偿现实生活中不能满足的欲望和需要,解决内在的心理矛盾和冲突,从而身心愉快和获得发展。

精神分析理论重视游戏对儿童心理健康的作用,但偏重于儿童的潜意识,对游戏的社会性对儿童的教育作用未予以应有的重视。

2. 认知结构论

皮亚杰开创了将游戏纳入个体认知发展的新途径。[①] 皮亚杰的游戏理论在学前教育领域中应用较广。他从智力发展的角度认为游戏是幼儿学习新的物品和事物、形成和扩大知识与技能、把思维和行动结合起来的方式。游戏是儿童智力发展的重要手段。在2~7岁的感知运动阶段,儿童通过身体动作和摆弄、操作具体物体来进行游戏。在前运算阶段,儿童发展了表现能力,可以假扮不在面前的事物,可以用语言而不是用整个身体进行游戏。以后,可以进行简单的有规则的游戏。儿童通过游戏,可以自由自在地满足自己的需要。儿童在游戏中扩大认识,形成一些概念式的理解。

3. 激励调节论

美国心理学埃利斯从游戏的功能着眼,认为与环境互相作用,持续进行信息加工活动是人类的正常需要。但外部刺激的数量要适当:如果刺激过少,就会要增加学习的分量或从内部增加想象;如果刺激过多,就会减少与环境的接触。游戏是对环境起作用的方式,游戏可以探寻和调节外部和内部刺激的数量,以产生一个最佳的平衡,获得更多的个人满足,游戏是激励探索的手段。

4. 活动论

以苏联心理学家维果茨基为代表的社会文化历史学派比较强调社会历史文化在儿童发展过程中的作用,他们更倾向于从儿童活动的角度来解释游戏,从而为全面研究儿童的游戏提供了依据。他们认为,儿童的游戏是实现其积极性的一种形式,是生命活动的一种形式,并与机能的快感相联系。并且提出儿童是游戏的创造者,强调儿童在游戏中的主动性。

---

① 黄人颂.学前教育学[M].北京:人民教育出版社,2010:191.

维果茨基认为,游戏是社会性实践活动,儿童看到周围成人的活动,模仿这些活动,并把它迁移到游戏中。强调游戏的社会性。鲁宾斯坦认为,儿童渴望模仿成人的活动,试探着认识并参加周围生活,要求在行动中表现自己。但同时儿童又受知识、能力和体力的限制,不可能真正参加成人的生活,于是主观愿望和实际能力发生矛盾,游戏正是为解决这种内部矛盾而产生的。艾里康宁主要研究角色游戏,认为角色游戏是幼儿的典型游戏。他强调角色游戏是在真实条件之外,借助想象,利用象征材料再现的人与人的关系。幼儿在游戏中,不仅模仿,而且创造。

以上各种游戏理论,是从游戏与情感、游戏与智力、游戏与学习行为、游戏与现实生活的关系等不同的视角来论述的。这些游戏理论,阐明了游戏的作用,加深了人们对游戏的理解,为在学前教育中运用游戏作为教育手段,提供了心理学的依据。

三、游戏的功能

游戏是儿童最喜爱的活动,儿童在游戏中学习和成长,游戏对儿童的身体、智力、创造力、情感及社会性的发展都起到了重要的积极作用。

(一)游戏能够促进儿童身体的发展

由于骨骼肌肉和神经系统发展的特点,学前儿童在生理上要求不断地变换活动。好动是学前儿童的特点,长时间呆坐不动或保持同一动作和姿势会使他们感觉疲劳和厌烦,所以我们总看到学前儿童在蹦蹦跳跳。在游戏中,学前儿童可自由地变换动作,可以多次重复他们所感兴趣的动作而不会受到限制。游戏可以满足他们身体活动的需要。

游戏对学前儿童的体能发展和各方面的协调有着很大的影响。当学前儿童进行跑跳、攀爬、推拉等需要大肌肉活动的游戏时,可以加快血液循环,促进新陈代谢,并且增强体力,使他们更为结实、更为健康。当学前儿童进行拼图、绘画、玩沙、玩水等需要小肌肉活动的游戏时,可以训练手腕、手掌、手指的灵活性,手与眼的协调性,使学前儿童更为灵巧。此外,学前儿童通过游戏与外界环境进行多方面的接触,接受更多的刺激,从而变得更加敏捷。实验表明,游戏可以使中枢神经系统的机能状态调整到最佳水平,从而使身心感到舒适和愉快。游戏有利于提高儿童体能,增强机体的适应能力。

(二)游戏能够促进儿童认知和语言的发展

认知发展是指个体认知结构和认知能力的形成、发展和变化过程。游戏对儿童认知发展的作用主要体现在,帮助儿童获得对世界的理解,从不同方面为学前儿童提供认识外部世界的途径。在游戏中,学前儿童可以充分发挥积极性和主动性,通过观察、感知、比较、分类、记忆、想象、思维,通过对各种游戏材料的使用、对各种游戏角色的扮演、对已有知识的更新、对生活经验的重组、对游戏动作和情节的实践，去接触、感受、探索新事物，了解物体（游戏材料）的性能，了解事物之间的关系。在此过程中，学前儿童的感知能力、注意力、记忆力、想象力、思维能力、解决问题的能力都会得到提高。

游戏是学前儿童学习知识最有效的途径，学前儿童在游戏中通过使用材料和器械，习得了许多关于周围世界的基本知识和主要概念。学前儿童通过游戏，能更好地认识物体的颜色、形状、大小等特性，还在无形中学到很多概念，例如爬攀登架时他会体验到空间和高低，玩水时他会感觉到干和湿的对比，玩积木时他会认识到大小和形状的区别等。表6-1中详细列出了物体信息和探索过程之间的关系。

表6-1 物体信息和探索过程之间的关系[①]

关于物体的信息	探索过程
1. 与本质有关的特性	
（1）材质	横向运动
（2）硬度	触压
（3）温度	指触
（4）质量	掂量
2. 与结构有关的特性	
（1）重量	掂量
（2）体积	用手围绕、对轮廓的探索
（3）大致形状	用手围绕
（4）精确形状	对轮廓的探索
3. 与功能有关的特性	
（1）移动部分零件	移动部分零件测试
（2）特定功能	功能测试

游戏是学前儿童智力发展的动力，对学前儿童智力的发展有重要的影响，通过游戏，学前儿童开始认识世界，了解事物之间的关系，知识、技能、能力都得到了相应的发展。游戏时，学前儿童会不断地移动、触摸、聆听、观察，这些感官刺激有助于培养学前儿童的注意力、观察力和判断力。

相关研究表明，儿童操作玩具、进行探索过程中的行为特征与他们在智力测验中的表现有关，而且还可以预测他们几年后在智力测验中的得分。研究者（Jenning et

---

[①] 李燕.游戏与儿童发展[M].杭州：浙江教育出版社，2008：131.

al. 1989)在对婴儿玩物游戏的纵向研究中发现,在婴儿对物体的探索行为和他们日后的智力测验成绩间存在正相关。研究者(Henderson &. Wilson. 1991)发现,4～7岁的儿童在玩物游戏中进行物品探查的数量与他们日后的探索性学习、解决社会问题的能力都正相关[①]。

游戏激发了学前儿童的想象力。象征、模拟、联想是儿童游戏的普遍特征,游戏为儿童提供了想象的充分自由。游戏时,玩具或材料可以通过以物代物在想象中使用,学前儿童本身也以游戏角色通过以人代人在想象中活动,游戏的情节和场景更是充满了想象的内容。在游戏活动中,特别是角色游戏和造型游戏,能够巩固和加深学前儿童对周围事物的认识,随着扮演角色和游戏情节的发展变化,游戏内容越丰富,想象也就越活跃。

游戏发展了学前儿童的思维能力。如在堆积木、绘画或做手工时,学前儿童自然而然会去思考、去想象,再根据已有的知识和经验,进行一些创作活动。在游戏中,学前儿童也会不断地探索。鲁宾等人2003年在对学前儿童的追踪研究中发现,如果儿童在3～5岁时的玩物游戏中表现出较多的独特性,那么7～10岁时他们在创造性测验中的得分也较高。在结构游戏中,结构的丰富性与完成任务中所花费的时间负相关,与发散性思维的评估正相关[②]。

游戏还培养了学前儿童的语言能力。由于在游戏中学前儿童需要与同伴沟通、交往,这就为儿童提供了极好的语言交流机会,其语言能力在此过程中也得到了发展。通过游戏,学前儿童扩大了词汇量,加深了对词义的理解,语言表达能力也随之得到了发展。

(三)游戏能够促进儿童创造力的发展

游戏为学前儿童提供了充分的创造性想象的发展空间,有助于学前儿童创造个性和创造性思维品质的形成,因此,游戏对于学前儿童创造力的发展具有重要作用。学前儿童对游戏充满了兴趣,在游戏中,学前儿童能够无拘无束地玩耍,产生许多新奇的想法和独特的行为,激发了创造性的萌生和发展。

学前儿童的创造性只有在自由、轻松、愉快的气氛中才能产生,而游戏则恰恰为学前儿童提供了这种心理氛围。在游戏中,学前儿童的神思遐想、奇异行为,不但不会受到教师的批评与指责,相反还能得到接纳与赞赏,而这又会成为一种信息反馈,强化学前儿童的创造性思维和行为。

游戏可以激发学前儿童的发散性思维并提高其创造性水平。发散性思维是学前

---

① 李燕.游戏与儿童发展[M].杭州:浙江教育出版社,2008:135.
② 参见李燕.游戏与儿童发展[M]杭州:浙江教育出版社,2008:139.

儿童创造性的重要表现。在游戏中,学前儿童能变换各种方式来对待物体,通过对同一游戏材料做出不同的设想和行为,或对不同的物体做出同一种思考和动作,就能扩大学前儿童与游戏材料相互作用的范围,增加相互作用的频率,使求异思维得到充分的训练。

(四)游戏能够促进儿童情感的发展

学前期是个体情绪情感发生发展的重要时期。游戏在学前儿童的情感发展中有重要作用,它不仅能满足幼儿表达自己情感的需要,而且还能使学前儿童的良好情感得到发展,不良情感得到控制和矫正。在日常生活中,学前儿童可能遇到不高兴或不顺利的事情,或感到束缚,未能自由地表达个人的意愿。但在游戏中,学前儿童表达个人的内心情绪是社会所能接受的。从一定意义上可以说,儿童获得游戏的机会,就是一种心理保健的机会。游戏能使儿童进行情感宣泄。"游戏治疗"的理论和实践已经表明,游戏是学前儿童宣泄自己不良情绪的一种重要形式,通过游戏,学前儿童的情绪变得平静、缓和,有利于抑制、降低消极情绪的负面作用,"游戏是儿童幼稚心理的保护伞"。因此,游戏是一种积极的情感交往方式,有助于学前儿童形成健康的性格。

(五)游戏能够促进儿童社会性的发展

游戏为儿童的社会性发展提供了一条重要途径。游戏大多需要他人的配合,这就为学前儿童提供了大量交往的机会,有助于克服学前儿童的自我中心,使学前儿童逐步学会了认识自己和同伴,并能正确地处理自己和同伴之间的关系,社会交往能力得到提高,加快了学前儿童的个体社会化进程。

游戏可以培养儿童的合群行为。有些儿童比较孤僻,不喜欢参加集体活动,不爱与别人交往,而游戏能为学前儿童提供与同伴互动的机会,使儿童感受到"集体的温暖"和开心,使之变得合群,从而为其将来成功地走向社会创造了良好的条件。

游戏有助于学前儿童学习以社会规范的表达方式宣泄自己的消极情绪,并对自己的攻击性行为予以适度的控制,从而发展学前儿童遵守规则的能力。在游戏中,儿童作为集体的一员,要受到集体规则的制约,儿童要按照集体的意志去行动,否则,他就会被这个游戏集体所排斥。特别在角色游戏中,学前儿童有机会学习扮演社会角色,使自己处于社会人的地位,了解不同角色的情感和态度,学习成人社会各类社会角色应有的行为方式,从而理解成人世界,理解社会角色之间的关系,学习并遵守社会生活准则。

第二节 游戏的分类

儿童的游戏丰富多彩,游戏种类的划分方法也是多种多样。参照系不同,游戏的种类就不同,如有以游戏活动中占优势的心理成分为依据的分类,以儿童社会性发展为依据的分类,以认知发展为依据的游戏分类,以游戏的教育作用为依据的游戏分类等。

一、以游戏活动中占优势的心理成分为依据的游戏分类

这种分类以奥地利心理学家比勒的观点为代表。比勒认为游戏是儿童全面发展的一个手段,他根据儿童对游戏的体验形式将游戏分为四类。

1. 机能游戏

机能游戏也称实践游戏、练习游戏。主要特征是重复、操作和自我模仿。

2. 想象游戏

再现成人的生活,如开火车、过家家等,这种游戏占优势的心理成分是模仿与想象。

3. 接受游戏

儿童处于"观众"地位,愉快地欣赏所见所闻,如听故事、看画册、参观动物园等。

4. 制作游戏

儿童主动地创造与建构,如绘画、折纸、积木等。

二、以儿童社会性发展为依据的游戏分类

这种分类以帕登的研究为代表。帕登认为儿童之间的社会性互动随着年龄的增长而增加,他把游戏分为以下六种。

1. 偶然的行为

幼儿2岁前,在房间里闲逛或跟随成人。其行为缺乏目标,注视碰巧引起兴趣的事情,玩弄身体,在椅子上爬上爬下,这些偶然的行为不属于游戏。

2. 游戏的旁观者

幼儿2岁以后开始观看同伴的游戏,偶尔同他们交谈。其兴趣集中在别人的游戏上,但行为上并不介入他人的游戏。

3. 单独的游戏

使用与旁边伙伴不同的游戏材料,幼儿独自玩耍,不注意伙伴在做什么。

4. 平行的游戏

平行游戏是一种两人以上在同一空间里进行的以基本相同的玩具玩着大致相同内容的个人独自游戏。

5. 联合的游戏

联合游戏又称分享游戏,如和其他儿童在一起玩,谈论共同的活动。儿童之间可

能交换材料但相互之间没有明确分工与合作,也没有围绕目标进行组织,每个儿童都是根据自己的愿望来游戏的。

6. 合作的游戏

合作游戏是在幼儿后期出现的较高级的游戏形式,儿童在游戏中围绕一个共同的主题,有共同的目的,采取分工协作的方式进行的游戏。这类游戏通常到3岁以上才会萌芽,5~6岁得到发展,反映了儿童社会性发展的新进展。

三、以认知发展为依据的游戏分类

这种分类以皮亚杰的理论为代表。皮亚杰根据游戏与认知发展的关系,把游戏分为三类。

1. 练习性游戏

这种游戏是游戏的最初形式,儿童在游戏中反复练习感知觉和动作。其基本功能是对新习得的、还来不及巩固的动作进行练习。儿童从身体活动中获得快乐。

2. 角色游戏

儿童以模仿和想象,扮演角色,反映周围现实生活。儿童可以脱离当前对事物的知觉,对事物的某些方面作"想象的改造",以表象代替实物作思维的支柱,进行想象,并学会用语言符号进行思考。

3. 规则游戏

按照预先规定的规则来组织游戏,以规则为中心,摆脱了具体情节,具有竞赛性质。规则游戏是儿童游戏的高级发展形式。

四、以游戏的教育作用为依据的游戏分类

按游戏的教育作用来分类是我国较多采用的一种分类方法。按照这种分类方法,幼儿园游戏可以分为创造性游戏(角色游戏、结构游戏、表演游戏)、体育游戏、智力游戏、音乐游戏和娱乐游戏等。

1. 角色游戏

是指学前儿童通过模仿和想象,扮演一定角色,创造性地反映周围现实生活的一种游戏,又称想象性游戏。

2. 结构游戏

是指儿童利用积木、积塑、泥、沙等结构材料进行建造活动的游戏。

3. 表演游戏

是指儿童根据故事的内容,运用动作、表情、语言、扮演角色,进行创造性表演的

游戏。

4. 智力游戏

是指以生动、新颖、有趣的游戏形式，使儿童在轻松愉快的活动中增进知识、发展智力的游戏。

5. 音乐游戏

是指在歌曲或乐曲伴奏下进行的游戏。

6. 体育游戏

以身体练习为主要内容，以发展基本动作为目的的游戏活动。

五、学前教育机构常见游戏的分类

心理学把儿童心理发展作为着眼点，研究儿童自然的游戏。教育学把游戏作为教育手段，既关注儿童自然的游戏，又注意为儿童编制有规则的游戏。为了便于教师在学前教育机构运用和指导，根据学前教育机构游戏的特点，可将游戏分为两大类。

1. 创造性游戏

这类游戏强调儿童的主动性和创造性，大都由儿童自由自主地玩。包括角色游戏、结构游戏和表演游戏。

2. 有规则游戏

这类游戏是成人在儿童自发游戏的基础上，为达到一定的教育目的而编制的，大都由教师组织儿童进行，因此，有规则的游戏有时也称"教学性游戏"。它包括智力游戏、音乐游戏、体育游戏等。有规则游戏的特点是规则性和竞赛性。

创造性游戏与有规则游戏的划分不是绝对的。二者既有区别，又有联系。

游戏规则主要是用来协调游戏者之间关系的一种行为准则。一般来讲，游戏都是有规则的，只是不同类型的游戏，其规则的意义不同而已。创造性游戏和有规则游戏的区别，就在于其规则是为不同的行为需要而存在的。如在角色游戏中，规则是为协商角色和保持装扮世界的情景而存在的，因此它是隐含于角色中的，作用在于表现人物和人物之间的关系，因而具有一定的灵活性，随着游戏情节的变化，可以在任何特定的时候被游戏者本人所改动，规则的个人随意性较大。而有规则游戏中的规则是在游戏开始之前就确定了的，一旦游戏开始，便不得随意更改。所以规则游戏中的行为远比角色游戏中的行为更有限制，更加形式化、规范化。

规则是游戏的前提，然而规则指向游戏活动的过程，还是指向活动的结果，是规则游戏与创造性游戏的又一区别。在角色游戏中，幼儿是以行为过程本身为目的的，隐含于角色的规则仅仅是行为的规则，他以行为本身为满足，更注重过程。如做饭仅仅是做饭,并不在意最后是否真的做出了饭。有规则游戏则不然,是为了结果,为了取胜而游戏的。为了最后的结果,游戏者往往要有一定的自制力,付出较大的意志努力。

这两类游戏有时是相互联系的。有规则游戏中也包含着创造性的成分,而创造性游戏在儿童还不会玩时,也需要教师的组织和指导。对幼儿园各种游戏及相互间关系具体了解,有助于我们更好地运用和指导幼儿的游戏。

第三节 儿童游戏的条件

为了更好地发挥游戏在儿童发展中的作用,教师应为儿童创设良好的条件,包括充足的时间、良好的游戏环境与材料等。[①]

一、游戏的时间

(一)充足的时间是儿童游戏的前提

游戏时间指儿童一日生活中游戏活动所占的时间。充足的游戏时间是儿童开展游戏活动的首要前提。游戏时间的多少直接影响游戏的数量和质量。有教育家指出:人的生命是以时间来度量的,孩子的童年是以游戏时间来计算的,剥夺孩子的游戏时间,就是剥夺孩子的童年。为了保证儿童游戏活动的顺利进行,一定要保证儿童每天有相对集中、较长的游戏时间。否则,儿童的游戏就会受到影响。

《幼儿园工作规程》规定,在幼儿园,幼儿每日户外活动时间不得少于 2 小时,寄宿制幼儿园不得少于 3 小时,高寒地区在冬季可以酌情减少。

(二)减少过渡环节,提高单位时间内儿童游戏的有效时间

有些幼儿园虽然能够严格执行作息制度,不挤占儿童的游戏时间,但活动室布置不够合理,不创设游戏角,没有专门的游戏空间。所以,一到游戏时间,教师就手忙脚乱地指挥儿童搬桌子、挪椅子、铺地毯,临时准备游戏环境和材料,把本该属于儿童游戏的时间浪费在准备环节上。要解决这个问题,首先要在观念上打破桌椅板凳排排坐的"上课"模式,同时要在活动室的布置上动脑筋想办法,创设相对固定的游戏场地,以提高单位时间内儿童游戏的有效时间。

二、游戏的环境与材料

(一)游戏的环境创设

游戏环境是指为儿童游戏提供的条件,包括游戏的空间环境和心理环境。

[①] 郑健成.学前教育学[M],上海:复旦大学出版社,2012.

1. 游戏的空间环境

游戏的空间环境包括户外游戏场地和室内游戏场地。

(1) 户外游戏场地

户外游戏场地是儿童在户外游戏的空间。

户外的天地对儿童充满吸引力,户外有开阔的空间可以跑跑跳跳,一块小石头、一段小树枝都可以变成孩子们手中的玩具。户外活动是孩子们最喜欢的活动。因此,每一所有条件的学前教育机构都应当设置户外活动场地,不具备户外活动场地的学前教育机构是不合格的。

根据城乡建设环境保护部、原国家教育委员会颁布的《托儿所、幼儿园建筑设计规范》规定,托儿所、幼儿园室外游戏场地应满足下列规定:一是必须设置各班专门的室外游戏场地。每班的游戏场地面积不应小于60平方米。各游戏场地之间宜采取分隔措施。二是应有全园共用的室外活动场地……室外共用场地应考虑设置游戏器具、30米跑道、沙坑、洗手池和注水深度不超过0.3米的戏水池等。因此,幼儿园室外可以规划自然区、玩沙区、玩水区、运动区、休闲区和活动材料区等。

游戏场地中要放置数量适宜的大型设备和用具,设备、器械的数量与场地面积要保持合理的比例,以不妨碍儿童活动为原则。

约翰逊将游戏场地分为三种类型:传统游戏场地、现代游戏场地和冒险游戏场地。

表6-2 三种游戏场地的比较[①]

		传统游戏场地	现代游戏场地	冒险游戏场地
特点	地面	柏油或塑胶	分区域,既有柏油或塑胶地供幼儿骑车,也有塑胶、沙地或草地,还有公园、池塘等	依据自然环境
	活动设施	铁制,功能单一	多为塑料或木制、功能多样	废旧器材
	活动设施摆放	独立、散布	关联、组合、集中	灵活多变,可随意拆建
优点		无须太多保养;鼓励大肌肉运动活动	对儿童较具吸引力;引发较多游戏类型;较安全	对儿童具有吸引力;引发最多游戏类型
缺点		低使用率;设置固定;玩法单一;难有吸引力;局限的游戏类型;仅仅引发大肌肉运动游戏,缺乏其他游戏类型,且游戏的社会性低;安全性不高		昂贵;安全性具有争议

[①] 李燕.游戏与儿童发展[M].杭州:浙江教育出版社,2008:247-248.

户外游戏场地在设计时要注意安全卫生。地面以坚实的土地或沙地为宜,这种地面适宜进行跑、跳等运动,减少跑跳活动对脑部造成的震荡,同时也比较安全。场内的设备或器械应适合儿童的身高和运动能力。户外游戏场地的结构设计,要尽量利用地形地貌的自然特点,减少不必要的人工装饰,让儿童在接近大自然的环境中愉快地游戏。

(2) 室内游戏场地

室内游戏场地主要指活动室。活动室是儿童在室内进行游戏活动的主要场所。足够的空间是开展游戏的必要条件。研究发现,游戏环境的空间密度直接影响儿童的行为。据有关研究显示,儿童处于人均 2.32~7.00 平方米之间为较适合游戏的空间密度:低于前者,儿童在游戏中的攻击性行为、破坏玩具的行为和错误使用玩具的行为明显增加;处于中间值,则表现出较多良好的游戏行为和交往行为;大于后者,儿童粗大动作的游戏也相应增加,而人际互动开始减少。教师要在有效空间密度内,经常调整游戏的空间结构,要有开放的空间和区隔的空间,注意活动区的不同区隔形式。活动空间的大小应当符合儿童的多种需要,既要有适用于全班集体性活动的大空间,又要有能让几个儿童一起活动的中等空间。如果有条件,还需要能让个别儿童单独活动的小空间。特别值得一提的是,应当尽量为儿童创设一定的小而安静的私密空间。它在满足儿童独处的需要和其他一些情绪情感的需要上是相当重要的。这些不同大小和用途的空间可以通过对活动室整个大空间的分隔和变化来产生。

2. 游戏的心理环境

要开展内容充实、丰富多彩的游戏,除了为儿童创设科学合理的物质环境外,还要为儿童创设宽松、自由、和谐、符合儿童年龄特征的心理环境。由于儿童情感具有易感染性,游戏心理环境的创设关键取决于教师。

(1) 教师应建立与儿童民主、亲切、平等、和谐的关系

民主、亲切、平等、和谐的师幼关系是儿童游戏的重要支柱之一。在儿童的游戏中,教师既是指导者又是参与者。参与儿童的游戏,使他们感到教师是他们的亲密伙伴,与老师在一起感到自然、温馨,没有压抑感。只有在民主、平等、轻松、愉快的环境中,儿童才能自然、真实地表现自己,更加积极、主动、愉快地投入游戏之中。

(2) 建立互助、友爱的伙伴关系

儿童之间的伙伴关系是影响其心理发展的一个重要的社会性因素。在游戏中教师应加强儿童的情感教育和集体教育,建立互助、友爱、和谐的伙伴关系,使儿童生活在一个轻松、愉快的环境中,在集体中获得全面的发展。

(3) 教师之间的真诚相待、友好合作,是儿童最好的榜样

教师的行为直接影响着儿童活动的情绪和积极性。教师之间真诚合作、互相尊重

的关系,是儿童建立友好同伴关系的榜样。教师间如果相互关心、相互帮助,这会给班、园带来一种温情的气氛,容易激发出积极的社会性行为。学前儿童也会从中耳濡目染,不仅学会体察别人的情绪情感,也能学会正确、适宜的行为方式。

(二) 游戏材料的选择与使用

游戏材料是儿童游戏所用玩具和物品的总称。材料是游戏的物质支柱,是儿童游戏的工具,如果离开了游戏材料,儿童的游戏就难以进行。儿童年龄越小,对玩具的依赖就越大。游戏材料可以激发儿童的游戏动机、游戏构思,引起儿童的联想和行动。

1. 要为儿童提供足够的游戏材料

儿童是通过使用玩具材料在游戏中学习的。不同的玩具与材料有不同的功能和特点。材料的种类对儿童游戏的具体选择有着某种定向的功能。如果教师提供的材料单一,儿童游戏情节的发展就会受到限制。研究还表明,在活动材料丰富的情况下,儿童表现出来的竞争性、侵犯性和破坏性行为都低于活动材料贫乏的情况下产生的类似行为。但这并不是说给予学前儿童的材料越多越好,重要的是要让这些材料真正地发挥作用,提高其利用率。

2. 根据儿童的年龄特点提供游戏材料

教师应根据各个年龄班儿童游戏活动发展的特点,分别提供适宜种类和数量的材料。游戏材料和儿童的年龄之间存在交叉关系,年龄较小的儿童在游戏时需要同类的游戏材料要多一些,年龄较大的儿童在游戏时需要不同种类的游戏材料要多一些。例如,幼儿园小班幼儿大都处于平行游戏或独自游戏的阶段,教师就应多准备一些相同种类的玩具和材料。到了中、大班以后,则应更多地为他们准备适宜于发展合作性游戏的活动材料。

3. 提供与阶段教育目标、内容相匹配的游戏材料

教师要根据学前儿童不同年龄特点,不同阶段教育目标的要求,在不同的活动区,有计划、有目的地投放与之相匹配的游戏材料,最大限度地促进学前儿童的发展。

4. 尽量提供无固定功能的游戏材料

玩具和游戏材料的特性与儿童的游戏行为有着密切的关系,游戏材料具有象征性,可替代生活中的人与事物的不同特征(模拟物和多功能物),形成不同的游戏经验;游戏材料功能固定单一,只能引发儿童的一种行为,游戏情节的发展就会受到限制,而无固定功能的游戏材料,往往可以使儿童按着自己的想象创造出多种的游戏玩法,有利于学前儿童通过探索接受丰富的感官刺激,在与材料的互动中获得发展。

第四节　游戏的组织与指导

游戏从本质上说是幼儿自主自愿的活动,这并不意味着幼儿的游戏不需要教师的指导。相反,教师在幼儿游戏中起着重要的帮助、促进的作用。当然,教师对幼儿游戏的指导必须以保证幼儿游戏的特点为前提,否则,一切指导都可能是徒劳的,甚至可能成为幼儿游戏的羁绊。

一、尊重幼儿游戏的自主性

(一)尊重幼儿游戏的意愿和兴趣

幼儿是独立的人,他们对所从事的游戏活动有着自己的意愿和兴趣。如,他们对于所玩的各种游戏都有自己的想法和认识。教师应予以充分的尊重,不能因为不符合自己的想法、经验或实际生活就不予以理睬、批评,甚至强行制止。

(二)尊重幼儿游戏的氛围和游戏中的想象、探索、表现与创造

幼儿游戏时的氛围是幼儿积极主动参与游戏的结果,是游戏的"假想"特点在游戏中的体现。教师不能因是游戏就随意去破坏这种氛围,否则会使游戏索然无味。幼儿在游戏中想象、探索、表现与创造的时候,也是幼儿自主性得到极大提高和体现的时候,是游戏功能正在实现的时刻,所以教师应予以尊重和鼓励。

二、以间接指导为主

自主性是幼儿游戏的本质特征。在幼儿游戏过程中,教师既不能当甩手掌柜,更不能当导演,宜采用间接指导的方式。间接指导是以环境、材料为媒介,或者以同伴影响为媒介进行的指导。间接指导要求教师敏锐地观察幼儿在游戏中的每一点变化,了解他们的兴趣与需要,并通过环境材料的创设和适当的介入方式支持幼儿的游戏,以丰富游戏内容,提高游戏水平。

(一)丰富幼儿的生活经验

幼儿的游戏是对幼儿生活的反映,其生活经验是幼儿游戏的基础和源泉。教师要善于利用幼儿园的各种活动,如,上课、参观、观察、劳动、娱乐、看书、讲故事等方式来丰富幼儿的知识经验,充实其日常生活,使他们在每天的生活中有新的收获。同时,教师也要指导家长,利用家庭中个别教育的优势丰富幼儿的生活经验。

(二)观察并合理参与幼儿游戏

教师对幼儿游戏的观察不仅是为幼儿创设游戏环境、进行游戏准备的基础,而且

还是教师参与幼儿游戏、进行游戏指导的前提。成人通过细致的观察,可以了解幼儿的发展水平,并以此作为教育的依据;通过观察,进一步了解幼儿游戏现状(如发现何时需要增加游戏时间、地点、材料和经验等),从而使教师的参与、指导更有效益。教师应该有观察幼儿游戏的意识,重视对幼儿游戏的观察。观察时,应对幼儿的游戏行为进行思考,幼儿的某一个行为表示什么、意味着什么、为什么会作出这个反应、对幼儿的发展有什么价值等。同时,应观察幼儿对游戏的需要和兴趣,观察幼儿在游戏过程中的自制性和创造性,观察幼儿在游戏过程中体现出来的社会性发展水平、交往水平,观察幼儿在游戏过程中使用玩具的情况等。

在观察的基础上,教师应参与幼儿的游戏。通过参与幼儿的游戏,可以进一步观察、了解幼儿;可以使幼儿获得心理上的支持,增加幼儿对游戏的兴趣和其投入的程度。研究表明,成人在场可以抚慰幼儿,并让幼儿感到他们的游戏是有价值的活动。此外,幼儿还可以通过观察成人的游戏学会新玩法,让游戏活动能持续得更长久。

> **案例 6-1**
>
> **霸道的腾腾——游戏观察分析**[①]
>
> 观察对象:陈洲腾 男 30 个月
>
> 观察时间:2008 年 12 月
>
> 观察记录:现场观察(随笔记录)
>
> 观察目的:观察了解陈洲腾宝宝在建构区玩木头积木的游戏发展水平及行为表现
>
> **(一)观察背景**
>
> 幼儿在平日多次建构区游戏的基础上,对不同形状的积木特别感兴趣,并能对这一低结构的材料进行创造性的游戏。游戏中我对一名 30 个月月龄段的陈洲腾宝宝进行观察,具体地了解幼儿的游戏发展水平及行为表现,并对陈洲腾宝宝在游戏中出现的攻击性行为采取相应的措施。
>
> **(二)观察实录**
>
> 建构区里,陈洲腾在用不同形状的积木造一座漂亮的立体房子,吴陈龙挑选着一种三角形的积木在搭一座桥。只见陈洲腾造的房子越来越宽、越来越高,而吴陈龙搭的桥越来越长。一段时间后,陈洲腾向玩具篮里扫了一眼,

---

[①] 上海学前教育网.http://www.age06.com/age06.web/

发现没有自己要的积木时,便一边伸手一边对吴陈龙说:"这是我的,"从他手里夺回了这块三角形的积木。但吴陈龙也不愿退让,紧紧抓住积木不放,陈洲腾便用脚踢翻了吴陈龙搭的桥,还要伸手去抓吴陈龙的脸。

（三）分析

1. 幼儿的认知水平和动作表现

陈洲腾宝宝在游戏中,思维有了发散性的发展,在平日随意的玩耍中,不断尝试、不断积累相关的生活经验,并能根据周围提供的照片暗示进行游戏的创造。与同月龄段孩子相比,该幼儿的游戏水平与手部精细动作发展都高于其他孩子,他能根据自己的认知经验与独特的思维方式拼搭出不同形状立体的房子。

2. 幼儿与同伴间的交往能力

陈洲腾宝宝对建构类游戏材料很感兴趣,但受语言表达能力的影响,他的表达还是停留在事物的表面上,而且只关注他自己感兴趣的一点,在交往中带有明显的自我中心倾向,往往说不出来、表达不清楚自己的意愿,并以自己的情感需要作为唯一的标准,出现了用动作替代言语的攻击性行为,为了达到满足自身的心理需求。

3. 幼儿的个性品质

关注陈洲腾宝宝的内心世界,其性格形成的原因与家庭环境有着密切的关系。该孩子在家十分任性、霸道,与年龄相仿的同伴共同游戏时,经常会因争抢玩具而出现咬人、抓人的攻击性行为。而家长采取的则是"一拖二哄"的方法,久而久之使其反抗现象更为严重。

（四）措施

1. 教师通过情境迁移法,及时有效地阻止幼儿的攻击性行为,适时适地的介入指导幼儿所面对的行为冲突,使其学会调节自己的行为,与同伴建立良好的合作关系,获得相应解决问题的经验和技能,如:"呀,小桥倒了,小白兔不能回家了,它哭了,我们一起来把桥修好吧!"

2. 教师应与家长联系,共同关注孩子,尽可能避免一切不利的心理因素,为孩子的发展提供一个适宜、良好的心理环境与语言环境,如:家长用亲切和蔼的语气为幼儿念一些儿歌、讲一些故事,多让孩子接触语言环境,逐渐让孩子在语言上有所进步,并有意引导孩子掌握合适的表达情感的方式。

> 3. 教师需要坚持不懈、循序渐进地引导，多为孩子创设充足数量的游戏材料和各种互相交流的机会，并有意识地教孩子一些和睦相处的常用语，如：给我玩玩好吗，大家一起玩等，让孩子在游戏玩耍中成长，进而体验到成功的快乐，形成良好的个性品质。

（三）教师对幼儿游戏的介入

1. 介入的角色定位

根据教师对游戏介入程度的高低，可将教师的角色分为以下两类共六种。在实践中，教师应根据对幼儿游戏性质及正在游戏的幼儿的特征仔细观察，不断变换所扮演的角色，推动游戏的发展。

（1）非支持性角色

① 不参与者。在幼儿园里我们经常看到，当幼儿游戏时，一些教师会利用这段时间忙其他的事。在没有成人参与的情况下，幼儿游戏往往类型单一，社会性水平不高，情节简单，且常常十分喧闹。

② 导演者。如果教师以导演角色介入游戏中，告诉幼儿在游戏中应该做什么，不应该做什么，完全控制了幼儿游戏，很可能破坏幼儿的游戏，变成了"游戏幼儿"。

（2）支持性角色

① 旁观者。教师在一旁观察幼儿游戏，并用语言或非语言信号（如点头、微笑）来表示对幼儿游戏的关注，让幼儿感受来自教师的支持和赞同。

② 舞台管理者。教师不参与游戏，但积极地帮助幼儿为游戏做准备，并在过程中随时为正在进行的游戏提供帮助，如回应幼儿关乎材料的要求、协助幼儿布置环境、提出适当的建议以延伸他们的游戏等。

③ 共同游戏者。教师作为孩子们的平等游戏伙伴积极参与幼儿游戏中，通常扮演小角色，并通过一些策略进行暗示，间接对游戏产生影响。这时教师一般遵循游戏的原有进程，让幼儿主宰游戏。

④ 游戏带头人。通常在幼儿很难自己开展游戏或正在进行的游戏难以进行下去的时候，教师积极地参与幼儿游戏，通常提议新的游戏主题、介绍新的道具或情节元素以扩展已有主题等方式，对幼儿游戏施加更多的影响。

2. 介入的时机

教师对游戏干预时机的选择主要取决于两个因素：一是幼儿客观的需要，即看幼儿的游戏行为是否自然顺畅，是否需要帮助。二是教师的主观心态和状况，即教师希望幼儿在游戏中表现出的水平、态度和情绪体验，也包括教师是否具备投入幼儿游戏的热情和精力。在介入之前,教师一定要仔细观察,选择适宜的时机介入。

(1) 当幼儿游戏出现困难时介入

幼儿不知道自己该做什么游戏、如何去游戏时,教师的介入是引导幼儿开始游戏的关键。

(2) 当必要的游戏秩序受到威胁时介入

必要的游戏秩序受到威胁时,教师可用游戏口吻自然地制止幼儿的干扰行为,并提出活动建议。

(3) 当幼儿对游戏失去兴趣或准备放弃时介入

这时教师的介入可以帮助幼儿丰富游戏内容,提高游戏技能,进一步激发幼儿的游戏兴趣。

(4) 在游戏内容发展或技能方面发生困难时

这种情况下,教师可以作为游戏同伴介入游戏,为幼儿示范,或者让幼儿相互启发,相互影响,以帮助幼儿克服困难,拓展游戏。

3. 介入的方式

教师介入游戏的方式主要有以下两种:

(1) 外部干预

外部干预是指教师并不直接参与游戏,而是以一个外在的角色,引导、说明、建议、鼓励游戏中幼儿的行为。

(2) 内部干预

内部干预是指教师以游戏中的角色身份参与幼儿的游戏,以游戏情节需要的角色动作和语言来引导幼儿的游戏行为。

4. 介入的注意点

(1) 分层次指导

不同年龄段,幼儿游戏的发展水平各不相同,教师指导的侧重点也应有所不同。

(2) 慎扮"现实代言人"角色

当幼儿游戏与现实不太吻合时,教师往往会介入,提出一些现实性的问题,或试图加入教育因素,即扮演"现实代言人"角色。这种教师以现实为导向的评议和提问有时不会严重影响幼儿的游戏,但有时会破坏假装游戏的"框架",致使幼儿停止游戏,因此要慎用。

(3) 及时退出

无论采用何种干预方式,一旦幼儿开始表现出教师所期望的游戏行为,教师就应转而扮演无指导性的共同游戏者,或完全从游戏中退出,以便让幼儿重新自主控制游戏,从而培养幼儿的独立性和自信心。

案例 6-2

老师如何介入幼儿游戏

（一）实录

角色游戏开始了，梦迪和悦悦穿起了理发师的白大褂，做好了准备工作，迎接顾客的到来。他们把该做的准备都做好了，还不见一个顾客光顾。梦迪着急了，急匆匆地跑到老师的身边，气呼呼地说："老师，我们一个剪头发的顾客都没有啊，怎么办呢？"老师"哦"了一声，"你们想想办法呀？"没有马上去理会他，老师想再看看情况，看他们如何扭转局面。

时间过了两分钟，梦迪有点按捺不住了，低下了头，一副无奈的样子。悦悦则抬起头来大声地叫道："剪头发喽，我们新开张的！"这时，梦迪也学起悦悦的样子吆喝起来。老师看准了时机，拿了一只小包，走了过去。老师故意问："有人吗？"听到老师的声音，梦迪、悦悦同时站在老师的跟前，抢先说"欢迎光临，请坐下来。"一个忙着给我梳头，一个迫不及待地给我卷头发，忙得不亦乐乎。自老师来了以后，他们的生意好转了，顾客络绎不绝。

（二）分析

随着年龄的增长，中班幼儿在日常生活中积累了一定的生活经验，他们的思维也由直觉行动思维转向具体形象思维。从理发店游戏中可以看出，中班孩子角色游戏的主题有了扩展，他们能在老师的启发下，运用游戏情景中的角色语言招呼客人，营造一种游戏情景；他们在进行角色游戏时能认真扮演角色，有了初步的规则意识，随便离开岗位的现象少了。但当幼儿游戏碰到困难时，教师有必要介入幼儿的游戏。于是老师以顾客的身份走入了理发店，为孩子的游戏打开了局面。

这一游戏案例告诉我们，在幼儿自主性游戏中老师既不能当导演，更不能当甩手掌柜。教师要做的，就是敏锐地观察幼儿的每一点变化，了解他们的兴趣与需要，通过环境材料的创设和适当的介入支持幼儿的游戏，尤其是当幼儿不知道自己该如何去游戏时，教师的介入是引导幼儿开始游戏的关键。

（王同　王珉）

(四) 正面评价游戏

对幼儿游戏进行评价可以帮助教师了解幼儿身心发展情况，了解活动设计是否达到目标，活动内容、组织和指导方法是否切合幼儿的能力、需要和兴趣，从而进一步改进教师的行为,提高游戏的质量。

对幼儿游戏的评价应该是正面评价,这样能保持幼儿在游戏过程中的愉悦、成功的情绪体验,激起幼儿再次游戏的愿望。

三、按幼儿游戏发展的规律指导游戏

幼儿游戏会随着幼儿年龄的增长、身心的发展变化而发展,教师对幼儿游戏的指导应考虑这种发展,如象征性游戏在小班处于萌芽期、中班处于高峰期、大班处于成熟期。因此,在小班应多丰富幼儿的生活经验、吸引幼儿玩象征性游戏;中班应尽量多地为幼儿提供多种条件,对其游戏进行引导;大班则可以减少玩象征性游戏的时间,增加在游戏中面对问题、思考问题、解决问题的机会。

(一)小班幼儿的游戏特点

1. 目的性不强

小班幼儿的游戏处于独自游戏、平行游戏的高峰时期。角色意识差,游戏内容主要是重复操作,摆弄玩具,主题单一,情节简单;儿童之间交往少。按照帕登依据幼儿社会性发展的分类,小班幼儿大多处于无所事事、旁观或者独立游戏的状态。小班后期的幼儿在成人的指导和示范下,游戏逐渐有了主题,但主题很不稳定。

2. 兴趣不稳定

小班幼儿年龄为3~4岁,这个阶段的幼儿自控能力较差,容易转移兴趣。每个幼儿都是独立的、有思想意识的个体,对于相同的事物会表现出不同的反应。如果教师提供的游戏材料是幼儿感兴趣的,幼儿在游戏时就表现得积极、主动,认真地投入游戏,否则就会表现得漫不经心。

3. 兴趣持续时间短

小班幼儿对游戏产生的兴趣持续时间比较短。在游戏前,教师会按课程表的安排提供相关游戏材料,幼儿会积极地投入游戏中,尝试不同的玩法,充分感受游戏给他们带来的快乐。但是这种积极的状态一般只有10~15分钟,过了这段时间,他们就会失去兴趣,即使教师再组织,效果也不佳。

4. 重内容,轻规则

不管是哪种游戏,小班幼儿都会按自己的意愿进行游戏,而对于游戏过程中应当遵守的规则,幼儿时而遵守,时而不遵守。

(二)中班幼儿的游戏特点

中班幼儿的动作能力有明显提高,幼儿活动的范围有了极大的拓展,其游戏特点主要表现在以下几方面。

1. 幼儿游戏水平极大提高,需要不断拓展游戏空间

中班幼儿非常喜欢象征性游戏。在选择中班的教育形式时,要考虑提供促进幼儿不断发展的条件,注重发挥活动区的作用。

2. 幼儿的自主性与主动性进一步发展,需要宽松、安全的探索环境

中班幼儿活动的主动性和自主性有了进一步的发展,他们能够提出自己的活动想法,有主动参与活动的热情与能力,能努力完成自己选择的活动。活动的自主性在活动区、游戏以及其他活动中都明显地表现出来。教师应为幼儿创设一个宽松、自主、有规则的活动环境,让幼儿真正成为活动的主人。

3. 幼儿同伴交往需求与能力进一步发展,需要良好的社会性发展氛围

中班幼儿游戏能力与水平都有所发展,与同伴的合作性游戏也逐步发展起来。他们已不再满足于自己玩,而开始喜欢找同伴一起玩。中班幼儿有着强烈的交往需求,这种需求在自主游戏活动中得以实现。

因此,教师为幼儿提供可以交往合作的游戏氛围,是促进幼儿社会性发展的重要手段。户外锻炼、表演游戏、角色游戏以及各种活动区的游戏,都能为幼儿的这一发展需要提供帮助。

4. 幼儿想象的有意性水平提高,需要更大的表达与创造的空间

中班幼儿的想象力丰富,教师应提供有利于幼儿充分发挥想象力的活动空间,如活动区。幼儿在活动区的活动,可进一步发展成所有幼儿都非常投入的集体活动。

5. 幼儿具体形象思维表现突出,需要具体的活动情境与活动形式

中班幼儿思维的形象性最为突出。这一思维特点不仅表现在幼儿解决问题、判断事物时,而且表现在幼儿的各种活动中。游戏中,幼儿容易沉浸在形象化的思维活动里。区域活动为幼儿的具体形象思维提供了自由活动的空间,满足和实现了幼儿的需要。

(三)大班幼儿的游戏特点

大班幼儿从幼儿园到小学的转折期,教师需要了解大班幼儿的游戏特点,以帮助其在游戏中发展学习能力。

1. 游戏的自我评价能力逐步提升

5岁以后,幼儿的个性特征有了较明显的表现,其中最突出的是幼儿自我意识的发展。这一时期,幼儿自我意识的发展主要体现在自我评价的能力上。幼儿在评价自己时,不再轻信成人的评价,当成人的评价与幼儿的自我评价不一致时,他们会提出申辩。同时,幼儿可以从多个角度进行自我评价,例如大班幼儿在评价自己时会说:"我会唱歌跳舞,但画画不行。"

2. 合作意识逐渐增强

大班幼儿开始有了合作意识，他们会选择自己喜欢的玩伴，也能与三五个小朋友一起开展合作性游戏。他们逐渐明白公平的原则和需要服从集体约定的意见，也能向其他伙伴介绍、解释游戏规则。比如，在小舞台表演游戏中，几个小朋友能一起分配角色、道具，能以语言、动作等进行表现，并有一定的合作水平。

3. 规则意识逐步形成

大班幼儿的规则意识逐步形成，他们开始学习控制自己的行为，遵守集体的共同规则。例如，游戏结束后要把玩具整理好放回原处，上课发言要举手，等等。大班后期的幼儿特别喜欢有规则的游戏，像体育游戏、棋类游戏等。对在活动中违背规则的行为，幼儿常常会"群起而攻之"。但这一时期的幼儿对于规则的认识还没有达到自律的程度，规则对幼儿来说还是外在的，因此幼儿在规则的实践方面仍会表现出自我中心主义。

4. 动作灵活、控制能力明显增强

大班幼儿的走路速度基本与成人相同，平衡能力明显增强，可以用比较复杂的运动技巧进行活动，还能伴随音乐进行律动与舞蹈。手指小肌肉快速发展，能自如地控制手腕，运用手指活动。例如，大班幼儿会灵活地使用剪刀，会用橡皮泥等材料捏出各种造型，还能正确地使用画笔、铅笔进行简单的美工活动。所以大班幼儿开始热衷于结构游戏与创造性游戏。

四、按各种类型游戏的特点指导游戏

由于不同种类的游戏有着不同的特点，所以教师对游戏的指导还应考虑到游戏的种类。例如，创造性游戏和有规则的游戏（教学游戏）有着本质的区别，因而组织、指导的方法也会有较大的差异。

同样是创造性游戏，角色游戏和结构游戏的指导也存在一定不同。角色游戏和结构游戏都是幼儿对其生活的反映，但角色游戏主要反映的是幼儿周围的社会生活，而结构游戏则是幼儿对物体造型的一种反映。因此，两类游戏从丰富生活、提供材料、场地布置、指导策略上都会有所差异。

教学游戏要为特定的目标服务，有明显的教师制定的规则，教师对活动的控制、干预强；而幼儿的自发游戏没有外在的强制性目的，完全是幼儿自主的活动，教师对游戏的控制、干预要弱得多。因此，教师应在活动中把握好自己干预游戏的"度"，考虑到不同类型游戏的特点，施以不同的指导。

（一）角色游戏的指导

1. 角色游戏组织与指导的原则

角色游戏组织与指导的原则有：第一，主体性原则，允许幼儿自由选择游戏及游戏

中的角色。第二,个体化原则,体现层次性,满足幼儿的发展需要。第三,随机性原则,适时介入给予指导。

2. 角色游戏的指导环节与要点

(1) 角色游戏前期准备

丰富幼儿的生活经验,提供适合的场所以及丰富的游戏材料,提供充足的游戏时间。

(2) 角色游戏过程中的现场指导

鼓励和启发幼儿自主确定游戏主题;教会幼儿分配游戏角色;观察、参与幼儿游戏,尊重幼儿个体差异性,给予适宜的指导。

(3) 角色游戏结束环节的指导

愉快地结束游戏,培养幼儿对游戏的兴趣;引导幼儿收拾游戏材料和场地,培养幼儿良好的习惯;评价游戏,丰富幼儿的游戏经验,提升游戏水平。

3. 各年龄段角色游戏的特点与指导要点

幼儿的游戏水平具有年龄差异性。在角色游戏中,小班幼儿以模仿为主,大班幼儿则以创造为主。教师应针对幼儿的年龄特点和游戏水平,有针对性地进行指导。

(1) 小班角色游戏的特点

幼儿处于独自游戏、平行游戏的高峰期,主要与游戏材料发生联系,与伙伴之间的交往少角色意识不强,对操作游戏材料或模仿成人动作较感兴趣;游戏主题单一、情节简单。

指导要点:重点在于如何使用游戏材料。教师根据幼儿的游戏特点和社会经验,为幼儿提供的玩具种类少,但每种玩具的数量较多,避免幼儿因相互模仿而争抢玩具,满足幼儿平行游戏的需要。教师以游戏者的身份介入游戏,引导幼儿,培养幼儿的规则意识,让其逐渐学会在游戏中进行自我管理;通过游戏评价不断丰富他们的游戏经验。

案例 6-3

幼儿园托班手指游戏歌谣[①]

(一) 五指谣

爸爸是司机,开汽车,嘀嘀嘀!(双手大拇指单伸出来,向下按)

爸爸旁边是妈妈,妈妈洗衣服,刷刷刷!(双手食指单伸出来,做搓衣服的动作)

个子最高是哥哥,哥哥打篮球,砰砰砰!(双手中指单伸出来,向上做投篮动作)

哥哥旁边是姐姐,姐姐在跳舞,嚓嚓嚓!(双手无名指单伸出来,做绕圈动作)

---

① http://www.3lian.com/zl/2012/06-22/110300.html

个子最小就是我,我在敲小鼓,咚咚咚!(双手小指单伸出来,做敲小鼓动作)

(二) 我是一个大苹果

我,(指着自己,表情夸张)是一个大苹果。(双手张开表示"大")

小朋友们都爱我。(双手食指点着前面的人)

请你先去洗洗手,(双手做洗手的动作)

要是手脏,(用右手食指点着左手手掌)

别碰我!(挥动右手表示"不")

(三) 小熊上山坡

小熊小熊圆圆脸,(用手在宝宝的手心画圆)

一步一步上山坡。(从宝宝的手往手臂上点上去)

叽里咕噜滚下来,(在宝宝身上从上往下做滚状)

滚进一个山洞里。(用手点到宝宝的夹肢窝挠挠)

(四) 手指谣

手上有个大木桶,(左手掌弯曲成桶状)

桶上有个盖,盖上有个孔。(右手平盖在桶上,食指与中指稍分开)

让我看看有什么,(用眼睛看孔)

原来躲着毛毛虫。(右手食指穿过孔,做蠕动状)

(五) 包饺子

小手摊开,咱们来包饺子吧!(伸出左手手掌)

擀擀皮,(右手在左手上做擀皮状)

和了和了,(右手手指立起在左手手掌上做和馅的动作,就像手指在抓挠)

包个小饺子,(说一个字,用右手食指依次点着左手的手指)

香喷喷的饺子给谁吃?(用右手把左手指包起来,盖住,问孩子,然后孩子说给谁吃,就把饺子递到嘴边)

案例 6-4

幼儿园小班游戏案例:玩水①

(一) 实录一

圆圆是个非常可爱调皮的小男孩,他特别爱玩水。一天晚上,大家都在作睡前准备——小便、喝水、洗脸。不一会儿,孩子们全到了卧室,我看了一

---

① 幼儿园教案网 http://www.chinajiaoan.cn/you5/show1.asp?id=3975

下,发现圆圆还没进来。走到卫生间一看,不得了,圆圆正站在水池边,一手按住水池的出水口,一手拿着拧下的圆形物舀水,并往自己身上头上洒。我赶紧走上前,问:"圆圆,你在干什么?""我在洗澡。"他回答得振振有词。我说:"你是不是很喜欢洗澡?可我们洗澡都是用热水洗的呀,冷水洗澡容易生病的,是吗?"他点了点头,依依不舍地回到了卧室。

(二)实录二

最近,圆圆老喊嘴干要喝水,一有空就到外面喝水。这天,游戏活动结束后,圆圆又去喝水了,过了好一会儿,他还在外面,我正要出去看一下,有个小朋友进来告诉我:"杨老师,圆圆没喝水,他把杯子里的水全倒掉了。"我远远地看过去,发现他正在水桶边放开水,喝一口然后全倒掉了,再放水,喝一口,又倒掉了。我说:"圆圆,你怎么把水都倒掉了?""我喝不完。""下次喝不完就少盛一点,行吗?""好的。"到了晚上,我要喝水了,水桶里却没水了,我赶紧把这个消息告诉大家,并问:"为什么别班的水桶里有水,而我们班的水桶里没水?里面的水到哪儿去了?是喝掉的吗?"有个小朋友说都是给圆圆倒掉的。我说:"你是不是很喜欢水?""是的。"其他小朋友马上说"我也喜欢水!""我也喜欢水!""那好,我们明天到浴室去玩水,怎么样?""好!"孩子们一下子欢呼起来。

第二天,我和洗澡的老师商量,在洗澡前,浴室里放五六个水盆,让大家玩会儿水再洗澡。孩子们围着放满水的水盆,有的将塑料积木放入,有的拿杯子在不停地舀水,有的将塑料小动物、小娃娃放入水中洗澡,还有的索性拍水,玩得很畅快。洗完澡,回到教室我看到每个孩子的脸上都露出愉悦痛快的表情。因天热,我们又玩过几次水。而圆圆再也没有发生过利用喝水而玩水的事情了。

(三)案例分析

3岁幼儿是好动好奇的时期,他们对周围世界充满浓厚的兴趣,对新鲜事物具有强烈的好奇心。圆圆的两件事情其实就是想玩水,我们何不创设条件,提供充裕的时间,让他们从事喜欢的活动,鼓励其探索,满足他们的好奇心呢?

由于我们有目的地玩了几次水,既满足了他们的好奇心——玩水的欲望,又培养了良好的生活卫生习惯,圆圆再也没有瞎玩水了。圆圆玩水的案例给了我一个启示:幼儿生活经验的内容可以从幼儿生活中来,在顺应孩子的需要而又满足其需要的基础上,推动他们感受生活、理解生活,养成良好的生活习惯。

(上海南京东路幼儿园 杨佩敏)

(2) 中班角色游戏的特点

幼儿认识范围不断扩大,游戏的内容与情节较小班不断丰富;处于联合游戏阶段,游戏主题丰富,但不稳定,幼儿会经常"换场";希望与别人交往,但欠缺交往技能,常与伙伴发生冲突;角色意识较强,能够按照自己选定的角色开展游戏。

指导要点:重点是引导幼儿解决游戏冲突。教师应结合幼儿的社会经验,为幼儿提供丰富且富有变化的游戏材料,鼓励幼儿不断丰富游戏主题;仔细观察并认真分析幼儿发生冲突的起因,以游戏者的身份介入游戏,指导游戏;通过幼儿讨论等形式展开游戏评价,增长游戏经验,丰富游戏内容;指导幼儿在游戏中逐渐掌握社会规则和交往技能,逐渐学会如何独立解决问题。

(3) 大班角色游戏的特点

随着幼儿对社会生活认知的不断积累,游戏经验逐渐丰富,主题更加新颖,内容更加丰富,游戏所反映的人际关系也更为复杂;处于合作游戏阶段,喜欢与伙伴共同游戏;能按照自己的愿望主动选择游戏主题,并有计划地开展游戏;在游戏中独立解决问题的能力提高。

指导要点:与幼儿一起准备游戏环境,侧重语言引导,培养幼儿的自主性;认真观察游戏,给幼儿提供必要的条件和机会以及适当的引导;允许并鼓励幼儿在游戏中进行创造,培养幼儿的创造性;通过多种形式开展游戏讲评,让幼儿在分享中取长补短、开拓思路,发挥游戏的教育作用。

案例 6-5

我们的游戏规则,我们来定[①]

角色游戏——"消防总动员"自从这学期创设以来一直是我们班幼儿最喜欢的活动,每天他们都会按自己的喜好拿取游戏器具,按自己的想法尽情地模仿消防员进行游戏。由于场地、器械数量等各种因素的影响,幼儿时常发生各种各样的争执,但孩子们在为这些事情争执的同时,运用自己的方法解决了很多的游戏冲突,也逐渐形成了该游戏的规则,真正体现了"我们的游戏规则,我们来定"的游戏创新理念。

(一) 规则一:先拿到的先玩

一天上午,王奕铮和钟逸宇两人都在玩消防员的游戏,他们为拿水管这个游戏材料发生了争执。一个说"我先玩",另一个说"我先玩"。争吵的声音

[①] 上海学前教育网 http://www.age06.com/age06.web/. 2015.1.14

很响,他们谁也不肯让谁,这引起了其他玩游戏孩子的注意。一些孩子开始为他们解决争执。可是他们根据自己的私人友好关系,有的帮王奕铮,有的帮钟逸宇,结果两派又争执开了。无奈,最后他们来寻求老师的帮助。

我询问主张王奕铮先玩的孩子:"为什么他要先玩?理由是什么?"接着我又用同样的问题问主张钟逸宇先玩的另一派。他们都说不出理由。突然,龚芷萱说道:"先拿到的先玩。"我问她为什么啊,她说:"老师说过谁先到就先玩的。"听了她的话,许多孩子都表示赞同。

由此,"先拿到的先玩"成了孩子们第一次解决游戏材料挣抢的有效方法。

(二)规则二:猜拳定先后

随着"先拿到的先玩"的游戏规则形成后,在游戏的过程中,我发现当孩子与孩子在为某种游戏材料起争执时,他们不再将重点问题放在"该谁先玩"

上了,而是在争执是谁先拿到的,他们都说是自己先拿到的,谁都不让谁。怎么办呢?我就这个问题又与孩子们展开了交流讨论,终于又达成了一个新的共识——猜拳定先后。孩子们决定当双方同时拿到游戏材料时,就进行猜拳,赢的就先玩,输的后玩。

(三)规则三:投票选队长

随着游戏的开展,孩子们从个人操作游戏材料逐渐转化为了合作游戏。他们在游戏的过程中生成了"消防队队长"这一新的游戏角色。消防队队长可以带领队员出操、可以指挥队员现场灭火。这一角色的地位变得越来越重要了,因此孩子们扮演"队长"的兴趣也开始浓厚了。一开始他们用猜拳的方式挑选出队长,可是慢慢地发现不是所有

的孩子都适合做队长,讲评活动时经常有队员抱怨队长不负责任。怎么办?我们又展开了讨论。终于有人提出要像电视上选举领导一样用集体投票、少数服从多数的方式挑选自己心目中的队长人选。于是,我们又有了新的规则——"投票选队长"。

(四)规则四:游戏前先集体商量任务分工

一天,胡越跑过来和我说:"老师,消防员又在吵架了。""怎么了?"我急忙走过去了解情况。发现金宇欣和朱玮劼生气地站在一旁,询问原因,他们说他们想要负责水管喷水,可是队长胡君宇和钱胜博要他们负责抬担架,还不肯和他们用猜拳的方法来解决矛盾。我询问胡君宇:"为什么不和他们猜拳解决矛盾啊?"他说:"外面已经着火了,再猜拳决定,那谁去灭火,火会越烧越旺的。"就这一问题我们全班孩子又展开了讨论。最后大家觉得在游戏中用猜拳的方法决定规则的话,太浪费时间,也会打断游戏。于是,在教师的启发下,他们认为要在游戏前先集体进行商量,进行任务分工。果然,当孩子们在游戏前先明确了自己的游戏任务后,在游戏的进程中,他们合作游戏的目的性变强了,游戏的开展也更加顺利了。

以往,我们在开展游戏的时候往往都是由教师来制定游戏的规则。但是这一次在"消防总动员"的游戏过程中,我们教师放手让孩子自己去发现问题,去解决争执,孩子们运用自己制定的规则解决了不少游戏中产生的冲突。这应该是对孩子游戏指导的一种创新。

(二)结构游戏的指导

1. 为游戏创造良好的条件

(1)引导幼儿认识建构材料,丰富幼儿相关经验

引导幼儿认识建构材料的形状、颜色、大小等特征,熟悉材料的操作方法,会选用建构材料去构造物体,会灵活使用材料。教师在日常生活中注意丰富幼儿的生活经验,积极培养幼儿仔细观察周围事物的习惯。

(2)教会幼儿构造的基本技能,培养他们的独立构造能力

结构游戏的基本技能包括:会运用排列与组合、拼插与镶嵌、黏合、螺丝旋转等方法构造物体;会灵活选用结构元件和辅助材料表现物体的基本特征;会设计结构方案,能按计划有目的、有步骤地进行构造活动,并能在实践中修改、补充方案;会根据实物和平面图进行构造;会在集体建造活动中分工合作,建筑较复杂的建筑物等。

(3)提供丰富的结构材料和进行结构游戏的场所

材料和环境的准备是幼儿进行结构游戏的基础,教师应保证游戏时间,提供丰富

的结构材料和进行结构游戏的场所,在物质条件上满足幼儿进行结构游戏的需求。

(4) 培养幼儿良好的行为习惯

通过结构游戏,教师要注意培养幼儿认真、耐心、细致的工作态度和爱护玩具、爱整洁、爱劳动的良好习惯。

2. 结构游戏的组织指导

第一,通过引入投放材料、出示范例、创设情境来激发幼儿参与结构游戏的兴趣。第二,通过讨论"建造什么?怎么建造?用什么建造?"来启发引导幼儿设计建构活动。第三,运用竞聘、轮流等方法指导幼儿通过分工合作完成建构活动。第四,观察、分析幼儿建构活动水平。第五,找准时机,运用整体建构和重点拼搭示范、环境刺激启发、介入共玩、语言启发、榜样暗示、图片范例提示等指导方法推进建构活动。第六,注重幼儿作品的展示欣赏和评价。

3. 各年龄段结构游戏的特点与指导要点

(1) 小班结构游戏的特点

小班幼儿在结构游戏中对结构的动作感兴趣,没有特定的目的,只是无计划地摆弄结构元件。常常喜欢把结构元件垒高然后推倒,不断重复,从中体会乐趣。在成人的指导和示范下能初步完成作品。但由于幼儿手指力量不够,所拼插的作品牢固性差,拼插中对颜色选择较随意,对大型作品缺乏耐心,主题很不稳定。

指导要点:第一,引导幼儿认识结构材料,有意识地构造简单的物体给幼儿看,提供模仿的机会;带领小班幼儿参观中大班幼儿的建构活动,引起其对建构活动的兴趣。第二,为幼儿安排场地,准备足够数量的结构玩具。第三,在游戏中指导幼儿学习基本的构造技能,建构简单的物体。第四,建立结构游戏简单的规则,如爱护材料。第五,教给幼儿整理和保管玩具的简单方法,使幼儿学会参与、整理玩具,培养爱护玩具的习惯。

(2) 中班结构游戏的特点

中班幼儿目的比较明确:能初步了解结构游戏的计划;对操作过程有浓厚的兴趣,关心结构成果;能围绕结构材料开展游戏,会按主题进行构建,初步利用材料美化结构物;能独立地整理玩具。

指导要点:第一,丰富幼儿的生活经验,增加幼儿对事物结构造型方面的知识。第二,引导幼儿学习设计结构方案,有目的地选材,学会看简单的平面图进行构造。第三,可采用示范、讲解相结合的方法,也可用建议和启发的方法,指导幼儿掌握结构技能并会应用技能塑造物体。第四,鼓励幼儿独立地进行创造性的建构活动。第五,组织结构活动小组(3~4人)进行集体建构活动,引导幼儿共同讨论、制订方案,进行分工,友好合作开展活动。第六,组织幼儿评议结构成果,鼓励他们独立、主动地发表意见。

(3) 大班结构游戏的特点

大班幼儿结构游戏的目的性、计划性和持久性增强,建构内容丰富,使用材料增多,有一定独立构造能力;能合作选取丰富多样的材料,围绕主题大胆动手、尝试,灵活应用多种技能进行一定的设想规划,围绕主题进行较复杂的建构;希望自己的作品有新意,追求结构的逼真和完美。

指导要点:第一,丰富幼儿的结构造型知识和生活印象,引导幼儿为结构活动收集素材。第二,指导幼儿学习表现物体的细节和特征,准确表现游戏的构思和内容,使用结构材料和辅助材料美化构造物。第三,指导幼儿制订计划(包括协商确定主题,商量结构步骤及方法,如何分工合作等)。第四,重点指导幼儿掌握并应用新的技能,帮助他们实现自己的构思。第五,教育幼儿重视结构成果,欣赏自己及伙伴的作品,发展评价、分析自我以及别人的能力。第六,引导幼儿开展参加人数多、持续时间长的大型结构活动。在活动过程中,不断鼓励幼儿进行创造性思维并为他们提供材料,帮助他们克服困难。教师也可参与幼儿的活动,与他们共同完成结构任务。

(三)表演游戏的指导

1. 表演游戏的指导原则

表演游戏的指导原则包括:游戏性重于表演性,要确保所组织的活动是"游戏",而非单纯的表演;游戏性与表演性相结合,把二者融合为一体。

2. 组织和指导表演游戏的注意事项

(1) 协助幼儿选择表演游戏的主题

幼儿表演游戏的题材主要来自童话、故事、语言等文学作品,还可以来自电影、电视以及幼儿的生活经验。适于进行表演游戏的作品应具有如下特征:思想内容健康活泼,明显的表演性,起伏的情节,较多的对话。

(2) 创设适合表演的游戏环境,提供表演游戏的物质条件

表演的舞台和布景,以及服饰和道具应当简单大方、经济适用。可以充分利用现有的游戏材料,同时因地制宜地利用废旧物品进行设计和改造。教师要充分信任幼儿的能力,充分发挥幼儿的积极性、主动性、创造性。

(3) 指导幼儿分配角色

分配角色时,要尊重幼儿的选择。小班可由教师指定角色,或幼儿自选;对于中大班幼儿,应鼓励他们按照自己的意愿进行表演。

(4) 指导幼儿表演的技能,鼓励幼儿自然、生动地表演

指导幼儿表演技能的方法包括:引导幼儿观察、表现和交流;教师示范表演;教师与幼儿共同表演;利用幼儿的生活经验,对幼儿进行口头语言、歌唱表演、形体表演等

技能的训练；启发并尊重幼儿的创造性表演。

(5) 引导幼儿积累社会经验，提高表演水平

教师应注意在幼儿的日常生活、教育活动以及游戏活动中丰富幼儿的社会经验，不断提升幼儿表演游戏的水平。另外，教师可以观众身份，用提问、建议等方式指导幼儿顺利演出，并对幼儿演出加以评价，但是切莫变成"导演"。

3. 中、大班幼儿表演游戏的特点与指导要点

(1) 中班表演游戏的特点

中班幼儿可以自行分配角色，但角色更换意识不强。游戏的目的性、计划性差，以一般性表现为主，以动作为主要表现手段。

指导要点：教师应为中班幼儿提供适宜的游戏时间和空间，并注意材料的结构化程度。为幼儿准备封闭或半封闭的空间，这个空间最好在一定时间内是固定的，给幼儿认同感和安全感，保证幼儿有不少于30分钟的游戏时间。为中班幼儿提供的材料要简单易搭，以2~4种为宜。在游戏最初的开展阶段，教师要帮助幼儿做好分组工作，讲解角色更换原则。不要过多干预幼儿的游戏，不要急于示范，要耐心等待幼儿协商、讨论，提醒幼儿坚持游戏主题。在游戏展开阶段，教师应帮助幼儿提高角色表现意识，可以参与游戏，为幼儿提供适当的示范。

(2) 大班表演游戏的特点

大班幼儿能独立完成角色分配任务，有很强的角色更换意识；游戏的目的性、计划性较强，能自觉表现故事内容；具有一定的表演意识，但尚待提高；具备一定的表演技巧，能灵活运用多种表现手段，但表演水平尚待提高。

指导要点：教师可以为大班幼儿提供种类较多的游戏材料以鼓励和支持他们进行多样化探索。在游戏的最初阶段，教师除了提供时间、空间和基本材料外，应尽可能少地干预幼儿。随着游戏的展开，教师应及时为幼儿提供反馈，提高幼儿表现故事、塑造角色的能力。反馈重点是如何塑造角色。

(四) 智力游戏的指导

1. 智力游戏的组织与指导原则

智力游戏往往属于有规则的游戏，是在教师的指导下，需要完成一定智力任务的游戏。智力游戏的指导要点是：选择和编制合适的智力游戏；帮助幼儿形成规则意识；培养幼儿的游戏策略意识。

2. 各年龄段智力游戏的特点与指导要点

(1) 小班智力游戏的特点

小班幼儿玩的智力游戏比较简单。游戏任务容易理解，易于完成；游戏方法明确

具体;游戏规则要求低,通常只有一个规则;游戏趣味性大于实际操作性,启发性大于知识性。游戏中强调幼儿的兴趣及参与意识的培养,激发幼儿学习知识的愿望。

指导要点:第一,游戏所涉及的知识要适应小班幼儿的接受能力。第二,要选择规则简单、趣味性较强的游戏,对少数智商较高的幼儿,可以让他们玩一些难度较大的游戏。第三,教师应熟悉智力游戏的目的、难点、重点、规则和游戏中的相关知识,以发挥其开发智力的作用。

(2) 中班智力游戏的特点

中班幼儿玩的智力游戏有一定的难度。游戏任务知识性大于娱乐性,注重趣味性及幼儿实际操作能力的培养;游戏方法复杂多样;游戏规则带有更多控制性,要求相对提高。注重幼儿在完成游戏任务的同时,遵守规则,并在游戏中给幼儿一定的知识概念。

指导要点:第一,使幼儿在智力游戏中产生愉快的情绪,注意激发幼儿学习的积极性,努力完成任务的坚持性,以及思维的敏捷性和灵活性。第二,注意培养幼儿动手动脑的习惯,以发展幼儿智力为最终目的。第三,应考虑中班幼儿的生活经验与接受能力,难度适当,不能过难或过易,第四,在为幼儿选择智力游戏时,要循序渐进,由易到难,激发幼儿思考,鼓励幼儿积极参与智力游戏。

(3) 大班智力游戏的特点

大班幼儿玩的智力游戏综合性提高。知识性大于娱乐性,创造性增强;游戏任务较为复杂,有时一个游戏多项任务;游戏方法多且难度较大;游戏规则可以改变,幼儿可以在活动中通过协商制定新的规则。

指导要点:第一,在选择智力游戏内容时,应注意游戏本身的趣味性和吸引力,使幼儿愿意积极参加游戏。第二,智力游戏的内容应有一定的难度,幼儿通过动脑思考后完成游戏任务,以发展幼儿的智力。第三,组织智力游戏时,教师主要依靠语言讲解游戏,并要求幼儿独立开展游戏,培养幼儿独立思考的能力。教师对幼儿游戏的引导应多于指导。第四,幼儿在智力游戏活动中应遵守规则,同时允许幼儿制定新规则。

(五) 音乐游戏的指导

音乐游戏一般属于有规则的游戏是幼儿在音乐或歌曲的伴奏下进行的游戏。

1. 音乐游戏的指导原则

(1) "漫不经心的娱乐"原则

从幼儿身心特点出发,让幼儿在亲身参与和感受中体会音乐的魅力和内涵。

(2) "幼儿主体、教师引导"原则

首先,在了解幼儿的基础上,以促进幼儿的发展来设计游戏,确定游戏主题。其次,充分发挥幼儿的想象力,与他们共同设计音乐游戏。教师应细心地观察孩子的表现,使游戏活动更具指导性。教师要让幼儿享受到音乐游戏的快乐,而不是单纯地指导他们如何进行游戏。

（3）教师要以幼儿为主体,帮助幼儿建立规则意识

当幼儿没有兴趣继续进行游戏时,教师可以参与到游戏中去,通过一些示范活动与鼓励重新激发起幼儿游戏的兴趣。此外,教师还要在音乐游戏中扮演多种角色,灵活处理突发事件。

2. 音乐游戏的指导内容

（1）自娱性音乐游戏的指导

自娱性音乐游戏的特点是"自发性、趣味性、随机性",这决定了教师的指导应当少之又少,基本上只提供游戏材料,或者间接指导,尽量不干涉幼儿游戏。教师应创设丰富的音乐环境,提供自娱性音乐游戏的平台。

（2）教学性音乐游戏的指导

教师要通过选择合适的、有趣的内容,通过教师的感染力来激发幼儿游戏的兴趣。注重游戏过程中的音乐体验,给幼儿充分地表现自我的机会。

（六）体育游戏的指导

体育游戏一般也属于有规则的游戏。

1. 幼儿体育游戏的指导原则

第一,经常化原则,避免"三天打鱼,两天晒网"。第二,适量的运动负荷原则,通过合理安排及注意调节幼儿练习时身体和心理所承受的负荷量,保证幼儿在运动后取得超量恢复的最佳效果。第三,多样化原则,灵活运用多种途径、多种组织形式和方法进行体育活动。第四,全面发展原则,保证体育游戏既能促进幼儿身心发展,又能使身体各部位、各器官系统得到全面协调的发展。

2. 幼儿体育游戏常用指导方法

幼儿体育游戏常用指导方法包括:讲解法、示范法、练习法（重复练习法、条件练习法、完整练习法、分解练习法、循环练习法）、语言提示和具体帮助法、游戏法（比赛法、领做法、信号法）。

五、正确评价幼儿的游戏

一个成功的幼儿游戏应该具备以下几个条件:第一,幼儿能够按意愿选择玩具做游戏,幼儿在游戏中感到轻松、愉快,发挥了创造性;第二,幼儿游戏很认真,能克服困难,遵守游戏规则,不依赖他人独立游戏;第三,幼儿会正确使用玩具、爱护玩具、会收放玩具;第四,在游戏中对同伴友爱、谦让,能与同伴合作,愿意帮助别人、不妨碍别人;

第五,游戏内容健康,有益于幼儿的身心发展。

表6-3 幼儿游戏行为记录表

观察	兴趣（用"√"表示）			动作表现（用"√"表示）				持续时间（用"√"表示）			交往情况（用"√"表示）			独特表现（用文字记录）
	喜欢	一般	不喜欢	随意摆弄	会对个别材料进行	模仿游戏	能将经验进行迁移	较短	一般	较长	自己玩	看同伴玩	模仿同伴 争夺玩具	
记录														

六、使游戏成为幼儿园的基本活动

（一）重视幼儿游戏的自发性

创造性游戏属于幼儿的自发性游戏,它是指幼儿自己想出来并发起的游戏。这种游戏完全符合游戏的特点,最贴近游戏的本质,也是幼儿最喜爱玩的游戏。

创造性游戏除了具有上述特点以外,还特别有利于培养幼儿的自主性,独立性和创造性。幼儿只有有了一定的自主性,才可能成为自己活动的真正主体,才可能使以自主性为显著特征的游戏成为幼儿的基本活动。作为幼儿教师,应充分认识创造性游戏对幼儿的重要作用,应准许、支持并鼓励幼儿进行此类游戏。

（二）充分利用游戏组织幼儿园各类教育活动

为了达到幼儿园的保教目标,促进幼儿身心和谐发展,教师除让幼儿进行各种游戏活动以外,还要有目的、有计划、有系统地组织幼儿进行各种教育活动,如劳动、参观、上课等。为了既保证教育的计划性,又保证游戏成为幼儿的基本活动,教师必须充分利用游戏组织各类教育教学活动。

（三）满足幼儿对多种游戏的需要

幼儿对游戏的需要是多种多样的,他们想玩各种各样的游戏,加上幼儿之间存在着很大的个体差异,有的想玩角色游戏,有的想玩结构游戏,即使是同一种游戏,他们关注的重点、感兴趣的侧面也有差异。各种游戏之间并无好坏、高低之分,任何一种游戏都具有其自身独特的作用。所以,教师应为幼儿提供各种各样的游戏,注意到幼儿的个体差异,满足其需要。

本章小结

游戏是儿童自主自愿的、愉快的、充满想象和创造的活动,是虚构与现实统一的活动。各具特色的游戏理论加深了人们对游戏的理解。游戏种类的划分因其参照系不同,也存在着较大的差异。

儿童在游戏中学习和成长,游戏对儿童的身体、认知、创造力、情感、社会性的发展都具有重要的作用。教师应为儿童创设良好的游戏条件,包括为儿童提供充足的游戏时间、创设良好适宜的游戏环境(包括物质环境和精神环境),提出符合儿童年龄特点和阶段的教育目标,提供足够的材料等。教师要深入观察儿童的游戏,根据不同年龄阶段的儿童发展水平、不同类型游戏的特点以及儿童游戏的规律,科学地加以指导。在指导儿童游戏的过程中,教师要明确自己的角色定位,尊重儿童的主体性,注意激发、引导和培养儿童对游戏的兴趣,正确评价儿童的游戏,充实游戏的内容,提高游戏水平,以更好地发挥游戏在儿童发展中的促进作用。

思考与练习

1. 什么叫游戏?它有何特点?
2. 简述游戏的功能与意义。
3. 关于的游戏理论有哪些流派?
4. 简述游戏的分类。
5. 儿童的游戏需要哪些条件?
6. 教师在组织与指导儿童游戏的过程中必须注意哪些问题?
7. 简述中班"角色游戏"的指导策略。
8. 如何指导小班的"结构游戏"?
9. 简述大班"智力游戏"的特点及指导原则。

第七章　幼儿园课程与教学

学习目标

1. 理解幼儿园课程及其基本要素。
2. 掌握幼儿园课程的性质和特点。
3. 了解不同的幼儿园课程流派和理论模式及其特点。
4. 识记幼儿园教学的概念和特点。
5. 掌握幼儿园教学的原则。
6. 能够在教学中灵活地选择和运用教学方法。
7. 能够恰当地选择教学组织形式进行幼儿园教学。

本章知识结构图

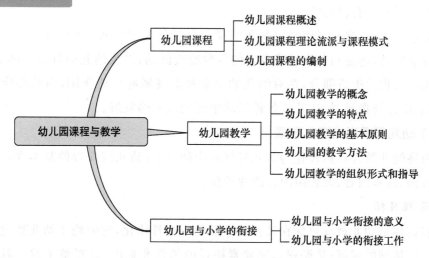

幼儿教师应有儿童发展意识，关注课程对幼儿的影响。随时能够对幼儿在教育活动中的表现作出判断：幼儿在干什么？他们正在以什么样的方式与环境、材料和同伴相互作用？我能做出什么有效的指导、鼓励与促进？

有了这种意识，在与幼儿一起玩耍的时候，就能随时发现有意义、有价值的教育契机，并采取积极有效的应对措施。

第一节 幼儿园课程

一、幼儿园课程概述

(一) 幼儿园课程的界定

长期以来,我国的幼儿园课程通常被理解为幼儿园所设的各种教学科目,主要是那些体现在课表上的较为固定的学科门类,如体育、语言、常识、计算、音乐、美术等,它强调的是系统知识的价值。

目前我国幼儿园课程主导的定义是活动论。即幼儿园课程是实现幼儿全面和谐发展的各种活动的总和。这里所谓的各种活动,也就是《幼儿园工作规程》里所说的"有目的、有计划地引导幼儿生动活泼、主动活动的多种形式的教育过程"。

它包括以下两层含义:① 学前教育课程是"学习经验"或"活动"。目前,我国的基础教育课程改革主要接受的是经验维度的课程观,即课程是指学生在学校教师的指导下的整个生活活动的总和。② 学前教育课程是有组织、有系统、有意义的。这也意味着学前教育课程是有目的的。

根据这一定义,我们可以知道幼儿园课程包括幼儿园所进行的一切活动,不论是专门的教学活动,还是幼儿自选或自发的各种游戏活动,以及幼儿的日常生活活动等,都是幼儿园课程的组成部分,都对幼儿的全面和谐发展起重要作用,因此都应该全面兼顾,精心设计与指导,使幼儿在各种活动中得到真正的发展。

(二) 幼儿园课程的基本要素

作为将幼儿教育目标转化为幼儿发展的中间环节,幼儿园课程的基本要素通常包括课程目标、课程内容、课程组织和课程评价。

1. 课程目标

课程目标是幼儿教育目标在教育教学过程中的具体化,它明确了幼儿通过该课程的学习应该达到的成就;是课程其他要素抉择的依据和标准,并对整个教育教学过程起导向作用。因此,课程目标在整个课程中具有统领作用。

2. 课程内容

课程内容是课程目标的载体,它是依据课程目标以及相应年龄阶段的幼儿身心发展的规律与特点而选定的幼儿能够学、应该学、适宜学的知识和经验,包括概念、方法、态度和技能的学习等。

3. 课程组织

课程组织是依据课程目标的要求,对课程实施的各种因素包括教育内容、活动方式、材料和环境、教师和幼儿的互动方式等加以编排、组合和平衡,以使课程的实施有序化、结构化和适宜化,从而产生最优的教育效应,最大化实现课程目标的工作。课程组织工作具体包括课程内容的组织,教育教学计划、学习材料及活动设计,环境的创设与布置,教育活动组织形式与指导方式的确定及时间和空间的安排等。

4. 课程评价

课程评价是以课程目标为标准,在课程实施过程中或某阶段终结时,对课程各要素的适宜性以及效果进行测量和评估,为教育行政部门鉴定课程方案提供决策依据,同时也为课程实践者完善课程、提高课程的适宜性提供调整信息。

一套完整的课程方案是由课程目标、课程内容、课程组织、课程评价这四个基本要素构成的整体。在课程实践过程中,这四个基本要素相互作用、相互制约并相互调节,缺一不可,从而使课程处于循环的动态发展过程之中。

(三) 幼儿园课程的性质和特点

幼儿园是对处于3~6岁年龄阶段的幼儿进行教育的机构。幼儿园的课程设置应该充分体现幼儿教育的特点,反映幼儿学习和发展的规律,让幼儿真正享有幼儿的生活,拥有快乐的童年,并为其将来的发展打下基础。因此,幼儿园课程不是以系统地传授知识为中心,而是以充分发展幼儿体、智、德、美诸方面的潜能,使其身心得到全面和谐发展为目的,为培养社会所需要的建设者和接班人奠定基础。

1. 幼儿园课程的性质

(1) 基础性

幼儿园课程的基础性可以从教育体制和人的发展这两个角度来认识。从教育体制的角度来看,幼儿园教育是学制的最初环节。《幼儿园教育指导纲要(试行)》指出:"幼儿园教育是基础教育的重要组成部分,是学校教育和终身教育的奠基阶段。"幼儿园教育在整个教育体系中的位置,决定了幼儿园课程在整个课程体系中的位置——是整个基础教育乃至学校教育课程体系的基石。

从人的发展的角度来看,幼儿园课程的对象是3~6岁的幼儿,正处于人生发展的起始阶段。在这个时期,他们的身体迅速发育,心智逐渐萌发,个性开始形成,这一阶段所获得的学习经验不仅影响幼儿当时的发展,更会影响幼儿今后乃至一生的发展。因而为幼儿提供学习经验的幼儿园课程,其基础性是显而易见的。

(2) 非义务性

幼儿园课程虽然是基础性课程,但由于目前的学前教育仍属于非义务性质,因此幼儿园课程也具有非义务性。也就是说,幼儿园课程不是所有适龄幼儿都必须学习和完成的"任务",不具有强制性和普遍性。幼儿园教育以及幼儿园课程的非义务性,使得幼儿园课程在课程思想和理念、课程目标、课程内容、课程组织等各方面都具有很大的灵活性。虽然这种灵活性不是随心所欲的,而是以国家有关的教育政策为指导,以幼儿学习发展的规律为依据的,但毕竟给教师和其他课程工作者留出了巨大的创造空间。

(3) 启蒙性

学前阶段是人生的启蒙阶段。这个年龄阶段的幼儿,身体发育迅速,好奇好问,表现出强烈的求知欲望,这些都为他们探索周围奇妙的世界提供了基本的条件。但是对于这个神秘且复杂的世界,幼儿毕竟是懵懂的,因此一个睿智的引导者是不可或缺的。幼儿园教育应该成为这样的引导者,幼儿园课程也就自然担负起启蒙的任务——开启幼儿的智慧与心灵,培养他们优良的个性品质。幼儿园课程的启蒙性意味着在课程实施的过程中不宜追求过高的目标,尤其不应追求过高的认知目标。

2. 幼儿园课程的特点

与中小学课程相比较,幼儿园课程从内容到形式上都有着较大的区别,这是由不同教育阶段的教育任务与目标以及不同年龄阶段儿童身心发展的规律与特点决定的。

(1) 幼儿园的课程融合于幼儿一日生活之中

幼儿时期处于人生的早期,各方面知识和能力比较缺乏。对于幼儿来说,他们除了认识周围世界、启迪其心智的学习内容以外,还需要学习一些基本的生活和"做人"所需要的基本态度和能力,如卫生习惯、生活自理能力、交往能力等。但是,如此广泛且实践性很强的学习内容不可能仅仅依靠教师设计、组织的教育教学活动来完成,也难以通过口耳相传的方式来实现,儿童只能在生活中学习生活,在交往中学习交往。即使是认知方面的学习,也要紧密结合幼儿的生活经验,才能被幼儿理解和接受。因此幼儿园课程具有浓厚的生活化的特征——课程的内容来自幼儿的生活,课程的实施则贯穿于幼儿的每日生活之中。幼儿的生活就是幼儿的教育,幼儿的教育就是幼儿的生活。

(2) 幼儿园课程的组织以幼儿的直接经验为基础

幼儿主要是通过感官来认识周围世界的,他们的思维方式具体、形象,因此他们必须通过感官确切地接触到事物并操作它们,才会比较容易真正理解。幼儿的这种具有行动性和形象性的认知方式和认知特点,要求幼儿园在组织和实施课程时应注意给幼儿创设多种多样的活动情景,提供丰富的玩具、材料,通过幼儿与材料之间的相互作用,与同伴、教师之间的互动,以及幼儿自身的操作、探索,使幼儿认识事物之间的关系,理解一些抽象的概念、符号,直至掌握一些粗浅的知识和科学原理。

(3) 游戏是幼儿园课程实施的基本形式

游戏最符合幼儿的年龄特征,最能够满足幼儿的各种身心需要,是幼儿园的基本教育活动,自然也是幼儿园课程实施的基本形式。幼儿园主要是通过游戏对幼儿进行全面发展教育的,所以,游戏在幼儿园课程当中居于非常重要的位置。

二、幼儿园课程理论流派与课程模式

我国学前教育课程的改革和发展,一方面需要植根于本民族的丰厚土壤,立足国情,充分研究和继承我国教育史上宝贵的学前教育课程理论与思想;另一方面,也需要放眼世界,努力从世界各国丰富的学前教育课程理论与思想宝库中汲取营养。只有这样,我国的学前教育课程才可能既具有民族性,又具有国际性。

(一) 陈鹤琴的五指活动课程

陈鹤琴先生是我国幼儿园课程改革的先驱,20世纪二三十年代他曾参与了我国学前教育发展史上第一个幼儿园课程标准的制定,他的五指活动课程对我国学前教育的发展有着重要的影响。

所谓五指活动课程,是指该课程由五方面内容组成,而这些内容又是以一种整体的、相互贯通的方式组织起来的,就好像人的手,虽有五指之分,但彼此相互联系,共存于一个手掌。

1. 课程目标

五指活动课程主要解决"做怎样的人"的问题。根据学前儿童身心发展的特点,陈鹤琴确定了以下几点课程目标。做人:有合作的精神、同情心和服务的精神;身体:有健康的体格、卫生习惯和相当的运动技能;智力:有研究的态度、充分的知识和表意的能力;情绪——能欣赏自然和艺术美,快乐,不惧怕。

2. 课程内容

陈鹤琴先生认为课程内容应该具有整体性,以促进学前儿童整体地有机发展。他以人的五个连为一体的手指作比喻,创造性地提出了"五指活动课程"理论。他认为,五指活动包括以下五个方面。

(1) 健康活动。指饮食、睡眠、早操、游戏、户外活动、散步等。

(2) 社会活动。包括朝夕会、周会、纪念日、集会、每天的谈话、政治常识等。

(3) 科学活动。包括栽培植物、饲养动物、研究自然、认识环境等。

(4) 艺术活动。包括音乐(唱歌、节奏、欣赏)、图画、手工等。

(5) 语文活动。包括故事、儿歌、谜语、读法等。

这五个方面是相互联系的,对幼儿的发展来说是缺一不可的,就像人的五个手指,共同构成了具有整体功能的手掌。学前教育课程的全部内容就包括在这五指活动之中。陈鹤琴的"五指活动课程"基本上属于我们今天的"领域课程"。

3. 课程的组织和实施

陈鹤琴先生通过对学前儿童心理和教育的长期研究,提出了适合学前儿童发展的课程组织法,即"整个教学法"。

所谓的"整个教学法""就是把儿童所应该学习的东西整个地、有系统地去教儿童学。"[①]他主张从幼儿周围的自然环境与社会环境中选择儿童感兴趣且又适合幼儿学的物和事作为"主题",组织、融合儿童的科学、社会、语文、艺术、健康活动,从而使这些活动成为一个相互联系的整体。

而在课程的实施过程中,陈鹤琴先生主张采用游戏化和小团体式的教学法教导儿童。因为游戏是学前儿童最喜欢的活动,儿童在游戏中、活动中学习,能达到事半功倍的效果。而小团体式教学可以照顾到儿童的个别差异,使处于不同发展水平的儿童在相互作用中都获得进步。

4. 课程编制的原则与方法

陈鹤琴先生提出了适合我国国情的幼儿园课程编制应遵循的十大原则以及三种课程编制的具体方法。

(1) 十大原则

课程的民族性、课程的科学性、课程的大众性、课程的儿童性、课程的即连续发展性、课程的现实性、课程的适合性、课程的教育性、课程的陶冶性、课程的言语性。

(2) 三种具体的课程编制方法:圆周法、直进法和混合法

"适合中国国情""适合幼儿身心发展特点"是陈鹤琴先生创建五指活动课程的两大基本原则。在今天,这两大原则对幼儿教育课程改革和编制仍有重大的启示和指导意义。

(二) 蒙台梭利教育法

蒙台梭利是20世纪一位意大利著名的幼儿教育家。早年,作为一名医生,她专注于智障儿童的学习与发展,为他们设计出一套训练的方案并获得了巨大的成功;后期,她将进一步完善了的方案运用于正常儿童,逐渐形成了一套比较完善的教育理念和幼儿教育方法。

1. 教育目标

直接的目的是帮助儿童形成健全人格,最终的目的是建设理想的和平社会。蒙台

[①] 唐淑.中国学前教育史[M].北京:人民教育出版社,1993:279.

梭利认为这两个目的是相互关联、不可分割的。

2. 教育内容

蒙台梭利研究设计了五大领域的教育内容：

① 日常生活练习。从事生活的初步动作练习（如坐、走、站及抓握等）；照顾自己的动作练习；管理家务的工作等。

② 感觉教育。主要包括视觉、听觉、触觉、味觉和嗅觉练习五大类。

③ 语言教育。主要包括读写方面的教育。

④ 数学教育。包括的内容范围比较广泛，主要有感知集合、数、形、量、时间和空间等几个方面。

⑤ 文化科学教育。主要包括简单的历史、地理、动物、植物等几个方面。

3. 蒙台梭利教育的方法

蒙台梭利教育的方法包括三个要素：

① 有准备的环境。这是蒙台梭利教育方案的基础，要求符合以下条件：秩序、自由、真实与自然、美感与安全。

② 教师。蒙台梭利强调教师对儿童发展的引导作用，认为教师应担任以下几种角色：环境的提供者、示范者、观察者、支持者和资源者。

③ 教具。其中感官训练教具最有特色。感官训练教具有刺激的孤立性、操作的顺序性、工作的趣味性、教育的自动性等特点。

蒙台梭利教育方案重视幼儿的内在需要，强调借助于能满足此内在需要的环境与活动，来促进幼儿的自我发展，这是有积极意义的。但蒙台梭利教育方案毕竟脱胎于智障儿童的训练方案，再加上时代的限制，不可避免地存在一些局限性。

（三）学前知识系统化教学

以乌索娃(1893—1965)、查包洛塞兹(1905—1981)为代表的苏联学者在维果茨基的高级心理机能理论和文化历史发展观的影响下，经过多年的努力探索，逐渐形成了颇具特色的幼儿园课程理论与实践——"学前知识系统化教学"，其精髓是在幼儿已有的直接经验的基础上，对幼儿的经验进行扩展和提升，使之系统化。

1. 教育目标

强调培养"个性全面和谐发展，能符合新社会的发展要求，有创造性，并且具有一系列对今后整个生活有重大意义的优良品质的儿童"。

2. 教育内容

教育内容包括儿童生活的组织与教育、节日和娱乐、作业教学三部分。

3. 课程的组织与实施

幼儿园活动的类型主要分成"日常生活活动"（包括进餐、洗漱、散步、游戏等）和

"作业"两大类。日常生活中的教学自然而然地丰富着儿童的经验,为作业教学提供认识的基础;而作业教学则扩展儿童的生活经验,使之系统化、概括化,二者相得益彰,共同促进儿童认识能力的发展。这两类活动各有相应的大纲:儿童日常生活的组织与教育大纲和作业教学大纲。两者既有区别又有联系。

4. 教育评价

对儿童发展评价强调在教学过程中进行,很少采用西方的智力测验。苏联教育家认为智力测验测出的是儿童的已有水平,而对教学来说最重要的是测出幼儿的发展潜力,这就必须通过教师在教育教学过程中采取观察、情景测验、作品分析等多种方法来考量了。

学前知识系统化教学理论有过于严格地按照统一的大纲进行工作,束缚教师的主动性和创造精神的倾向,但它的基本观点和一些应用性研究仍是有科学性和严谨性的,是值得借鉴的。

(四)认知主义的幼儿园课程

自20世纪60年代起,皮亚杰的认知发展理论引起了学前教育领域的一场革命性运动。西方各国纷纷"引进"皮亚杰的思想,产生了一些专门的"皮亚杰课程模式"。其中比较有代表性的是"凯米-德芙里斯课程"和"海恩/斯科普(high/scope)课程方案"。

1. 凯米-德芙里斯课程

凯米-德芙里斯课程方案虽然定型较晚,但被认为是比较"纯粹""正统"的,而且是唯一被皮亚杰本人所承认的课程模式。

(1)课程目标

凯米认为,幼儿教育的最终目标是儿童的发展。因此,她把课程目标分为长期和近期两种:长期目标是发展儿童的"自律或自主性",培养未来的具有批判性、创造性思考能力、不盲从既成的权威和价值的人;近期目标则分为认知和社会性/情感两大部分。

(2)课程内容

由日常生活、传统活动和来自皮亚杰理论启示的活动三部分组成。

(3)课程组织与实施

凯米课程的教学活动形式主要包括独自操作物体的活动、群体讨论、小组规则游戏、实验。

2. 海恩/斯科普课程(高瞻课程)方案

海恩/斯科普(High/Scope)课程方案是由美国儿童心理学家戴维·韦卡特创立的

海恩/斯科普教育研究机构研制的。与凯米课程一起,该课程方案被称为最有影响的皮亚杰式早期教育方案。这一方案还被认为是皮亚杰式课程中最重视教师作用的一种。

(1)课程目标

初期,这一课程方案最主要的目的是有效地促进儿童认知能力的发展,为其今后的学习成功奠定基础。后期,则强调以儿童的主动学习为中心,促使儿童的认知、情感、社会性的协调发展。

(2)课程内容

主要是围绕着关键经验所设计的各种类型的活动。采用了"开放教育"的做法,即围绕关键经验设计各个"兴趣区"或"活动区"。

(3)课程的组织与实施

海恩/斯科普的课程由兴趣区(自选)活动、小组活动、集体活动等形式组成。活动区活动是幼儿自主活动的过程。小组活动是5~8名幼儿一起完成教师预先计划好的活动。集体活动则是全班幼儿在同一时间从事同样的活动,以培养他们的集体归属感,提供学习交流和表达自己的思想,尝试和模仿别人的想法的机会,以及观察、了解同伴和自我的机会。

这些皮亚杰式的学前课程,其共同特点是:高度重视儿童在学习过程中的主动性;强调活动与游戏的教育价值;尊重儿童发展的年龄特征和个别差异。

(五)瑞吉欧教育体系

瑞吉欧·艾米里亚(Reggio Emilia)是一座意大利北部小城,20世纪60年代以来,该市在马拉古兹的发起和领导下,依靠政府、社区民众的大力支持,经过专业人员数十年的艰苦努力,继蒙台梭利之后,又推出了一个颇具特色的、具有世界影响的幼儿教育体系,即瑞吉欧教育体系。

1. 课程目标

瑞吉欧虽然没有明确地表达过其教育目标,但从其具体内容来看其所追求的目的是儿童愉快、幸福、健康地成长。其中,主动性、创造性又被视为这些目标的前提与核心。

2. 课程内容

瑞吉欧没有明确规定的课程内容,更没有固定的教材或预先设计好了的教育活动方案。课程内容来自周围环境,来自儿童生活中感兴趣的事物、现象和问题,来自他们的各种活动。

3. 课程的组织与实施

瑞吉欧的课程与教学主要是以项目工作或项目活动的方式展开的。项目活动是瑞吉欧教育方案的灵魂和核心。

所谓项目活动即一种课程组织形式：儿童在教师的支持、帮助和引导下，像研究人员一样，围绕某个大家感兴趣的生活中的课题或认识中的问题进行研究与探讨，在共同的研究探讨中发现知识、理解意义、建构认识。它主要采取小组活动的方式，有时也有个人或全班集体的活动。整个活动过程，主要依靠儿童和教师双方的互动、交流与智慧的碰撞。

瑞吉欧的课程模式符合当今社会对人的主体性和创造性的要求，符合当前世界学前教育改革与发展的新趋势，所以受到各国学前教育界的欢迎。

三、幼儿园课程的编制

（一）幼儿园课程编制模式

幼儿园课程的编制是包括幼儿园课程目标的确定、课程内容的选择、教育活动的组织以及课程评价的实施在内的整个过程。在课程编制的过程中，不同的课程模式会导致课程的编制以不同的方式展开。在各种课程编制模式中，目标模式和过程模式对幼儿园课程的编制产生的影响较大。

1. 目标模式

目标模式的创始人是博比特等人，他们在20世纪初开始进行课程研究，后来经由泰勒等人的继承和发展以及布鲁姆等教育家的应用，目标模式不断完善并产生了广泛的影响。

目标模式的理论基础是杜威的实用主义哲学思想和行为主义心理学。该模式强调课程目标的制订，强调课程目标的层层分解并落实于具体的教育活动，强调根据课程目标是否落实和达成来评价教育的结果。

2. 过程模式

过程模式产生于20世纪中叶，代表人物是英国课程理论家斯坦豪斯。

过程模式的理论基础是现代儿童发展心理学和认知心理学理论。过程模式淡化课程目标的预设，强调儿童活动的过程；淡化教师在教育活动组织中的计划性和控制性，强调根据儿童的兴趣和需要组织活动，尊重儿童的选择和创造；淡化根据客观标准对幼儿园教育进行评价，强调过程性评价，强调教师自我在教育评价中的作用。

斯坦豪斯并非绝对反对目标，但是，他所提出的过程模式的目标与目标模式的目标有着本质的区别。过程模式的目标只是总体教育过程的一般性的、宽泛的目标，这些目标是非行为性的，只是使教师明确教育过程中内在的价值标准及总体要求，而不是课程实施后的某些预期结果,也不构成评价的主要依据。

目标模式与过程模式分别强调的是预设与生成,在幼儿园课程编制的实践中,二者不可偏废,要注意吸取这两种课程模式各自的长处,在它们之间建立起一种互补关系。

(二)幼儿园课程目标

由于对儿童发展、社会需求和知识的性质以及这三者之间关系的理解不同,因此人们在确定课程目标时存在着不同的价值取向。在幼儿园课程中,较为常见的目标取向有行为目标、生成性目标和表现性目标等。

1. 幼儿园课程目标的取向及其表述

(1) 行为目标

行为目标是以儿童具体的、可被观察的行为表述的课程目标,它指向的是实施课程以后在儿童身上所发生的行为变化。

行为目标在课程领域中的确立始于博比特,后经泰勒、布鲁姆等人的继承和发展,形成了"行为目标运动",尤以布鲁姆在教育领域建立的"教育目标分类"影响最显著。

行为目标的特点具有较强的客观性和可操作性。具体在幼儿园课程编制中,课程编制者常根据自己对于儿童发展和学习的理解而将课程划分成为若干个领域(或学科)例如社会学习、语言、数学、艺术、科学等。然后,再将每一个领域(或学科)逐级划分成若干个方面,例如,将艺术划分为音乐、美术、舞蹈和戏剧;将音乐划分成唱歌、律动和器乐等。然后,在每一个方面再逐级地罗列出详细的、可操作的行为目标。

(2) 生成性目标

生成性目标是指在教育情境中随着教育过程的展开而自然生成的课程目标。

生成性目标这一取向可以追溯到杜威。斯坦豪斯明确指出课程不应以事先规定的目标为中心,而要以过程为中心,要以儿童在教室内的表现为基础而展开,强调在儿童、教师与教育情境的交互作用过程中产生课程的目标。所以,生成性目标最基本的特征就是过程性。

20世纪以来,生成性目标取向在西方发达国家的早期儿童教育课程中被广泛采用。海恩/斯科普课程,只是列出了数十条关键经验作为教师在组织和实施教育过程中的提示,而没有设置特定的课程目标,这样做的目的就在于把教师从对工作手册和工作程序表的依赖中解脱出来,在教育过程中更好地发挥师幼双方的主动性和积极性。

(3) 表现性目标

表现性目标是指每一个儿童在与具体教育情境的种种"际遇"(encounter)中所产生的个性化表现。表现性目标多被运用于艺术领域中,它强调的是个性化。

表现性目标是艾斯纳(E. W. Eisner)提出的一种目标取向。艾斯纳在他的研究中发现,当儿童的主体性得到充分发挥,儿童在充分表现个性化自我的时候,在具体教育情境中的具体行为表现及所学到的东西是无法准确预知的,尤其是在艺术领域中,预定的行为目标并不适用,因此,他提出了表现性目标作为补充。表现性目标所追求的不是儿童反应的同质性,而是多元性。"一个表现性目标既向教师,也向儿童发出了请帖,邀请他们探索、追随或集中争论他们特别感兴趣或对他们特别重要的问题。一种表现性目标是唤起性的,而非规定性的。"①

2. 各种课程目标取向在幼儿园课程中的互补

各种课程目标取向各有其长处,也各有其短处。应该说,从行为目标取向发展到生成性目标取向,再发展到表现性目标取向,体现了课程发展对人的主体价值和个性解放的追求,反映了时代精神的发展方向。但是,这并非意味着后者可以取代前者,每一种目标取向都有其存在的价值。在幼儿园课程的编制中,应兼容并蓄各种课程目标取向,以每种课程目标取向的长处,弥补他种课程目标取向的短处,为达成学前教育的目标服务。

(三) 幼儿园课程内容的选择与组织

幼儿园课程内容是实现幼儿园课程目标的手段,对于教师和儿童而言,主要解决的是"教什么"和"学什么"的问题。幼儿园课程内容与幼儿园课程目标相符的程度是与幼儿园课程设计者所持有的价值取向能否得以实现有着直接联系的。

1. 幼儿园课程内容的取向

由于课程目标的取向不同和对课程内容的理解不同,因而在选择课程内容时存在着三种不同的取向。对课程内容取向的不同思考,直接影响着课程内容的选择和组织。

(1) 课程内容即教材

课程内容即教材的取向,将课程内容看做是预设的东西,规定了教师应该教什么,儿童应该学什么,其长处在于知识和技能的系统性和可操作性强,使教师在教育教学过程中有据可依。但是,这一取向使课程内容成为课程编制者规定儿童必须接受的东西,而不一定是儿童需要的和感兴趣的东西。

---

① [美]艾斯纳.教育想象——学校课程设计与评价[M].李雁冰,译.北京:教育科学出版社,2008:113.

(2) **课程内容即学习活动**

将课程内容看成是学习活动的取向,其关注点放在儿童做些什么方面,强调课程与社会生活的联系,强调儿童在学习中的主动性。例如,我国教育家陈鹤琴提出的活教育的三大目标,其中"做中学、做中教、做中求进步""大自然、大社会都是活教材",反映的就是这种取向。

课程内容即学习活动的取向关注了儿童的活动,但是,由于儿童发展水平的个体差异,即使是同样的活动,对于不同的儿童而言,所获得的意义可能是完全不相同的。课程内容的这种取向没有从根本上反映出儿童学习的这一本质。

(3) **课程内容即学习经验**

课程内容即学习经验的取向把课程内容看成是儿童的学习经验,认定儿童是主动的学习者,决定学习的质和量的主要方面是儿童而不是教材,即儿童是否能够真正理解和获得课程内容,主要取决于儿童已有的心理结构,取决于儿童与环境之间的有意义的交互作用。根据这种取向,知识是儿童自己"学"会的,而不是教师"教"会的;课程内容应由儿童决定,而不是由学科专家支配。

对课程内容持这种取向,会使课程编制者关注幼儿园环境的创设,关注儿童学习经验的获得。

课程内容即学习经验的取向将儿童在学习过程中所获得的经验作为选择和组织课程内容的出发点,这种看法有其深刻的理由,但是,儿童的经验主要还是儿童自己的心理体验,这是一种主观的东西,课程编制者和教师都难以把握,以此作为课程编制的依据容易使课程内容过分泛化。

尽管课程内容的这些不同取向对课程内容的关注点各不相同,甚至存在着冲突,但是,在课程编制中可以相互兼容,取长补短,根据课程编制者的教育价值观,在学科知识、学习活动和学习经验之间取得平衡。

2. **幼儿园课程内容的组织**

幼儿园课程内容的组织是指对课程内容进行组合,使之形成一定的结构。不同的课程组织方式背后隐含着不同的课程理念,并在教育教学活动中体现出不同的倾向。

课程内容组织方式主要有三种,即分科课程、核心课程和活动课程。

(1) **分科课程**

分科课程是以科目为单位对课程内容进行组织的一种方式。这种方式有利于幼儿获得系统的知识,但由于科目分化容易造成忽视各科目间的联系以及组织教育教学活动时忽视幼儿的生活经验和兴趣。过去,我国幼儿园课程普遍采用分学科(如语言、数学、常识、音乐、美术、体育等)组织的方式。

(2) 核心课程

核心课程又称生活中心课程或单元课程,是指在一定时期内,幼儿的学习有一个中心,所有学习活动都围绕着这个中心来进行,这个中心即"核心"。在幼儿园,核心课程通常是从幼儿能接触到的自然、社会现象中,选取其中的重要课题为中心组织课程内容,其他科目则环绕它与之搭配,如"主题综合课程"。核心课程有利于幼儿获得完整的生活经验,但不利于幼儿掌握系统的知识。

 知识小卡片 7-1

幼儿园的主题活动

主题活动是指围绕着贴近儿童生活的某一中心内容即主题作为组织课程内容的主线来组织教育教学活动。它打破学科领域的界限,根据主题的核心内容,确定主题展开的基本线索,再围绕这些基本线索,确定主题的具体内容,并创设相关的教育环境,组织开展一系列教育教学活动。主题活动强调,儿童生活中的世界是以具体的事物为主,儿童所接触的事物通常涉及多个学科领域,他们需要的是对事物有一个较为全面的、整体的、生活化的认识。所以主题活动所涉及的范围和学科领域很宽泛,教师要充分调动儿童群体、教师群体、幼儿园、家庭及社区等多方面资源创设儿童的学习环境,为主题服务;教师要会发掘与整合教育资源,设计活动方案;在实施时还要关注儿童的学习活动情况,调整活动方案,使主题深化,使儿童获得与主题中心内容相联系的较为完整的经验。

主题活动的特点包括以下几个方面:

(一) 知识的横向联系

主题活动打破了学科领域之间的界限,将各个方面的学习有机地联系起来,这样儿童所获得的经验是完整的。因为主题活动的中心是儿童生活中的一个具体的问题和事件,如水果、超市、蝴蝶、食物等,这些事物通常很自然地包含着多个学科领域。从儿童的角度,儿童也需要对问题有一个较整体的、生活化的认识,而不是虽然精深但却相互割裂的认识。就拿儿童认识"水"来说,主题活动可能会给幼儿有关"水的溶解""水的三态""水的保护""水和健康的关系"等多方面的经验,但是这些经验不是精深专业性的,即不是让幼儿知道水的分子组成、水的电解、水和其他物质的化学反应等,而是与幼儿生活相联系的可感知的、浅显的。如水是无色的、会流动的,人、动物、植物都离不开水,水有很多用处,要节约用水等,涉及水的形态、特点、作用,人类与水的关系、生态环境等方面,开展关于水的主题活动,从而逐步过渡到科学、语言、社会、健康等领域的教育。

(二) 整合各种教育资源

主题活动往往整合幼儿园内外各种与教育内容紧密相关的资源。幼儿园、家庭及社区中有许多丰富的教育资源,都需要充分运用到主题活动中。如主题活动"冬天到了"就有许多活动是要整合家庭资源的;如"亲子活动——远足""多喝水"等;也整合了一些社区的资源,如去公园看冬天的落叶、去博物馆看树叶标本等。

(三) 生活化、游戏化的学习

主题活动涉及面广,多与儿童的生活相联系。主题活动中的许多活动都具有探索性,儿童感兴趣,往往边游戏边探索。如主题"神奇的水"中,"观察植物生长""多喝水""雨水"等都是和幼儿生活密切相关的,"玩水球""会航行的船""会变颜色的水"等都是儿童十分喜爱的游戏,儿童在游戏中会获得丰富的知识经验。

(四) 富有弹性的计划

主题活动是建立在对儿童已有经验和活动过程的学习状况有充分了解的基本上展开的。主题活动的方案是富有弹性的。如在小班主题活动"我长大了"中的"生日晚会"活动计划本来是在本班开展的,但是教师在活动之前发现小班的幼儿很喜欢和大班幼儿一起玩。于是,教师临时调整计划,和大班的教师商议:两个班合作开展这项活动,通过这样的混龄活动,促进了小班幼儿和大班幼儿的交往,大班幼儿帮助小班幼儿,小班幼儿又让大班幼儿体验到长大后的自豪。

(五) 需要刻意遵循儿童"前学科"知识经验的建构规律

为了克服学前教育传统学科课程中学习内容割裂及重复的现象,主题活动以贴近儿童生活的某一中心内容作为组织课程内容的主线来组织教育教学的活动。这样较充分体现了儿童学习的整体性,但却打乱各学科领域知识体系,难以有序地组织儿童不同经验体系,这样易于失去领域知识经验体系的教育价值。现实中就有教师只注意主题活动中的综合,却不注意儿童的经验体系不同,其学习方式、规律和教育规律组织和开展教育教学活动,导致出现幼儿基本的美术表现技能、语言表达技能、基本动作能力下降的现象。

> 由此可见,尽管学前儿童尚只在表象、初级概念的经验层上建构知识经验体系,但他们的学习确实存在不同的领域,而这些不同领域的学习规律、教育规律也是不同的。因此,主题活动也无法回避特定领域教育的规律性这一问题,要使主题活动发挥对儿童发展的更大价值,就应该遵循儿童"前学科"知识经验的建构规律,既保证儿童前后学习经验间的联系,又增强了儿童学习经验的横向联系与整合。

（3）活动课程

活动课程又称经验课程,在课程内容组织方面,它强调以幼儿的活动为中心,以幼儿的兴趣、需要和能力为课程内容组织的起点,重视依据幼儿的兴趣、需要和能力的变化不断调整和组织课程内容,如"方案教学""探索性主题课程"等。这种方式有利于幼儿个人的直接经验的发展,但通常容易忽视学习内容本身的知识体系以及传统文化的价值。

上述三种课程,其内容的组织方式各有利弊。无论选择哪种方式,都应在充分发挥该方式的优势的基础上尽量克服其可能的缺点,并吸取其他方式在各个方面的优点。

（四）幼儿园课程的评价

课程评价是对课程的价值做出判断的过程。幼儿园课程评价是针对幼儿园课程的特点和组成成分,分析和判断幼儿园课程的价值的过程,即评估由于幼儿园课程的影响所引起的变化的数量和程度。

幼儿园课程评价一般包括三个方面:一是对课程方案本身的评价;二是对课程实施过程的评价;三是对课程效果的评价。幼儿园课程评价总的原则是评价应有利于发挥教师、园长及课程决策人员改进课程的主动性、积极性和研究精神。具体表现在以下几方面。

1. 评价应有利于改进与发展课程

评价主要是为了发现问题、解决问题,因此,幼儿园课程评价要侧重于发挥诊断与改进课程与教学的作用,不适合把评价只作为对教师工作或幼儿发展的鉴定手段。

2. 评价应发挥教师的主体性

教师是课程的执行者和教学活动的设计与组织者,任何评价所提出的改进措施或建议,都要通过教师的活动才能得到落实。因此评价过程中要尊重教师的主体地位,使教师自觉地对活动过程进行分析和评价,或自觉地接受外来评价者对自己的工作的评价。

3. 评价要有利于幼儿的发展

教育的最终目的是促进儿童的发展,因此课程评价中应注意把"对幼儿的发展是适宜的""有效促进幼儿的发展"作为根本标准。

 知识小卡片 7-2

光谱方案①

光谱方案是由哈佛大学的加德纳教授(Howard Gardner)和塔伏茨大学的费尔德曼教授(David Henry Feldman)带领哈佛大学零岁方案和培伏汉大学的合作研究小组合作完成的,该项研究前后持续了 10 年(1984—1993 年)。光谱方案的理论基础是加德纳(H. Gardner)的多元智力理论和费尔德曼(D. Feldman)的非普遍性理论。这两大理论都看到了儿童在智力上的多样性,都认为儿童具有独特性,应该相应地给儿童提供多种发展的空间和机会,使每一个儿童都有机会发挥和实现自己的潜能。

"光谱"的原意是"系列、范围",这里是相对于人的多种智力表现和多种学习方式而言的。该方案的研究者认为之所以选择"光谱"作为该方案的题目,"是想说明,每一个儿童的智力、风格和倾向性有很多种,就像光谱一样。我们希望提高教师、家长以及儿童自身的意识,使他们认识到只要以更宽泛的眼光来看待能力,潜力就会有很多表现机会"。光谱方案主张发展出一种更为人道、宽泛的课程和评估方案,能够给儿童提供各种活动材料,支持儿童以各种方式开展学习,发现并发展儿童的强项,力争使所有儿童都能够以最佳的方式进步。

加德纳的多元智力理论明确了七大智力领域:语言、数理逻辑、空间、音乐、身体动觉、自知自省和交流交往,而非普遍性理论则确认了人类对非普遍性领域的追求,基于这两种理论光谱方案确定了八大课程领域:机械和建构、科学、音乐、运动、数学、社会理解、语言、视觉艺术活动,以及八大评估领域:运动、语言、数学、科学、社会理解力、视觉艺术、音乐、工作风格。

光谱方案活动主要分四个步骤:(1)让儿童见识或接触广泛的学习领域;(2)在丰富的学习环境中发现儿童的强项;(3)发展儿童的强项;(4)把强项

---

① 王春华.光谱方案述评——看实践中的多元智力理论[M].长沙:学前教育研究,2001.6.

迁移到其他领域和学业表现中去。

从目前的教育实践来看,光谱方案采取的主要活动形式有:在教室里设立学习中心、与社区如儿童博物馆联合、实行导师制等。

光谱方案的特点主要表现在以下方面。

1. 课程和评估相结合。这既有利于教师设计相应的活动又有利于教师根据这些关键技能来对孩子进行评估。例如以学习中心而言,一般每一个光谱教室会开设8个学习中心,包括语言、数学、自然科学、机械和建构、艺术、社会理解力、音乐和运动等,而这些学习中心是从七个评估领域(语言、数学、科学、视觉艺术、社会性、音乐和运动)(工作风格除外)引申出的,同时这7个领域又细分为七个评估方面,延伸出八套关键能力,然后教师再根据这些关键技能来建构各种活动材料和形式。

2. 光谱课程的综合性。光谱课程是学术型课程和建构型课程之间的过渡,它综合了学术型课程对基本技能的直接教学的强调和建构型课程对儿童的自发游戏和自动发现的重视。这两种课程对于儿童的发展都各有所长,各有其独特的作用。

3. 光谱评估方案对于传统评估方案的超越。光谱评估方案认识到了儿童在智力快速成长期的特殊品质和能力,涉及了传统的测试方法所忽略的地方,它的特点主要体现在以下几个方面。

(1) 在评估的目标上,光谱方案首先是发现儿童的强项,并主张为促成儿童积极的变化而提供基础,强调在儿童的强项和弱项上建立联系,最终促成儿童方方面面的发展。

(2) 在评估的重点上,光谱方案强调发现并赞扬孩子的强项,并以此为切入点,相应地给儿童提供适宜的学习机会和学习经验。该理论认为所有儿童至少在一个领域有优势,不管这优势是相对于自己还是他的同龄人而言。正是在这样的目的引导和认识基础上,光谱评估注重的是孩子所表现出来的强项。

(3) 在评估的环境上,光谱方案着重的是创设具体的情境,在儿童的具体活动中对儿童进行评估。光谱方案强调教师的观察和环境的准备,并提供了一种在一定情境下对认知技能进行评估的基本框架。在具体评估的时候,教师会运用光谱活动材料,并根据光谱评估方案提供的对某一具体领域进行观察的详细框架对孩子进行观察,从而对儿童在某一领域的发展作出深入评估。

(4) 在评估范围和程度上，光谱方案以多元智力理论和非普遍性理论为基础，在评估的范围和程度上要比传统的评估更广更深。如光谱评估涉及的智力领域包括：语言、数学、运动、音乐、科学、社会理解力和视觉艺术，突破了传统智力测试的狭窄性。而且光谱方案中还有一个维度，即儿童在不同领域的工作风格，如儿童的自信心水平、坚持性水平以及对细节的关注程度等。

(5) 在评估的结果上，光谱评估除了对课程有补充和发展的作用以外，还能够对儿童个体和班级整体产生积极的影响，因为这种不是旨在给儿童贴标签的评估活动，无论是对被评估儿童个体而言还是对班级整体而言都会带来积极的影响。

(6) 光谱评估是一种评估与课程密切结合的动态评估。光谱评估方案是一种新的评估方法，它以一种比传统的评估方法更广、更深的角度来看儿童，评估所用材料既是学习的材料，又是评估的工具，它模糊了课程和评估之间的界限。

总之，光谱方案开辟了一条把课程和评估相结合的途径，为人们突破传统的以测试为主的评估模式而实现全面深入评估提供了一个思路，它提供了以儿童的强项带动儿童的弱项，亦即"扬长补短"的切入点。

第二节 幼儿园教学

一、幼儿园教学的概念

在幼儿园，教学被称为"教学活动"，是由教师的"教"和幼儿的"学"组成的双边活动，是教师根据教育目的、课程标准，有目的、有计划地组织幼儿的学习活动，以促进幼儿发展的过程。

幼儿园教学是幼儿全面发展教育的手段，是游戏、劳动等其他活动不可代替的一个方面，是幼儿园整个教育中不可缺少的一个组成部分。但幼儿园的教学必须和游戏、劳动、日常生活等紧密联系、有机结合，共同实现全面发展的教育任务。

二、幼儿园教学的特点

幼儿身心发展的特点和幼儿园教育的任务与特点决定了幼儿园教学的主要任务是帮助幼儿获取大量的直接经验，因此幼儿园的教学不同于中小学的教学，它有以下几个特点。

（一）活动性与参与性

直接经验的获得离不开具体的活动。幼儿主要是通过感官直接接触环境中的事物，通过在环境中与他人共同活动来获得经验的，他们的学习是以直接经验为基础的。所以，幼儿园教学是在幼儿积极主动的活动过程中进行的，强调每个幼儿的实践与参与。在活动中，教师应调动他们的多种感官，鼓励他们去看一看、听一听、闻一闻、尝一尝、摸一摸或者摆弄摆弄……通过这些方式来帮助他们更好地认识环境中的事物。这样做，也避免了由于幼儿注意力的稳定性比较差，长时间地坐着听讲对其身心发展所带来的不良影响。

（二）生活性与启蒙性

幼儿的直接经验主要来自于他的日常生活，因此为了帮助幼儿积累生活的感性经验，幼儿园教学必须贴近幼儿的实际生活，教学活动的设计必须针对幼儿生活中出现的问题和幼儿的实际需要，通过教学引导幼儿认识周围环境、人际关系，获得基本经验。

由于幼儿年龄尚小，思维带有明显的具体形象性，难以理解抽象事物，所以，幼儿园教学应以幼儿易于理解的、简单的、具有启蒙性的知识经验为内容，要注意调动幼儿已有的生活经验，通过有趣的游戏、自身的操作活动、直观的教具、灵活的形式进行教学，帮助幼儿学习并适应生活，获得粗浅的知识，丰富他们的经验，扩大他们的视野。

（三）游戏性与情境性

幼儿的思维具体形象，注意力容易转移，"那种单纯的教师讲解，儿童坐着听的教学方式是不符合这个年龄阶段儿童的学习特点的。"[①]因此幼儿园教学中教师在组织教学活动时需要借助一定的游戏或情境，唤起和调动幼儿的有关经验和感受，使他们在游戏的假想情境中积极地交往、活跃地想象、主动地表达，换言之，就是让幼儿在玩中学。只有这样，有关的教育内容才能为幼儿所理解和掌握。如果离开游戏性和情境性，幼儿园的教学活动就容易小学化。

三、幼儿园教学的基本原则

教学原则是教师组织教学活动必须遵循的基本要求，它反映了教学活动的客观规律，是指导教学工作的一般原理。这些原则是根据教育目的、任务、幼儿发展特点及教师的教学经验提出的，它应贯穿于教学活动的全过程，全面地指导教学活动。

---

① 黄人颂.学前教育学[M].北京：人民教育出版社，2009.

在幼儿园教学中应注意遵循的基本教学原则有以下几个方面。

(一) 科学性和思想性相结合的原则

科学性是指教师在教学活动中向幼儿传授的知识技能应该正确、符合客观规律，所采用的组织形式和方法应符合幼儿的认识特点。幼儿园传授的知识虽然是粗浅的、启蒙的，却绝不等于教师可以信口开河地随意解释，致使幼儿获得错误的知识。思想性是指教师在教学过程中应贯穿德育，促进幼儿的品德和社会性发展。在教学活动中，科学性和思想性是统一的。教师既要教给幼儿正确可靠的知识、技能，提高其认识能力，又要进行品德教育，才能科学有效地完成幼儿园教育的任务。贯彻这一原则时应注意以下几点。

1. 教师应加强学习，以保证教给幼儿科学的知识，引导幼儿获得正确的经验

教师的思想水平和专业能力是贯彻幼儿园教学科学性与思想性相结合原则的前提条件。因此，教师应该注意不断学习和进修，以提高自身的思想修养和业务能力。

2. 发挥教师的榜样作用，科学地回答幼儿的提问

幼儿对客观事物和现象充满好奇，经常会向教师提出各种稀奇古怪的问题。对于这些问题，教师应尽量给予科学而正确的回答，要让幼儿感受到教师对待科学问题的严谨态度，这种态度的形成将有益于幼儿今后的学习。当然，这并不意味着教师需要直接解答幼儿所提出的每个问题。实际上，对于经过幼儿自己努力能解决的问题，教师应当反问他们，促使他们主动思考，主动去进行探索，培养幼儿的科学探索精神。

3. 注重情感渗透，切忌说教

在教学活动中，教师应在了解幼儿内心真实想法的基础上，设置与幼儿生活经验相关的情境，使幼儿置身其中，激发他们的情感，使他们于无形中受到影响，切忌简单生硬地说教。

(二) 积极性原则

积极性原则是指教师在教学中应注意激发幼儿主动学习的愿望，引导幼儿积极地参与学习活动，以促进幼儿的发展。相对而言，在教学中教师只是教与学这对矛盾的一个方面，是外因，幼儿是学习的主体，是内因，是最终起决定作用的因素，只有当幼儿的主动性、积极性被调动起来之后，他们才能全身心地投入学习活动中，成为学习的主人。贯彻这一原则时应注意以下几点。

1. 科学选材、精心设计、灵活调整教学活动计划

教师应注意根据幼儿身心发展的特点，精心地选择和编排幼儿感兴趣的教学内

容,设计教学活动时应注意结合幼儿的实际,考虑到幼儿已有的经验。在教学过程中,教师要注意较多地运用启发式教学方法,调动幼儿的生活经验。另外,教师还应注意观察幼儿在活动中的反应,随时调整自己的教学指导方式,以最大程度地发挥幼儿的积极性。

2. 加强交流,建立平等的师生关系,鼓励幼儿多方面地参与和创造

在教学活动中,教师应用多种方式加强与幼儿的交流,建立起平等的师生关系,营造一种民主、宽松的教学氛围,鼓励幼儿利用看、听、说、摸、闻、尝、运动等多种途径学习,并在此过程中极大地发挥他们的创造性。

3. 关注幼儿与众不同的行为,允许幼儿出错,使幼儿得到积极的情感体验

每名幼儿都有自己的学习特点。在同一个学习活动中,幼儿可能会用不同的方式进行探索,并用不同的方式表达自己独特的发现。由于年龄尚小,经验有限,在探索的过程中,幼儿难免会出错,有时甚至表现出怪异的行为,教师应充分认识这些行为对幼儿的发展价值,关注幼儿与众不同的行为,允许幼儿用不同方式尝试和表达,保证他们在学习过程中能得到积极的情感体验,这种积极的情感体验对幼儿未来的学习和发展意义重大。

(三) 发展性原则

发展性原则是指幼儿园教学应使每一个幼儿在原有基础上得到最大限度的发展。促进幼儿身心的和谐发展也是幼儿园教育的根本任务。贯彻这一原则时应注意以下几点。

1. 树立终身可持续发展观念

幼儿园教学的目的是要促进幼儿的健康发展,而幼儿的发展是一个不断成熟的过程,幼儿园教学中应特别注意培养幼儿积极主动的态度、强烈的学习兴趣、有效地与环境互动的能力、责任感、自信心等终身可持续发展所必需的基本素质。

2. 了解幼儿的发展需要,选择的教学内容应有一定的难度,而且是逐步加深的

维果茨基指出:"只有走在发展前面的教学才是良好的教学",否则"只是充当发展的尾巴"。幼儿园教学应使幼儿在原有基础上获得最大的发展,因此教师一方面要注意选取深浅难易恰当、幼儿付出一定努力能学会的素材作为教学内容;另一方面,教师还应通过有针对性的教学来发挥孩子的特长,运用适当的、多样化的教育手段对其不足之处加以引导和补充,促使全体幼儿共同进步。

(四) 直观性原则

直观性原则指的是在教学过程中,教师应当利用实物或教具材料,充分调动幼儿的各种感官,丰富其感性经验,使他们获得直接具体的感知。贯彻这一原则时,应注意

以下几点。

1. 根据教学目标、内容及幼儿实际恰当选择和运用直观手段

幼儿园直观手段有实物直观(指观察实物、标本、实地参观、小实验等)、模具直观(指观察图片、图书、模型、贴绒教具、沙盘、玩具等)、电化教具直观(包括幻灯、录像、录音、唱片、电视、电影、多媒体课件等)、语言直观(主要指教师的情境性语言)。教学中教师应根据不同的教学目标、内容及年龄班的要求,灵活地选择直观手段,以激发幼儿的学习动机,帮助幼儿理解和掌握学习内容。不过,在运用直观手段进行教学时应注意,所选用的直观教学手段要有代表性,要紧扣教学内容,且不宜过多。

2. 直观手段要与训练幼儿感官和动作相结合

运用直观手段进行教学活动时,应让幼儿有较多机会摆弄物体、看、听、摸、闻、尝、做,供幼儿操作的材料力求人手一份或每组一份,以训练幼儿的感官和动手能力。

(五)活动性原则

活动性原则是指在教学过程中应保证幼儿有充分的活动,让幼儿在主动的活动中来学习并获得发展。幼儿是在自己感兴趣的活动中不断积累经验,调节和更新认知结构而获得发展的,因此,教师应满足幼儿喜欢活动的愿望,组织各种生动有趣的活动,设法吸引他们选择参加,使幼儿的身心均处于积极主动的状态之中,在活动中学习,获得发展。贯彻这条原则时应注意以下几点。

1. 教师要组织丰富多彩的活动,吸引幼儿

教师要根据教学目标、教学内容以及幼儿的实际,设计、组织丰富多彩的活动,吸引幼儿选择参加。在活动过程中,教师要注意为幼儿提供丰富的材料、充分的活动时间,以及较多与同伴交往的机会,让幼儿通过与事物、与他人的大量相互作用来积累经验,认识周围的世界。

2. 教师要注意根据幼儿的个性特点进行指导

教师要放手让幼儿进行多方面的尝试和探索,以使所有的幼儿都能全身心地投入活动中。

四、幼儿园的教学方法

幼儿园教学的方法多种多样,教师应根据教学目标、教学内容和幼儿身心发展的特点选择适当的教学方法,以保证教学能取得良好的效果。一般来说,幼儿园的教学方法主要可分以下几种。

(一) 活动法

这是一种以幼儿的实践活动为主的方法,是指教师在教学过程中,通过创设情境或提供材料,引导幼儿自己实践、探索和发现。幼儿园常用的活动法主要有游戏法、实验法和操作练习法。

1. 游戏法

游戏法是指教师通过组织有规则的游戏来引导幼儿学习的方法。游戏法符合幼儿喜好游戏的天性,能将教学目标、教学内容和幼儿的兴趣结合起来,让幼儿在感兴趣的游戏中轻松地学习,所以深受幼儿的欢迎。幼儿园各领域的教学活动都可以适当地采用这种方法。

运用游戏法进行教学时教师应清楚地认识到所采用的游戏是为教学活动服务的,所选游戏的内容与形式应与教学要求相吻合。在游戏进行中,幼儿可能会因为对某个与教学内容无关的游戏情节感兴趣,此时,教师应在尊重幼儿兴趣的基础上,灵活地将他们的注意力吸引回来,以保证游戏为教学服务作用的充分发挥。

案例 7-1

和小雨一起玩(中班综合活动设计)[①]

[设计意图]

风、雨、雷、电这些自然现象常会出现在我们的生活里。遇上下雨天,孩子们大多只能在室内活动,有的孩子便抱怨,下雨天很不好,不能让他们在外面游戏、追逐和玩耍。

而望着外面的雨,孩子们又有一种冲动,想去接接雨滴、在小雨中奔跑、踩踩地上积的雨水……为了满足孩子们的好奇心,丰富他们的生活经验,让其初步了解雨,感受雨带来的乐趣,我们设计了这个活动,让幼儿在雨中嬉戏、玩耍,充分地去感受、去观察、去发现,培养他们用积极乐观的态度对待事物,让他们体验到发现的快乐。

[活动目标]

1. 引导幼儿在雨天里寻找快乐,体验和感受雨中游戏的乐趣。
2. 使幼儿通过和小雨一起玩,初步了解雨。

[活动准备]

1. 教师事先了解天气情况,选择一个小雨天进行此活动。

[①] 吴慧鸣.幼儿教育教学活动设计案例精选[M].北京:北京大学出版社,2012.

2. 幼儿自带雨伞、雨衣、雨鞋等雨具,并学会使用这些雨具。

3. 幼儿每人带一个废旧的盒子、杯子、瓶、罐等盛雨水的容器。

[活动过程]

1. 让幼儿谈谈雨天的感受,说出喜欢或不喜欢下雨的理由。

教师:你喜欢下雨天么? 为什么?

2. 幼儿讨论雨天里能做哪些好玩、有趣的事情,想出既淋不到雨,又能和雨一起玩的办法。

(1) 幼儿到小雨中和雨一起玩。

① 幼儿自己穿上雨鞋、雨衣,打开雨伞(教师给予适当的帮助),到雨中自由玩耍(幼儿可根据自己的意愿独自玩、两三个人或几个人一起玩),教师进行观察。

② 在幼儿充分感受、自由玩耍、观察发现的同时,教师给予恰当的引导。例如:雨是怎样落下来的? 落在那里? 落到的地方变成什么样了? 将雨伞转圈,伞面上的雨水会怎么样? 尝试伸出小手去接接雨点,看有什么感觉? 手会怎么样? 用小脚踩踩地上积的雨水等。

③ 幼儿讲讲自己是怎样和小雨一起玩的,以及在雨中有什么样的发现。

教师:刚才我们每个小朋友都很开心地和雨一起玩,而且有很多发现,我们来把自己的发现告诉大家。

(2) 幼儿再次和小雨一同玩耍。

利用辅助材料——盛水容器,进一步和雨玩耍,如"雨点在歌唱""收集雨水"等游戏,让幼儿体验更多的乐趣,获得更多的有关雨的知识和经验。

① 幼儿将带来的容器倒扣到地上,聆听雨点落在不同容器上的声音并模仿听到的下雨声(如沙沙沙、滴答滴答、叮咚叮咚)。

② 用容器接雨水,观察雨水滴入容器,将容器渐渐盛满的过程。

③ 将"雨朋友"带回班级。(把接的雨水放到科学角,以便进一步观察雨水和其他水的不同,加深对雨的了解)。

[活动延伸]

1. 美工区:幼儿可用绘画、泥工、粘贴等多种形式,表现"和小雨一起玩"的游戏情景,并编成故事讲给大家听。

2. 音乐角:提供"雨中曲""大雨小雨"等有关音乐,幼儿用声音和动作表现雨点欢快落下的情景。

3. 语言区:编《和小雨一起玩》的儿歌及故事《小水滴旅行记》等。

[设计评析]

以往遇到雨天,教师便组织一些室内活动,一般只想到雨天带来的不便,而忽视了它的教育作用,甚至在孩子们被雨所吸引,注意力转移,想去和雨玩耍、想去尝试时,还去制止他们。本活动却充分利用了我们身边常见的自然现象,抓住孩子们的兴趣点,满足孩子们的好奇心,通过看、听、摸、踩等多种尝试,让孩子在愉快的玩耍和自我探索中了解雨。

教师可以根据雨的大小不同(如大雨、中雨、小雨、毛毛雨等),将活动进行两次甚至三次,让孩子们在尽情玩耍的同时,积累更丰富的生活经验。当然在狂风暴雨及雷电的天气是不宜进行此活动的,但可以引导幼儿讨论这种天气带给人类的好处和危害。

(深圳市南山区蓓蕾幼儿园 毛宇宏)

2. 实验法

实验法是指教师提供一定的材料或仪器设备,鼓励幼儿通过亲自动手操作来观察事物,获得知识的方法。实验法比较多地运用在科学活动中,它可以使幼儿通过动手获得直接经验,有利于激发他们的学习兴趣、培养动手能力,同时,也有利于培养幼儿一丝不苟、实事求是的科学精神和意识。

运用实验法进行教学时,教师事先要将实验全过程操作一遍,了解该实验的难点和实验成功的条件,以便在教学中能给予幼儿有针对性的指导。在实验过程中,教师则应注意让每个幼儿都有操作的机会,并注意引导幼儿在实验结束后自己寻找和归纳实验结果,以培养幼儿的动手能力和解决问题的能力。

3. 操作练习法

操作练习法是指幼儿在教师的指导下,通过多次实践练习而掌握和巩固某种技能的方法。在幼儿园各领域的教学活动中,操作练习法是运用较多的一种方法。

运用操作练习法进行教学时教师首先应明确练习的目的、要求和方法,并要注意以幼儿感兴趣的方式进行练习,这样的练习能带给幼儿愉悦感和成就感,极大地调动他们的积极性、提高练习的效率;其次,在练习过程中,教师要注意观察幼儿练习的情况,及时作出反馈,必要时,教师可以做出示范,以保证通过练习能使幼儿正确地掌握和巩固某种技能。

(二) 直观法

直观法是一种让幼儿直接感知认识对象的方法。直观法主要包括观察法、演示和示范等。

1. 观察法

观察法是指教师有目的、有计划地引导幼儿运用视觉、听觉、味觉、嗅觉等多种感官去感知所选定的客观事物与现象,使之获得感性经验,并在此基础上逐步形成概念的方法。观察法是幼儿园常用的教学方法之一。对于幼儿来说,观察可以丰富他们的感性经验,刺激其各种感官的发育,引发他们关注周围事物,培养其积极的态度和观察力;同时,也能激发幼儿的求知欲,对培养他们的学习兴趣很有好处。

运用观察法进行教学时教师首先要注意做好观察前的准备,包括确定观察目的,选择观察对象,拟定观察计划,创设观察的环境条件等。其次,在观察的过程中,教师要善于用设疑的方法激发幼儿观察的兴趣,鼓励他们发现问题、提出问题,并引导幼儿对事物作多方面的观察,以获得对事物的较清晰的认识;再次,观察结束后,教师还要引导幼儿总结观察的结果,使得幼儿通过观察得到的知识进一步巩固和条理化。

2. 演示和示范

演示是指教师向幼儿展示各种实物、直观教具或做实验。示范是指教师通过自己的表演,为幼儿提供榜样。示范分语言示范和动作示范两种。

在幼儿园教学中演示和示范经常结合起来进行。在运用这一方法进行教学时教师要注意用来演示的直观教具和实物要形象生动、色彩鲜艳,实验过程要清楚可见,便于幼儿观察;教师的示范则要富有情趣,要能引起幼儿的兴趣,而且力求化繁为简,突出难点重点。

(三)口授法

口授法是运用语言进行教学的方法。幼儿园常用的口授法有谈话、讲解与讲述等。

1. 谈话

谈话是教师和幼儿双方围绕某一个问题或主题,自由地发表自己的想法和意见,表达自己的感受和体验,相互交流、相互学习的方法。

运用谈话法进行教学时,首先,教师应注意谈话必须在幼儿已具有某一方面知识或对事物有了初步的印象时才能进行;其次,谈话过程中教师应鼓励幼儿大胆地说出自己的想法,并充分尊重他们的意见,允许幼儿争论,这样才有利于幼儿的主动性、创造性的发挥;再次,谈话要有明确的要求和步骤。

组织谈话前,教师应围绕主题科学地设计出具体明确、富有启发性的提问。在谈话过程中,教师既要面向全体,也要照顾到个别幼儿的需要;既要引导幼儿围绕中心讨论,又要注意及时拓展话题。谈话结束时,教师应针对谈话主题做出简短明确的小结,帮助幼儿形成正确的概念。

2. 讲解与讲述

讲解是运用口头语言向幼儿说明、解释事物或事情。讲述则是运用语言向幼儿叙述事实或描绘所讲的对象。讲解与讲述都要求教师的语言生动、形象、清晰、准确,富有感情,简明扼要,能引起幼儿的兴趣,容易为他们理解和接受,必要时还可适当重复。应当注意的是,在幼儿园教学实践中一般不宜孤立地运用讲解法,应根据需要,将它与其他方法结合起来使用,以达到更好的教学效果。

五、幼儿园教学的组织形式和指导

(一) 幼儿园教学的几种组织形式

教学组织形式是为实现一定的教学目标,围绕一定的教学内容或学习经验,在一定的时空环境中,通过一定的媒体,教师和学生之间相互作用的方式、结构与程序。幼儿园教学的组织形式主要有全班的集体教学、分组教学和个别教学。

1. 集体教学

集体教学是全班幼儿在同一时间内以同样方式与速度学习同样内容的组织形式。集体教学可以集中、快速、高效地实现教育教学任务,节省教师的时间和精力,同时也有利于培养幼儿的合作精神和自制力,能使幼儿体验到相互学习、交谈的愉快情绪。但因一个班的幼儿较多,幼儿的注意力又比较容易分散,教学中教师往往难以集中全班幼儿的注意力,也难以照顾到幼儿的个别差异,无法真正满足每个幼儿学习的需要,因而不利于每个幼儿学习主动性的发挥。

2. 分组教学

分组教学是指将一班幼儿分成两个或更多小组,由班内几个教师安排不同的课程或活动,对幼儿实施分组施教。分组教学有利于教师组织教学,为教师创造了更多的与幼儿互动交流的机会,让教师有更多的时间关注幼儿的个别发展,可以有效地解决集体教学难以照顾到幼儿个别差异的问题,而且为幼儿的合作学习创造了良好的条件。但是分组教学时教师花的时间和精力较多,还需要有相应的人力和设备条件。

3. 个别教学

个别教学是教师针对个别幼儿进行教学的一种组织形式,在教学中教师可以充分照顾到幼儿的特点和兴趣,充分地考虑到幼儿的能力和接受程度,有针对性地对幼儿进行指导。所以这种教学组织形式能较好地适应个别差异,但需要花费教师大量的时间和精力,需要更多的人力和物力,教学效率相对较低。

以上三种教学组织形式,各有利弊。目前由于人力、物力等条件的限制,我国的幼儿园仍以集体教学为基本的教学组织形式。不过,近年来随着幼儿园教学改革的不断深入、教学条件的不断改善,幼儿园教学实践中也越来越多地采用分组教学和个别教学的形式。

(二)集体教学的组织与指导

集体教学作为幼儿园教学的基本组织形式,是向幼儿进行全面发展教育的重要手段,其质量的高低直接影响着幼儿的身心发展。

要组织好集体教学,要求教师以科学的教学理论作指导,能正确贯彻基本教学原则,灵活运用有关的教学方法。

1. 组织集体教学的基本环节和要求

(1)备课

要上好一节课,前提条件是备好课。备课是一项经常而细致的工作,一般可分为学期备课和课时备课两种形式。

学期备课是指制订学期的教学计划和做好全学期的上课准备工作,以保证教学的系统性、计划性和整体性。

课时备课也叫一节课的备课,是上好一节课的关键。课时备课主要包括:① 选择和钻研教材。选择的教材应具有思想性、科学性、深浅适宜、生动形象,为幼儿所喜爱。教材选择后,教师要钻研教材,掌握教材的重点和难点,以便能深入浅出地进行教学,并突出重点,解决难点。② 根据幼儿特点确定活动的要求和方法。选择和钻研教材后,要根据幼儿实际水平、已有的知识经验、兴趣和个别差异来确定活动要求与活动方法,要求应明确具体,方法应灵活多样。③ 制订课时计划(教案)。教案应写清楚一节课活动内容的详细安排,活动方法的具体运用。一般包括以下内容:活动名称、活动目标、活动准备、活动过程。有的可以在前面加上活动前分析。活动过程可分开始部分、基本部分和结束部分。教案分详写和略写两种:详写要求体现一节课的全貌,包括教师开头讲什么、怎样用教具、提什么问题、估计幼儿怎样回答、教师怎样启发、怎样小结等都详细写上;略写只要求写明活动过程的几个层次及提问即可。

知识小卡片 7-3

幼儿园教学活动方案的设计

幼儿园教学活动设计的一般结构

(一)活动名称、设计意图

活动名称应包括年龄班、活动内容与名称。设计意图主要是阐述该教学活动主题产生的原因及与幼儿的关系。包括：幼儿的兴趣及发展的需要，幼儿已有的经验，幼儿可获得的新经验等，教师开展活动的有利条件，该活动主题可以达成的目标等。

（二）活动目标

幼儿园教学活动目标是幼儿园教学活动方案的指南，是通过某一次或某几次教学活动所期望取得的效果。目标的制订决定了活动的走向，指明了教学要达到的标准和要求，是开展教学活动的依据。它不仅对教学内容、教学方法、教学手段和教学活动形式产生影响，也影响着教育教学的结果即幼儿的发展。

1. 活动目标主要包括三个方面

（1）认知：包括对知识的理解、掌握、记忆，认知能力的形成过程等。

（2）情感：包括兴趣、爱好、倾向、态度、习惯养成、价值观等。

（3）动作技能：包括大小肌肉的协调、模仿、操作、行动、动作等。

2. 活动目标的设计与书写原则

（1）一致性原则

幼儿园教学活动目标的表述有两种方式，一种是发展目标，一种是教育目标。发展目标所述为幼儿通过该教学活动所应该达到的发展指标。如愿意与同伴分享自己的感受；初步学会系蝴蝶结式鞋带，等等。相对而言，教学目标则指明教师在该教学活动中应该做的事情，或者是努力达成的教育效果。如帮助幼儿以小组的形式共同完成绘画作品；培养幼儿饭前饭后洗手的卫生习惯等。

（2）针对性原则

幼儿园教学活动目标要具有针对性，即活动目标具体、细化，而不是笼统地表述。对于幼儿教师而言，教学活动目标越具体，就越具有可操作性，在活动实施的过程中，更容易以目标为标杆衡量活动过程中幼儿的反应，并及时按照目标的要求给幼儿适宜的支持。如果目标笼统，教师往往难以把握要点，无法较好地体现活动的效果，对幼儿的指导则不够细致。

如中班一个音乐教学活动的目标：

① 熟悉游戏的音乐，学习游戏的基本玩法。

② 加强对音乐的节奏感。

这样的音乐教学活动目标仅是一个宏观的目标，在任何年龄阶段的音乐教学活动中似乎都可以使用,原因就在于活动目标没有明确什么音乐,什么节奏,什么游戏,怎么玩。幼儿教师认为有了这个"正确"的目标可以实施音乐活动了,实则不然,目标过于抽象,为教师的教学、指导平添了盲区。因此,这个教学活动目标需要细化,如:

① 初步熟悉游戏的音乐,用脚的跐动感受两拍子的节奏,并将动力脚踏在强拍子上。

② 能够跟随音乐的强弱拍子自如地踏脚、拍手。

如此修改,将这节幼儿园音乐教学活动的操作具体化,使得教师更明确在活动中应该把握什么,应该关注幼儿哪些方面的表现,促进幼儿园教学活动的成效最大化。

美国著名教育心理学家布鲁姆在《教育目标分类学》中为教育目标建立一个较为规范、清晰的划分标准,依次为认知、情感、动作技能三大类:

《幼儿园教育指导纲要(试行)》中提出,幼儿园教育活动的内容要相互渗透,有机联系。所谓的渗透与联系,不仅仅指五大领域的教育教学活动内容相互整合,还指在一个幼儿园教育教学活动中,根据实际情况,将认知目标、情感目标、动作技能目标有效整合。但并不意味着任何一个教育教学活动都必须生硬地将三大领域的目标整合在一起,而是根据教育教学活动内容的承载量与价值至少包括两个领域的目标。

如小班《认识小兔子》语言活动

活动目标:

1. 说出小兔子喜欢吃的两种以上的食物。

2. 学习词汇:长长的、红红的等。

该活动是一个小班语言教学活动,从目标定位来看,两个活动目标将活动的价值定位在语言表达方面本是无可厚非的,但活动注重认知层面的目标,忽略了情感、动作技能层面的目标。对于小班的幼儿而言,活动本身的趣味性,激发幼儿呵护生命、爱护动物,进而引发探究小兔子的生长秘密是更为重要的内隐价值,而语言表达仅是一个外显价值,从对幼儿发展的持续性影响方面考虑,内隐价值对幼儿的发展更具个体意义。因此,该活动目标可以调整为:

① 触摸小兔子时,要轻柔,萌发对小动物的爱护之情。

②认真观察,并说出小兔子的典型外在特征。

③了解小兔子的生活习性,如小兔子喜欢吃的食物。

幼儿园教学活动目标的排列具有一定的讲究。领域特点明显的幼儿园教学活动中以领域目标为重点目标,放在目标中的第一位,其他目标为次重点目标,按照目标之间的相互衔接性排列。领域特点不明显的幼儿园教学活动目标,要确保目标之间的连续性,第一层目标与第二层、第三层目标是整体与局部的关系,每一个下层目标都是上层目标的具体化,保证每一个下层目标的实现都能推动活动向总目标推进。各层目标的相互衔接,体现幼儿心理发展的轨迹。

(三)活动准备的设计

准备工作是实施活动的前提,它直接影响着幼儿参与活动的积极性、活动的进程和实际效果。

1. 知识准备

知识准备包括以下两个方面。

一是教师要具备相关的知识。教师除了平时积累知识外,在开展某个活动之前,查阅相关的工具书以及广泛地了解相关知识是非常必要的。

二是要了解幼儿具备哪些与该活动相关的知识、技能与能力水平,以便有针对性地开展教学活动。

2. 情感准备

幼儿的活动需要情感的支持,而幼儿的情感又容易受到成人的影响和感染。教师自身能否以积极情感投入活动的指导中去,会直接关系到幼儿在活动中的情感体验,并影响活动的效果。

3. 材料准备

教师可以采用各种方法,发动大家一起来准备活动材料,既可以由教师准备,也可以是教师带领幼儿事先收集,还可以让幼儿从家中带来,教师再根据幼儿带来的材料有目的地加以补充。

(四)活动重点难点

活动重点是教师按照活动目标,通过有计划开展教学活动必须让幼儿掌握的重要的知识或经验,它是相对于所学的教学内容主次而言的,也是教师教学活动反思必须首先考虑的因素之一。活动难点是教师按照活动目标,通过有计划开展教学活动必须让幼儿掌握的知识或经验,它是幼儿认知经验范围内较为难理解或掌握的知识经验,是针对幼儿现有经验和水平背景下的理解能力而言的。教师要分析儿童的发展,找准重难点,以期实施教学,达到突出重点,突破难点的目的。

(五)活动形式与方法

教师应根据需要合理安排,因地制宜,灵活的运用各种教学形式和方法。活动形式包括活动中集体、小组、个人三种形式,先后顺序如何,以什么形式为主,采用哪些教学方法。

(六)活动过程的设计

活动过程包括开始部分、基本部分和结束部分。

1. 活动过程包括开始部分

教师可以通过各种形式与方法激发幼儿参与活动的兴趣,将幼儿导入到活动中。

2. 活动过程的基本部分

在设计基本部分时主要考虑以下几点:

(1)大体分为哪几个步骤?

(2)每个步骤必须完成哪些内容?采用什么方式方法?

(3)哪一个步骤是重点?哪一个步骤是难点?怎么突出重点?怎样突破难点?

(4)每个步骤的时间大体怎样分配?

(5)每个步骤如何进行清楚的陈述?

(6)用什么方式来进行步骤之间的过渡?

3. 活动的结束部分

结束部分的设计主要考虑结束的方式。教师需要精心地设计活动的结束方式,既要使这一次活动圆满地结束,又不能就此结束幼儿对活动的积极性。活动结束的设计要充分体现开放性,在形式上不必拘泥于常规。

(七)活动延伸

活动延伸既是对前面活动的巩固,也是继续开展下一个活动的中介,起着承上启下的作用。要交代清楚延伸的具体活动是什么,其指导要点是什么。

(八)活动评价

活动评价即教学小结,它应包括教师对本次活动内容的总结,也包括对活动中幼儿的行为表现的小结。活动评价是教师教学活动必不可少的一个重要环节,教师可以进行教学反思、自我诊断,通过对儿童活动情况的分析,找到自己设计或组织过程中的优势或不足,以便及时调整和改进工作,促进每一个幼儿的发展,提高教学质量。

教学活动设计应注意的问题

1. 设计一定要层次分明,条理清晰。
2. 要有目标意识,围绕活动目标,为实现目标开展相关活动。
3. 应充分考虑如何突出重点;如何突破难点。
4. 设计好启发性提问,要通过提问激发兴趣,充分调动儿童学习的主体性。

案例 7-2

我们身边的价格(中班教学活动设计)[①]

[设计意图]

大都市的孩子,对超市中的购物、买卖过程、商品价格既熟悉又充满好奇,同时,幼儿对价格的概念又很模糊,因为大部分家长只是让幼儿参与选购物品,而没有让其参与买卖过程,所以幼儿不能正确理解价格和钱币的关系。本活动试图从实际生活经验出发,以幼儿园活动为活动中心,将社会、家庭、幼儿园三者联系在一起,让幼儿在生活中,学习和运用数学知识解决身边的问题,体验数学的真正意义。

[活动目标]

1. 幼儿在参观过程中观测价格,并初步学会认读价格。
2. 幼儿在亲历买卖的过程中,了解钱币与购物的关系。
3. 幼儿尝试制作价格表,进一步认识价格的结构。

[活动准备]

1. 幼儿已有经验,对钱币面额已基本认识:能认读十位、百位数。
2. 联系参观超市的有关事宜。
3. 已制作好的价格卡若干、小卡片、笔等。
4. 发动家长给幼儿每人五元钱,以便他们到超市进行自由购物。

---

① 吴慧鸣.幼儿教育教学活动设计案例精选[M].北京:北京大学出版社,2012.

[活动过程]

活动一：超市里的购物经验

一、寻找、认识价格

1. 幼儿在超市里寻找价格,教师引导幼儿观察价格的书写特点,了解价格通常都是用数字表示的,会有单位元,让幼儿在认识价格中认识小数。

2. 教师出示多种价格卡,幼儿由浅入深地学习认读百位、十位、带小数点的价格。

3. 幼儿到各种商品前练习认读价格。

二、体验买卖过程

1. 幼儿每人身上带了五元钱,教师了解幼儿想买什么,并一起讨论五元钱能否购买此商品。

2. 由教师带领,幼儿自由选购商品及付款,教师给予指导。

3. 幼儿相互交流,分享自己购买的商品。

活动二：制作价格卡

一、总结购物情况

交流自己购买的商品,并展开讨论,巩固对价格的认识。

二、分组制作价格卡

1. 幼儿画自己购买的和自己喜欢的商品,并为其标上价格。

2. 幼儿给班级物品制作价格卡。

3. 将制作好的价格卡放到相应的物品上,进行买卖游戏。

[活动延伸]

1. 交给幼儿每人几张小卡片,请其在家与爸爸、妈妈制作大物品的价格卡,如电器的价格卡。

2. 将制作好的价格卡带回园讲述,巩固对价格的认识。

3. 教师总结,帮助幼儿理解金钱与劳动的关系,让幼儿体验父母劳动的艰辛,并养成正确的消费观。

[设计评析]

现代的孩子很早就能认识一元、五元、十元面额的钱币,但对于钱币与价格的关系依然比较模糊。此活动在现实、轻松的情景中,帮助幼儿获得这些知识,让幼儿体验到数学在生活中的运用。

(深圳市南山区南山托幼中心　赖雅玲)

(2) 上课的组织领导

上课不单是传授知识技能,更是促进幼儿情感、态度、能力发展的重要阵地。教师必须从培养目标出发,结合幼儿的实际水平,采用多种方法调动幼儿的学习积极性。

一节课的组织大致可分为三部分,既开始部分、基本部分和结束部分。

① 开始部分。教师的主要任务是集中幼儿的注意力,引发幼儿的学习兴趣,提出任务,使幼儿知道做什么。所采取的方法应该是灵活多样的,可采取故事、游戏、谜语、直观教具、生动语言、鼓励等。

② 基本部分。这是一节课的主要部分,教师要充分发挥主导作用,要尽量使课堂既生动活泼又能较好地完成教学任务。为此,教师应有步骤地、灵活熟练地由一个教学环节转向另一个教学环节,要善于把幼儿注意力集中在学习内容上,教师的叙述语言不应占太多的时间,提问应留有余地,即使幼儿回答不对,也应以鼓励为主,再指出错误处。教师还要特别重视观察了解幼儿的反映,随机应变地进行教育,幼儿上课小动作或注意力不集中,教师要给予暗示或提醒,但要允许幼儿对某事物感兴趣而出现笑声、交谈或动作,这是幼儿积极性的表现。

③ 结束部分。教师应注意使课堂教学在融洽的气氛中结束。教师要小结活动收获及幼儿活动态度,提出新的要求,引起学习的愿望。有时可以与幼儿一起评定完成任务的情况,提出建议,研究今后学习时应努力的方向。

2. 组织集体教学应注意的几个问题

(1) 关注幼儿的内在动机和需要

学习动机是推动幼儿学习的动力。要提高幼儿的学习效率,保证教学能达到预期的效果,首先要注意激发幼儿的学习动机和需要。但集体教学(上课)由于幼儿人数多、个体差异大,要能够及时正确地发现和把握住来自幼儿的共同动机,这就需要教师要有一个全局的观念、一双明亮的眼睛、一对灵敏的耳朵和一颗善于思索的心灵,而且在教学过程中还要随时针对大部分幼儿所产生的新动机进行调整,使预设的活动生发出新的环节与活动。

(2) 强调同伴之间经验的分享

幼儿之间经验的交流、分享是丰富幼儿经验的重要途径,但是传统的集体教学比较强调幼儿的统一行动,忽视了幼儿之间交流、分享的意义。因此在组织集体教学(上课)时,教师应有意识地把集体教学和分组活动结合起来,增进幼儿与教师、幼儿与幼儿之间的交流,增加智力碰撞的范围与次数,让幼儿能随时与同伴交流经验,通过经验的分享来促进幼儿的发展。

(3) 重视幼儿自主规则的建立

集体教学时,因为参与活动的幼儿比较多,他们的个人活动空间就相对缩小,许多争执、抢占、告状、攻击等消极行为的出现概率就会增大,如果没有一定规则,教学就可能陷入混乱,难以收到较好的教学效果。因此,集体教学时教师应重视活动规则的建立,使得教学活动能够有条不紊地进行。不过,应注意的是活动规则并不是由教师硬性制订的人为限定规则,而应是幼儿内化了的行为需求,教师应让幼儿尝试、体验规则有否之下的自我感受,通过引导幼儿分析比较,激发他们对规则的内在需求,进而在反复的尝试过程中体验到规则的公正与互惠,最终使规则内化为他们的实际自觉行为。这样才能使幼儿在自由、宽松的教学氛围内大胆地去发挥、去创造,而不至于因规则的建立而限制了幼儿的发展。

第三节 幼儿园与小学的衔接

一、幼儿园与小学衔接的意义

幼儿园与小学衔接是指幼儿园和小学两个教育机构在教育工作上做好承续和连接,帮助幼儿较为顺利地实现由幼儿园到小学的过渡,缓解幼儿在过渡期中的种种不适应。

幼儿园与小学是两个互相连接又有较大差别的教育机构。具体来说,二者的差异主要表现在以下几个方面。

1. 教育教学任务、儿童的主导活动及学习方式不同

幼儿园的教育任务是帮助幼儿获得各种社会生活经验,促进幼儿身心的健康发展。幼儿园的教育任务和幼儿身心发展的特点和需要决定了幼儿的主导活动是丰富多彩的游戏,以及通过动手操作等实践活动获得各种感性经验和社会生活知识。通常,幼儿园没有家庭作业和考试,教师的工作主要是根据幼儿的兴趣和需要,创设各种环境和条件,满足幼儿活动的愿望,使幼儿在主动参与的各种活动中获得发展。

小学阶段的教育任务是使儿童掌握系统的科学文化知识和读写算的基本技能等,因此在小学里,学生的主导活动是上课,有严格的考试和一定的家庭作业,每天的学习时间也比幼儿园多很多。

2. 作息制度和生活管理方式不同

幼儿园阶段,虽然幼儿每天在园的作息时间有相应的规定,但相对而言,幼儿的生活节奏是宽松的,游戏和玩耍的时间比较多,也没有强制性的出勤要求。当幼儿对某一事物感兴趣时,通常在不影响下一步活动的情况下,继续活动的愿望一般能够得到满足,而教师工作的重要职责之一就是照料好幼儿的身体和生活。

小学阶段,作息制度和管理制度中对儿童的纪律和行为规范方面的要求比较严格,在出勤上往往有强制性的要求,儿童必须严格按照课程表上的安排上课、活动或休息,儿童的生活节奏也比在幼儿园时快了很多。教师对儿童生活上的照料较少,儿童生活主要靠自理。

3. 师生关系不同

幼儿园中,一个班一般配备两名教师、一名保育员,每时每刻都有一位教师、一位保育员伴随在幼儿左右,随时解决他们的困难或问题,教师与幼儿接触多,关系密切。

小学里,通常一个班有一位班主任和五六位课任教师,一节课一轮换,课间往往无教师在班,孩子一旦有了困难,只有自己解决。

4. 环境设备的选择和布置方式不同

幼儿园有丰富的材料供幼儿选择与操作,整个环境的布置生动、活泼,充满童趣,并且经常随教学内容的变化而变化,玩具设备的摆放也是以有利于幼儿的活动为原则的。

小学里,教室的环境布置相对比较严肃,教室内的课桌椅成套固定摆放,教室布置以有利于儿童学习为原则,自由活动空间较少,也无玩具可供选择。

5. 社会及成人对儿童的要求和期望不同

社会及成人对幼儿的要求相对宽松,幼儿的学习压力小,自由多,没有非完成不可的学习任务。

社会及成人对小学生的要求则比较具体、严格,儿童要承担一定的社会责任,在学校里要接受各种各样的考核,学习压力较大,自由相对较少。

二、幼儿园与小学的衔接工作

幼儿园与小学的衔接工作需要幼儿园和小学双方的紧密配合,共同努力。就幼儿园来说,主要应做好以下几个方面的工作。

(一) 为幼儿升入小学做好身心准备

幼儿的入学准备教育实际上从入园时就开始了,那就是按照《幼儿园工作规程》和《幼儿园工作指导纲要(试行)》的规定,全面完成幼儿园阶段的教育任务,使幼儿做好知识上和身心方面的入学准备。当然,对大班的幼儿还要进行更直接、更专门的入学准备教育。

1. 培养幼儿良好的身体素质

小学生要完成国家规定的系统性知识内容,其学习时间长,学习内容多,还有作业和考试等。幼儿入学后如果身体条件不良,将无法适应紧张的系统性学习。所以在幼儿园阶段应该重视幼儿的身体素质锻炼,特别是在大班教育阶段,应多开展一些户外活动,加强幼儿的营养和体育锻炼,使幼儿身体健康,增强其免疫力,能适应各种环境气候以及紧张的学习生活。

2. 培养幼儿良好的品德素质

国家对小学生思想品德和行为规范方面的要求是系统、明确和严格的,在教育程度上也明显高于幼儿园。所以幼儿园的晚期教育阶段应该重视对幼儿的品德教育和良好行为规范的培养,重视培养幼儿的自我约束能力,教师可有意识地制定一些班级和课堂方面的纪律,要求幼儿必须遵守,必要时可以对幼儿进行强化教育训练。另外,还要注意加强对幼儿的团结友爱教育、集体主义教育等。

3. 培养幼儿的独立性和多方面的能力

在小学里,儿童的学习一般是独立进行的,其上学、放学、个人生活卫生及参加集体活动等一般都需要依靠自己的能力来完成,独立生活能力差的儿童在小学阶段是很难完成学习任务的。所以在大班或学前班教育阶段,应该加强对幼儿的独立性培养,培养他们不依赖教师独立活动的能力。

同时,还要注意培养幼儿的人际交往、应变等多方面的能力,才能使幼儿较快地适应学习环境的变化。

4. 认真完成知识性教育任务

幼儿园主要的教育任务是使幼儿掌握其周围生活中粗浅的知识和技能,并通过教育开发幼儿的智力潜能,为今后的学习奠定基础。因此,认真完成《3~6岁儿童学习与发展指南》中所规定的知识性教育任务也是保证幼儿尽快适应小学学习生活的重要条件。

知识性教育任务主要包括:① 常识教育。主要了解自然和社会中的粗浅知识。② 算术教育。主要是10以内的加减法运算。③ 语言教育。要会说本民族或本地区的语言和普通话,发音正确清晰。其重点是语言表达能力的训练。④ 知识和技能教育。主要有音乐、舞蹈、美术等方面的知识和技能。⑤ 思维能力训练。即对幼儿进行独立学习和综合思维能力的训练。

5. 对幼儿进行综合性生理训练

在大班或学前班阶段要注意对幼儿进行一定的生理训练,使其能适应进入小学后的紧张有序的学习秩序。在作息时间上,幼儿园晚期的课节应当适当增加,每节课的时间应相应延长。教室的环境布置要与小学接近,桌椅可以像小学一样排列摆放,教室的墙报作品展示应该接近小学的特点。另外,要减少游戏和户外活动,缩短午睡时间,增加看书、劳动、手工等活动的时间,对特殊学习内容也可适当布置灵活的作业等。还可以对大班或学前班幼儿进行一些挫折教育或意志训练,使幼儿的生理状态基本能适应小学的生活节奏。

(二) 培养幼儿向往小学的情感

幼儿对小学生活的态度、看法、情绪状态等与其入学后的适应能力密切相关。因此,在幼儿即将离园的阶段,教师应对幼儿进行相应的教育启发,让他们认识到,上小学是比幼儿园更高一级的教育,每个孩子都应该上小学;还可以通过组织幼儿参观小学,或利用节假日组织一年级小学生和幼儿园的孩子们交往,以及开展交流性的作品展览等活动,来引起幼儿入学的兴趣;也可以在课堂上向幼儿介绍一些小学的知识性教育内容,让幼儿在学习中了解小学教师、小学生、少先队员等概念,使他们对小学有一个初步的了解,在认识小学教育特点的基础上产生入学的情感和愿望。

总之,在开展幼儿园与小学的衔接工作时,幼儿园教师要及时了解小学的教育任务和特点,根据小学教育要求的变化随时调整入学准备教育的内容,合理调节衔接的梯度,减少幼儿适应中的困难和问题,使幼儿顺利过渡到新的教育阶段。

知识小卡片 7-4

美国幼小衔接怎么做①

幼儿面临多次转变,从学步儿童到进入幼儿园,再从幼儿园进入小学一年级。美国的幼儿园已被纳入公共教育系统,专门招收 5 岁幼儿,附设在公立小学和私立小学中。大多数的州开始在小学内设置前幼儿园,招收 4 岁的幼儿,少量的州也招收 3 岁幼儿。从幼儿园进入小学的幼小衔接是幼儿转变中的一个重要阶段。

在美国,人们越来越认为"学校准备"不仅影响幼儿入学后的状态,也影响学校教育所有儿童的能力。2001 年,美国政府颁布的《不让一个孩子落后》的教育法令,目的是改革从幼儿园到十二年级的教育,改革的重点是明确责任,严格各州的标准。联邦政府将学前教育中的阅读和幼小衔接作为优先发展的领域。

美国的研究人员研究表明,三个重要的因素影响幼小衔接能否成功:幼儿的技能及先前的经历、幼儿的家庭环境、幼儿园的课堂教学实践。那些经

---

① 邬春芹.中国教育报[N].2012-03-18(2).

常为子女提供社会适应机会的家庭,其幼儿过渡较为顺利。发展性的合适的课堂实践有助于帮助幼儿轻松愉快地升入小学。为促进幼儿的顺利过渡,美国从两个方面采取对策:一是从宏观上整合系统或促进系统的合作,学校做好幼小衔接工作;另一种做法是幼儿园帮助幼儿做好准备。

在学校做好准备以帮助幼儿适应方面,美国主要有两条途径:一种是设置从托儿所到3年级的学校;另一种是学前教育系统与学校系统之间的整合。长期以来,美国都是将幼儿园到小学五年级作为一个学段。在越来越多的公立学校设立招收4岁幼儿的班级(有些时候也招收3岁幼儿)的背景下,为促进学前教育和小学的连续性,美国设计了一种"P-3学校"。这种学校精心设计了满足幼儿需要的设施、教学日程和教育方法,采用了一系列的标准和课程,力图将学前教育完全整合进学校系统。这种转变非常缓慢,但有增长之势。

目前,美国大多数的3~4岁幼儿在非公立学校的机构就读。美国联邦政府为促进学前教育与小学的整合作了大量努力,如美联邦政府2003年颁布了《入学准备法》。美国教育政策对幼小衔接的重视也引发了课程与教师教育的变革。课程上,当前美国的幼儿园中讲授式教学法占据主导地位,重视内容掌握,托儿所和其他类型的幼教机构也深受影响。这种趋势受到了一些学者的批判,他们呼吁将学前教育领域中有价值的学习规则引入小学低年级,如通过实践积极建构知识、参与决策制订、与教师积极互动等。

此外,对学校准备的重视也引发了美国教师教育的改革。

美国的教师资格证严格规定了教师任教的对象年龄和科目,但近年来出现了为促进学前教育和小学低年级的连贯性而颁发相应执照。如宾夕法尼亚州、弗吉尼亚州、华盛顿州、威斯康星州提供前幼儿园到三年级的执照;阿拉斯加州提供前幼儿园到四年级的执照。一些州也出现一个教师先在幼儿园某个班级任教,当幼儿升学后,继续担任该班的教师1~2年。

帮助幼儿做好适应学校的准备,主要是由幼儿园来开展。美国的幼儿园从以下几个方面帮助幼儿做好入学准备:提前为幼儿进入小学做好教育和准备工作,如幼儿教师会和幼儿一起参观幼儿即将进入的小学,在幼儿即将升入小学的最后一年,按照小学的常规进行作息安排;将小学的不同的标准、服装、行为和家校互动的方式介绍给家长;提前让家长知道小学需要做哪些准备,如准备午餐盒、服装等;在幼小衔接中为特殊需要儿童和移民家庭的儿童提供额外的帮助;为家长和幼儿提供参观新学校的机会;幼教机构的教师与幼儿即将进入的小学的教师合作,制订一份衔接计划等。

（江苏教育科学研究院　邰春芹）

本章小结

幼儿园课程是实现幼儿全面和谐发展的各种活动的总和,其基本要素包括课程目标、课程内容、课程组织和课程评价。与中小学课程相比,幼儿园课程从内容到形式上都有着较大的区别。幼儿园课程有着众多的理论流派与课程模式,它们各有特点。幼儿园课程的编制是包括幼儿园课程目标的确定、课程内容的选择、教育活动的组织以及课程评价的实施在内的整个过程。在课程编制的过程中,不同的课程模式会导致课程以不同的方式展开。

幼儿园教学是由教师的"教"和幼儿的"学"组成的双边活动,是教师根据教育目的、课程标准,有目的、有计划地组织幼儿的学习活动,以促进幼儿发展的过程。幼儿园教学是幼儿全面发展教育的手段,是游戏、劳动等其他活动所不可代替的一个方面,在教学中教师必须突出幼儿园教学的特点,坚持教学的活动性、启蒙性和游戏性,遵循幼儿园教学的基本原则,并根据教育目标、教育内容和幼儿身心发展的特点选择适当的教学方法和教学组织形式,以促进幼儿全面和谐的发展。

幼儿园与小学是两个互相连接又有较大差别的教育机构。幼小衔接是指幼儿园和小学两个教育机构在教育工作上做好承续和连接,帮助幼儿较为顺利地实现由幼儿园到小学的过渡,缓解幼儿在过渡期中的种种不适应。幼儿园应注意培养幼儿对小学生活的热爱和向往,为幼儿升入小学做好身心准备。

思考与练习

1. 简述幼儿园课程及其基本要素。
2. 简述幼儿园课程的性质及特点。
3. 评述陈鹤琴的五指活动课程。
4. 评述瑞吉欧教育体系。
5. 评述幼儿园课程中常见的几种目标取向。

6. 幼儿园课程内容的选取主要有哪几种取向？
7. 简述幼儿园教学的特点。
8. 简述幼儿园教学的基本原则。
9. 幼儿园的教学方法主要有哪些？
10. 幼儿园教学的组织形式主要有哪几种？
11. 简述组织集体教学的基本环节和要求。
12. 幼儿园与小学的差异主要表现在哪些方面？
13. 就幼儿园来说，幼儿园与小学的衔接工作主要包括哪些方面？

第八章　幼儿园环境

学习目标

1. 识记幼儿园环境的概念,理解幼儿园环境创设的重要性。
2. 理解幼儿园环境创设的原则,掌握幼儿园室内环境与室外环境创设利用的要素。
3. 了解教师在幼儿园环境创设过程中的作用。
4. 掌握幼儿园区域活动的内涵与特点。
5. 理解区域活动设计的过程,认识区域活动指导过程中的注意事项。

本章知识结构图

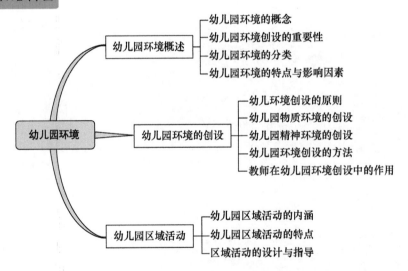

　　九月初,王老师接手了小班的工作,她发现很多幼儿对入园不适应,存在着不同程度的焦虑和不安。王老师即在活动室的墙上,布置了"我的妈妈"墙饰。瞧,"妈妈"的眼睛多漂亮,脸上还带着微笑,仿佛在说:"宝宝别害怕,妈妈在这儿呢!"每当孩子们想家、想妈妈了,王老师都会引导幼儿来看这面墙,让幼儿仿佛看到了自己的妈妈。此外,王老师还特别布置了一面互动墙——"我的家":幼儿与爸爸、妈妈等家人亲亲热热在一起的照片。对那些有入园焦虑现象的幼儿,教师会指着墙面的照片说"宝宝真漂亮,笑得多甜、多开心呀!"——环境往往像是一位不说话的教师,默默地发挥着它特殊的、潜在的教育作用……

第一节 幼儿园环境概述

一、幼儿园环境的概念

幼儿园是幼儿学习与活动的主要场所,其环境设置对幼儿的全面发展具有重要的现实意义。良好的幼儿园环境不仅可以为幼儿的身体发展提供必要的条件,也为幼儿心理的不断发展完善创造良好的氛围。了解幼儿园环境的类别与特点,掌握幼儿园环境创设的原则,可以为幼儿的成长创设良好的成长环境。

对于幼儿园教育而言,广义的幼儿园环境是指幼儿园教育赖以生存的一切条件的总和,它包括幼儿园内部小环境,又包括园外的家庭、社会、自然、文化等大环境。狭义的幼儿园环境是指在幼儿园中,对幼儿身心发展产生影响的物质与精神的要素的总和。

在现代社会不断进步的条件下,科技不断改变着人类的生活环境与条件,幼儿可以从许多媒体中获得各式各样的信息,接受正反两方面的影响,这些是教师难以控制的。因此,教育更要注意给幼儿提供一个理想的环境,在这一方"净土"中使孩子受到良好的影响。对此人们不禁要问,脱离了社会大环境,是否真能创造出和谐的小环境?假如可以,在这种所谓"净土"中培养出来的幼儿能否很快地适应与幼儿园环境差异很大的社会生活?如果不能,那教育应当采取什么对策?进行怎样的改革?这一系列问题涉及幼儿教育改革的一个根本观念——大教育观问题。

广义环境观的提出是世界教育发展到终身教育阶段的结果。这就是说,教育已经不仅仅是学校的事了。从纵向来看,是从人一出生开始,到生命结束为止;从横向来看,是从学校扩展到教育的一切方面和各个阶段。于是,幼儿园教育也就成为人的教育的一个阶段,成为社会一体化教育的一个组成部分。封闭的、微型的幼儿园教育便由此获得了一个广阔的视野和思路。广义的幼儿园环境观正是从这一个角度体现了终身教育的大教育观。

二、幼儿园环境创设的重要性

《幼儿园教育指导纲要(试行)》指出:"环境是重要的教育资源,幼儿园应通过环境的创设和利用,有效促进幼儿的发展。"可见,幼儿园园所环境的教育性是幼儿园区别于其他非正规教育场所的重要特征。幼儿园环境的重要性可以概括为以下几个方面。

(一)幼儿园环境可以启发幼儿的智力

儿童智力的发展依赖于与环境不断地互动,儿童自主地建构起各种知识经验,从而获得对外在事物的认识。良好的幼儿园环境包含着各种充满教育元素的图片、文字和实物,能够潜移默化地使儿童通过操作和探究获得智力的发展。同时幼儿还可以通过参与环境布置,激发学习兴趣,增强求知欲望,最终获得学习的内在动机。

(二)幼儿园环境可以提高幼儿感受美、欣赏美的能力

幼儿园环境中物品的装饰和呈现方式,以及教师有意布置的教学作品展示,不仅可以让幼儿直接地感受美、体验美、欣赏美,而且通过参与环境的创设,幼儿还能够体验创造美的乐趣,在感受合作的快乐和成功的喜悦中萌发美好的情感。

(三)幼儿园环境可以促进儿童社会性的发展

幼儿园环境若组织得当,就能以此为平台激发幼儿之间的交流、谈话、互助,有效地支持幼儿的社会交往。幼儿在参与环境创设的过程中,更是可以通过与教师、同伴的交流互动,逐渐摆脱自我中心主义,学习体会他人的意图和看法,从而实现从"自然人"向"社会人"的转变。一个好的教育环境本身就是幼儿的教科书和良师,因此,创设良好的教育环境是幼儿园的重要任务,也是促进幼儿全面发展的有效而重要的手段。幼儿园作为专门的教育机构,是幼儿学习、生活的重要场所,应该充分发挥其教育目的性、组织性、计划性、科学性强的优势。正如哈佛大学心理学家怀特的断言:"在促进幼儿早期教育方面,最有效的做法是创造良好的环境。"

三、幼儿园环境的分类

幼儿园环境按性质可分为物质环境和精神环境两大类。

(一)物质环境

广义的物质环境指对幼儿园教育产生影响的一切天然环境与人工环境中物的要素的总和,包括自然风光、城市建筑、社区绿化、家庭物质条件、居室空间安排、室内装潢设计等。狭义的物质环境是指幼儿园内的对幼儿发展有影响作用的各种物质要素的总和,包括园舍建筑、园内装饰、场所布置、设备条件、物理空间的设计与利用及各种材料的选择与搭配等。

幼儿园教育需要一定的物质环境,它是幼儿园赖以生存的物质基础。物质条件的好坏与教育质量的关系密切。正因如此,《幼儿园工作规程》对幼儿园的物质条件提出了最低限度的要求。如果一个幼儿园缺乏起码的物质条件,让四五十名幼儿挤在一个小活动室里,又没多少可操作的玩具材料,不用说教育,就连幼儿的安全、健康也得不到保证。一个良好的物质环境能陶冶幼儿的性情,激发幼儿的好奇心、鼓励幼儿的探索行为,使幼儿在操作和摆弄各种材料的过程中,学习知识,获得各种社会行为,实现个人的发展。

(二) 精神环境

广义的精神环境泛指对幼儿园教育产生影响的整个社会的精神因素的总和。主要包括社会的政治、经济、文化、艺术、道德、风俗习惯、生活方式、人际关系等。

狭义的精神环境指幼儿园内对幼儿发展产生影响的一切精神因素的总和。主要包括教师的教育观念与行为,幼儿园人际关系、幼儿园文化氛围等。在具备了基本的物质条件后,对幼儿园教育起决定作用的是精神环境。因为幼儿年龄小,可塑性很大。纷繁复杂的社会生活对他们来说是那么新奇有趣,而其对幼儿的影响又是经年不断、潜移默化的,因此其作用是巨大的。精神环境对幼儿的影响包括正反两方面:良好和谐的精神环境有利于幼儿的发展;不良的精神环境,如大众传媒中不宜幼儿收听、收看的内容,成人不正确的教养态度和行为等会对幼儿的发展产生负面影响。因此,幼儿教育工作者要善于创设与利用各种有利的精神环境,规避各种不利因素,保证幼儿健康地发展。

四、幼儿园环境的特点与影响因素

环境是通过潜移默化的方式对儿童产生影响的,而这种影响是深刻而持久的。"一个好的幼儿园环境就应该是一本立体的、多彩的、富有吸引力的无声教科书。"因此,我们要合理地创设幼儿园环境,让环境对幼儿进行生动、形象、直观和综合的教育,分析幼儿园环境的特点对我们开展幼儿园环境创设工作具有重要作用,一般来说,幼儿园环境的特点主要包括以下几方面。

(一) 幼儿园环境的特点

1. 环境的教育性

幼儿园的环境具有教育功能,是为实现教育目标服务的。比如幼儿园场所布置的目的之一,在于向儿童说明在什么地方该做什么事情,在图书角铺上柔软的地毯、放上舒适的坐垫,矮架上整齐地排列着各种图书,这样的环境布置无声地告诉幼儿,他可以坐在地毯上悠闲地读书,但不能大声喧哗,而且读后应把书整齐地放回书架。如果图书角的地上杂乱无章地散落着一些图书,则意味着幼儿看完书后可以随意乱丢。

2. 环境的可控性

幼儿园内的环境与外界环境相比具有可控性,即幼儿园内环境的构成处于教育者的控制之下。具体表现在两个方面:一方面,社会上的精神、文化产品,各种儿童用品等在进入幼儿园时,必须经过精心地筛选甄别,取其精华,去其糟粕,以有利于幼儿发展为选择标准;另一方面,教师根据教育的要求及幼儿的特点,有效地调控环境中的种种要素,维护环境的动态平衡,使之始终保持在最适合幼儿发展的状态。例如,市场上大量出售附带很多游戏功能的文具盒,幼儿非常喜欢,但它也容易使幼儿在学习时注意力分散,不利于养成良好的学习习惯。于是教师通过与家长沟通,为幼儿选用合适的文具盒,从而避免文具盒的负面影响。

幼儿园环境具有教育性与可控性。环境的教育性与可控性之间是相互联系的:环境的教育性决定了环境的可控性,使可控性有了明确的标准和方向;而可控性又保证了教育性的实现,二者具有相互依存、相互制约的关系。

(二)影响幼儿园环境的主要因素

1. 物质因素

如前所述,物质环境是幼儿园环境的重要组成部分,与幼儿园教育的关系十分密切,会对幼儿园环境质量产生重要影响。教师应结合幼儿园的各级教育目标,科学合理地选择材料与安排空间,满足幼儿活动的需要。

2. 精神因素

精神环境是幼儿园环境的重要组成部分,与幼儿园教育的关系十分密切。在影响幼儿园环境质量的各种精神因素中,人的因素、幼儿园文化的作用是十分巨大的。

(1)人的因素

在人的因素中,幼儿教师是幼儿园中对幼儿发展影响最大的因素。在一定的物质条件具备后,教师的观念和行为是影响幼儿园环境质量的决定因素。

首先,教师的思想、态度、情感和行为本身就是构成幼儿园环境的要素之一。教师的观念和行为决定着他们对幼儿的教养方式,决定着幼儿与教师之间、幼儿与幼儿之间、教师与教师之间的人际关系,决定着幼儿园和家庭、社区的关系……这些都对幼儿园环境质量的提高有重要的影响。

其次,由于幼儿园的各种环境都是教师根据教育的要求及幼儿的特点精心创设与控制的,在幼儿园教育中,教师的观念、人格、专业水平、教育行为等,是环境中影响教育质量的重要因素。每名幼儿教师都要自觉地更新教育观念,规范教育行为,保证环境的高质量。

(2)幼儿园文化

相对于人与物等可见的因素而言,幼儿园文化比较抽象,但对幼儿园环境质量的影响却是巨大的。

幼儿园文化对于幼儿园整体环境具有十分重要的影响作用,它影响着幼儿园的精神风貌,对全园的成人和幼儿都有潜移默化的作用。除此之外,幼儿园文化还在一定程度上决定了教育的价值取向、教育的内容和方法等。如果教师迎合社会上的低级趣味,她(他)就会背离教育目标,其教育行为也必然出现偏差,这样不仅影响幼儿园教育质量,甚至可能使幼儿园教育目标最后难以真正实现。

第二节 幼儿园环境的创设

一、幼儿环境创设的原则

幼儿园环境创设的原则是教师在创设幼儿园环境时必须遵循的基本要求。这些原则贯穿于环境创设的各项工作之中,对环境创设的每一细节都具有指导作用。在环境创设的过程中,只有认真贯彻这些原则,才能更好地发挥环境的教育作用。

(一)环境与教育目标的一致性原则

环境与教育目标的一致性原则是指环境的创设要体现环境的教育性。即环境设计的目标要符合幼儿全面发展的需要,与幼儿园教育目标相一致。幼儿园环境必须强调目标意识,要有利于幼儿德、智、体、美诸方面的全面发展,而绝不能允许与教育目标相悖的因素存在。因此创设环境时,目标是依据,应把教育目标落实到月计划、周计划、日计划及其每一个具体的活动中。例如,创设环境时就不能偏重智力发展,而忽视幼儿社会性、情感、意志等方面的发展。

(二)发展适宜性原则

发展适宜性原则是指幼儿园环境创设要符合幼儿的年龄特征及身心健康发展的需要,促进每个幼儿全面、和谐地发展。从一般年龄特征来看,小班、中班、大班幼儿在身心发展特点上的差异是非常明显的,其身心发展所需要的环境也不尽相同。因此,教师要根据幼儿不同的年龄特征为其提供适宜的发展环境。教师要对幼儿的年龄特征充分了解和认识,才能为幼儿提供有利于其发展的环境。

(三)幼儿参与性原则

幼儿参与性原则是指环境的创设过程是幼儿与教师共同合作、共同参与的过程。环境的创设过程应该是一个积极的教育过程。环境创设过程本身的教育意义主要体现在:培养幼儿的主体精神,发展幼儿的主体意识;培养幼儿的责任感。幼儿参与环境的创设,能切实地体验到自己做的事对集体的影响,从而培养幼儿的合作精神。

总之,参与环境的创设,有助于培养幼儿的主体意识、责任感、合作精神,这是对幼儿最好的教育,其效果绝不亚于教师创设的现成环境。

(四)开放性原则

开放性原则是指创设幼儿园环境时应把大、小环境有机结合,形成开放的幼儿教育系统。随着社会科技与文化的日益发展,社会环境对教育的影响也越来越大。通过大小环境的配合,主要是与家庭、社区的合作,互相取长补短,同心协力,在一个开放的系统中,去培养适合新时代要求的幼儿。

(五)经济性原则

经济性原则是指创设幼儿园环境应考虑不同地区、不同条件园所的实际情况,做到因地制宜、勤俭办园。贯彻经济性原则要做到少花钱多办事,在这方面我国幼教工作者已经积累了许多很好的经验。有的经济条件很好的城市幼儿园仍坚持利用废旧材料制作玩教具,利用自然材料布置教室。农村很多幼儿园努力克服困难,为幼儿创设丰富的环境。如充分利用当地的自然优势,为幼儿修沙坑,让儿在沙坑里做造型、用树枝在沙上画画、写字等;农村美丽的自然风光,丰富的植物,各种家禽等更成为让幼儿发展情感、增长知识的活教材。这些经验大大丰富了我国幼儿教育的实践。

二、幼儿园物质环境的创设

幼儿园的物质环境需要依据幼儿的性格特点和教育内容来设定,而教学内容要依赖于幼儿的教学目标和幼儿的实际接收能力来设定。一般来说,物质环境的创设包含室内环境和室外环境,而且幼儿园环境必须符合安全、卫生和健康的基本要求,注重幼儿教育价值的实现。

(一)室外环境的创设与利用

1. 室外环境的构成

幼儿园户外环境一般可分为三大区域:集体活动区、器械设备区和种植养殖区。集体活动区主要供集体做操,上体育课,进行各种体育游戏,要求场地平整宽阔;器械设备区要放置各种大、中型体育活动器械与设备,如滑梯、秋千、平衡木、爬网、跷跷板、攀登架等,以供幼儿练习与发展基本动作和身体活动能力;种植养殖区能供幼儿种植蔬菜、花草、喂养一些小动物。

2. 室外环境的创设

(1)地面

幼儿园应保证幼儿有足够大的活动场地,每名幼儿的活动空间不少于2平方米。地面以坚实平坦的土地、沙地、草地为宜,这种地面可以减少跑跳活动对脑部产生的震荡,同时比较安全。一般来说,水泥地面过于坚硬,不适合作为户外活动场地地面。

(2)器械设备

幼儿园应创设良好的室外活动条件和活动材料,以利于幼儿进行大肌肉活动,其目的除了促进幼儿的肌肉机能发展外,还可锻炼幼儿强健的体魄和矫健、灵活、遇事机敏的身手,因此,在选购大肌肉运动的设备时,必须注意设备的安全、坚固耐用和可变组合。同时,还应以刺激幼儿进行探索、发掘和体验为前提,活动器材可以选择木制的爬梯、橡胶轮胎网、悬桥、绳索、秋千、通道和滑梯等。

(3) 游戏场地的结构

幼儿园每班的游戏场地面积不应小于 60 平方米;室外共有的游戏场地面积 $180+20(N-1)$,N 为班级数。游戏场地可设置不同的区域:大型玩具区、园艺区、种植区、动物区、操作区等。

案例 8-1

崇尚自然的德国幼儿教育[①]

应德国多那斯贝格德中友好协会的邀请,我和广州市几所省一级幼儿园的园长和老师一行几人进行了为期 13 天的教育考察活动。我们考察的区域位于德国的西南部,靠近法国边境,那里有闻名世界的古堡之路和葡萄之路,大森林风景区也在相隔不远的地方,依傍着如此得天独厚的自然环境,幼儿教育也呈现出崇尚自然的特点。当然,这里说到的自然不仅仅是贴近自然,还包括效法自然、尊重孩子自然成长的内涵。德国幼儿教育非常朴实,绝少人为斧劈的成分,这着实让我们这些来自中国的幼儿教育工作者惊讶,因为我们的早期教育早已淹没在花样翻新的早期"拓潜"的声浪之中了。

我们在德国停留了 13 天,不敢说已经深入地了解了德国的教育,但我们看到了很多有趣片断,通过这些片断可以捕捉到德国幼儿教育的一些玄机,也可以让我们反思一下我国幼儿教育中值得斟酌的地方。

(一) 片断一:幼儿园的环境语言

德国的幼儿园是温馨、舒适的,没有我们想象中的现代化的设施,更没有我们想象中价格不菲的奥尔夫或蒙台梭利的全套教具和特色教室,德国幼儿园的优雅和朴实超出了我们想象。教室的屋顶上悬挂的是粗麻绳和轻纱做成的帷幔,充满了梦幻色彩;匍匐在地毯上的孩子们仿佛置身于童话世界中,在书中描述的想象世界中漫游着;墙面上是孩子们随意的涂鸦,还有在户外捡来的树枝、干花和枯叶,枯叶和花朵安静地挂在墙面上,记录着孩子们户外

[①] 唐淑,孔起英.国外幼儿园课程[J]南京:南京师范大学出版社,2009.12.

生活的快乐和惊喜。也许因为我们看的几所幼儿园都是极具传统的幼儿园吧,教室中的桌椅和教具都是古旧的,可以看到岁月的痕迹,也可以看出这里的教育者正在用自己的双手经营着一段可以留下来的历史。

(二)片断二:森林之游

波兰登附近的礼等幼儿园是一所有100多名孩子的幼儿园。该幼儿园非常重视孩子意志力培养,这也是德国早期教育中非常鲜明的一个特点。礼等幼儿园有个持续很多年的"森林游"的传统,每个月的第二周他们都组织孩子步行到森林中去活动。这一天孩子们要在森林里吃,在森林里玩。这一活动的关键是风雨无阻,四季不断,下雨下雪依然按计划行事。园长认为恶劣的天气更能锻炼孩子的意志力,还能增强孩子们的体魄和适应能力。当然,孩子们也非常享受这样的活动,在自然中纵情奔跑本来就是孩子的天性嘛。也许是因为如此持续不断的训练吧,该幼儿园的孩子独立、不娇气、守承诺,能很好地适应幼儿园的生活。

(二)室内环境的创设与利用

1. 室内环境的构成

室内环境主要包括:活动室的空间规划、活动室的材料与布置、活动室的设备、活动室的墙饰、活动室陈设的变更方式与变更频率等。

2. 室内环境的创设

内部建筑设计上的要求主要包括:应使用幼儿喜欢的色彩;应考虑活动室的大小、采光等条件;尽可能采用自然光;合理控制光线;避免产生眩光、阴影与直射光;教室之间应有隔音设备;而且室内通风以自然通风为主。

3. 活动室的基本设备及利用

(1) 基本设备

基本设备包括桌椅、玩具与玩具柜、琴、录音机、电视机等。

(2) 摆放要求

设备摆放要方便师生间、幼儿间的互动,方便灵活多样地开展各种模式的教学活动;方便幼儿利用材料和设备。

4. 活动室的空间分隔与设备安排

良好的空间安排应符合下列标准:通道应该清晰明亮且无障碍物;不兼容的活动区不安排在相邻的位置;不同的兴趣角之间应该有明确的分隔物;材料的投放量虽然没有固定的数目,但应该有利于幼儿的选择和使用;至少应该有1/3以上的空间不堆放任何设备和器材;活动室分隔成能容纳2~3个儿童的小活动区域;活动室既有开放区域,又有封闭的空间,能够隐藏孩子的私密。

5. 不同活动区的创设

(1) 角色区

角色区是幼儿进行象征性活动和角色游戏的中心。在角色区中,幼儿有机会把看到的和经历过的人和事结合在一起并表现出来,因此角色区要尽可能是实际生活的缩影。

(2) 表演区

表演区应提供给幼儿各种表演的道具,如头饰、民族舞蹈服、打击乐器等。

(3) 语言区

语言区应包括录音机、磁带、阅读的书籍、随时书写的纸笔等。

(4) 科学区

科学区应有饲养的动物、人体解剖图、了解空气流动与水变化的实验材料等。

(5) 美工区

美工区应提供各种画笔、纸张、颜料、刀具、印章等材料。

案例 8-2

美国幼儿园的教室环境设置[①]

最近几年,随着幼儿教育理论研究的不断深化,美国幼儿园教室的环境设置更加趋向于符合幼儿的身心特点,更加突出教育的功能,更加适合教学活动的需要。

(一) 美国幼儿园教室环境设置的理念

1. 环境的设置要有利于孩子的身心成长

幼年是一个好奇心强、想象力丰富、精力旺盛、喜欢冒险的年龄段。因此,健康和安全是幼儿园教室环境设置的首要因素。其次,教室要给孩子一种家一样的感觉,让孩子们充分感受到他们是这里的主人。作为教师必须问自己,通过环境的设置想要传递给孩子们什么有价值的东西,如何让孩子们在教室里度过他们的幼年,如何从现实环境到社会情感环境,传递对每个孩子的尊重和信任。

[①] 刘彤,李阳.美国幼儿园的教室环境设置[J]早期教育(教师版),2007.6.

2. 环境设置符合教学活动的需要

教室的环境设置要有利于教学活动。一方面教室要为孩子提供各种功能的活动区,任孩子自由选择;同时也为孩子交往合作的需要提供多种区隔形式。这既便于孩子自由地选择活动区,又便于教师纵观全局,心中有数。因此,教室的环境设置应该是开放的,所用的材料应当选择无限制的。

3. 环境的设置要突出教室的学习功能

美国人认为,幼儿是通过各种感官与环境的直接作用进行学习的;幼儿园的环境会潜移默化地影响幼儿的认知、行为、情感。因此,美国幼儿园将教室的布置视为一种教学的途径,认为教室的环境要成为幼儿学习内容的载体。

图 8-1 美国幼儿园

(二)美国幼儿园教室环境设置的材料

1. 使用无限制材料

在美国幼儿园里,经常可以看到幼儿园教室的积木区、舞蹈区和大型玩具区等区域的分隔使用的是原木、镂空的木板、布料等。这些材料没有固定的功能,也没有特定的用法,而由孩子提供自己的构思使用;材料种类没有固定的搭配模式,也不局限于在某个区域内使用,可以随意地拼装、拆卸、搭建、组合,因此被形象地称为无限制材料。无限制材料的使用大大提高了教室环境设置的可变化性。

2. 提供可以移动的家具和设备

有些幼儿园在教室里使用可以移动的家具和设备,有些幼儿园在较大的房间内使用一些低矮的便携屏风,有些教室里还有两级的台阶或者能够移动的平台,让孩子们在台子上摆放不同的玩具并设计出不同的场景。

(三)为孩子构建游戏活动区域

1. 为孩子创设不同高度的游戏空间

有经验的老师都知道,如果要重新摆放家具,首先需要创设有趣的区域入口,因为这些地方最容易引起孩子们的关注和兴趣。另外,如果房间内能有一个一两级台阶的开阔平台,或者设置一两个阁楼,不仅可以使环境变得更有层次、更动态、更多功能,还能满足幼儿喜欢新奇、乐于冒险的性格特点,激发幼儿的求知欲。

2. 为幼儿游戏开放室内的空间和设备

美国幼儿园的教室往往空间很大,教室内有各种活动设施,特别是有些室外活动设施也放在室内,当天气不好或有特殊情况不能在室外活动时,就把室内所有的空间开放供孩子们游玩。

3. 利用无限制材料创设结构游戏活动区

在美国幼儿园,经常可以看到硬纸管、薄膜管、瓷砖、方毯、松果石、贝壳和纺织物等等随意地放在玩具架、储藏柜旁边。这是老师们搜集的无限制游戏材料,让孩子们根据游戏活动的需要自由选用。用无限制材料所构成的"随意区域"其实就是一个能够唤起孩子们的创造力和想象力的"创造区域"。

目前,无限制材料在美国幼儿园的使用越来越广泛,幼儿活动的自由度空前提高。在同一间教室内,孩子们可以跨区域选择材料进行活动;游戏类型不受区域功能暗示,孩子可以在任何区域、使用任何材料进行装扮性的或建构性的活动;老师可以为活动区域设任务(比如做蛋糕、做帽子),但是不规定具体完成目标。孩子可以动手、动脑、动口,也可以旁观。

（四）设置安静空间满足孩子需求

1. 设置幼儿活动的静区

研究表明,空间大小与幼儿间的交往直接相关,空间过大、无间隔的开放会减少幼儿交往的机会,增加噪音。美国幼儿园的教室环境设置考虑到了这一点。为了适合不同人数的小组活动,有的幼儿园在比较大的教室中,除了公共活动区域以外还给孩子们隔出一个独立的空间,让孩子们能够集中注意力参加一些合作性游戏。这样的区域被称作"静区"。有的教室利用幔帐或遮篷来架设出一些小的安静区域,还有的使用树脂玻璃、透明的纸或格子栅栏来制作。在这些"静区"里放一些画册,或者用一些影音材料设置成"影音空间"等。

2. 设置幼儿独处的空间

在对美国幼儿园的考察中,给我们印象最深的是给孩子设置的独处空间。所谓的独处空间,就是一个小型的"静区",一般设在比较僻静的地方,可以为一单独小室,也可以设置在相对封闭的拐角,里面的设施比较简单,有小沙发、软垫和简单的绒毛玩具。这里与忙碌的活动区完全不同,营造了家庭般的氛围,让人有安全感。独处空间是为那些想单独待一会儿的孩子准备的,同时这个独处的空间还可以用来让孩子自己去思考一些事情或稳定激动的情绪。有的教室利用一些花木或透明的布来布置出这些区域,以保证老师能够从外面看到里面的孩子。美国的老师告诉我们,对于孩子来说,有能够远离大家的私人区域是十分重要的,尤其对那些全托的孩子。这种安静区给孩子一个私密空间,对孩子心理的保健具有极重要的价值。当孩子由于失败、挨批评、闹纠纷乃至被误解而感到不痛快时,他们会在独处的空间里找到安慰。通过独自游戏,通过自省,使不快的情绪得到排解。

通过以上的介绍我们了解了美国幼儿园对教室环境设置的一些概况。其实在过去,美国幼儿园长期采用标准化的设计。而标准化的教室都十分强调整齐、安全、规范、一致,幼儿园的教室布置所用的材料基本一样,学习区域的类型相同。幼儿园教室(不包括礼堂)的布置使孩子过分遵守规章制度,已经逐渐远离了根本——孩子的身心发展。如今,虽然仍有些幼儿园的环境给人一种学校化或者是制度化的感觉,但是越来越多的幼儿园采用人性化、随意化、多功能化的教室环境设置观念。

（河北大学教育学院　刘彤　李阳）

图 8-2　英国幼儿园印象①

（摄影：林虹）

三、幼儿园精神环境的创设

幼儿的发展受其周围环境的影响，其中的精神环境包括教师的教育观念与行为、幼儿园的人际关系、幼儿园文化氛围等，这些客观事物会对人的心理与行为产生直接影响，在人的头脑中形成心理映像，即心理环境。心理环境不仅是精神环境构造的核心要素，更是对幼儿的身心全面发展具有关键作用，幼儿园作为群体式的保育和教育

---

① http://www.cnsece.com/article/8178.html

机构,应以心理环境的构建为基础,创设满足幼儿生活、学习和游戏需要的全部空间,为幼儿的发展创设良好的精神环境。

(一) 尊重和满足幼儿的基本需要

1. 尊重和满足幼儿的生理需要

生理需要是幼儿得以健康全面发展的基础,这主要表现为幼儿的日常生活需要,比如穿衣、饮食、交谈、自由活动等,还表现为幼儿的身体处于快速发展时期,大肌肉和小肌肉动作的发展需要特别强烈,有些孩子可能会表现出喜欢运动、喊叫、摆弄玩具等行为,这是其特有的生理发展需要的表现方式,幼儿园在环境创设方面要尊重和满足幼儿的这种发展需要。

2. 尊重和满足幼儿的情感需要

进入幼儿园学习的幼儿,基本上已经具备理解情感的能力,了解喜爱、同情、尊重等积极情感的外在表现形式,对一些不良的情感也会有切身体验,比如受冷落、被忽视、被排挤所带来的失落感,或因做错事情所产生的内疚感等。幼儿园应该创设温馨和谐的环境,为幼儿积极的心理体验提供必要的条件,使幼儿在幼儿园生活中形成良好的情绪体验。

3. 尊重和满足幼儿的交往需要

幼儿喜欢与同龄人交往,共同分享认识世界、了解世界的方式与快乐,幼儿之间的交往可以促进他们形成共同的心理认知,建立稳固的交流圈子;同时,幼儿来到幼儿园,离开家长,会有一种向教师寻求保护的心理,会主动与教师交流和沟通,与教师建立良好的关系。

4. 尊重幼儿的人格

满足幼儿自尊自信的需要。自尊和自信是幼儿健康成长的关键,也是幼儿心理健康发展的基本条件,幼儿园在环境创设方面,应该强调对儿童自尊心和自信心的关爱,通过多种途径,了解幼儿的真实意愿,鼓励他们勇敢表达内心的需求与渴望,让幼儿感受到被尊重,获得教师和同学的认可与赞扬,积极培养其自信心和自尊心。

(二) 积极主动地与幼儿交往

1. 教师与幼儿交往的态度

教师要以亲切、平等的态度与幼儿交往。一方面可以使幼儿在心理上消除对教师的隔阂和畏惧,另一方面可以使幼儿感受到教师的关注,使师生关系与情感更加亲密。

教师与幼儿的交往中,切忌以居高临下的姿态对待幼儿,对幼儿发号施令,强制幼儿服从教师的命令,这样不仅不利于教师与幼儿形成良好的师幼关系,更不利于幼儿养成健康自信的心态,给幼儿园教育事业的发展带来不利的影响。

2. 教师与幼儿沟通的方式

教师与幼儿的沟通方式,主要包括问候、讨论、聊天等,这些是师幼相互了解、密切感情的重要途径,而言语是其沟通工作展开的主要工具与渠道。在运用言语方式与幼儿进行交往的过程中,教师应避免出现类似以下的错误:① 简单说教:教师只顾自己讲,很少考虑与顾及幼儿的感受;② 与幼儿班级交往多于与幼儿个体交往;③ 否定接触多于肯定接触等。

教师要学会倾听幼儿的谈话,理解和分享幼儿的想法与情感,进而打开幼儿的心扉。倾听可以分为以下三种类型:① 单纯地倾听:仔细地倾听幼儿的谈话而不作任何言语反映;② 认可地倾听:用点头、鼓励、赞同的声音等表达自己的注意和接受,以及进一步倾听的兴趣与愿望;③ 互动地倾听:主动地理解对方的情感、意愿,在倾听的过程中分享对方的感受,并把它传达给对方。

具体来说,教师在与幼儿的交往过程中,要掌握以下沟通的基本技能:① 尊重、平等、亲切的态度;② 积极主动地与每个幼儿交往;③ 熟记每一个幼儿的名字;④ 与幼儿说话时要有视线交流;⑤ 蹲下身子与幼儿说话;⑥ 要仔细、主动地倾听;⑦ 适当的身体接触;⑧ 说话语调自然、速度恰当;⑨ 经常微笑;⑩ 不出恶言恶语。

案例 8-3

请您蹲下来[①]

有次课间操我组织孩子们玩"抓尾巴"的游戏,孩子们的情绪十分高涨,参与的积极性很高。这时,只见李幸治蹲在那儿,望着地上的什么发呆。我喊了他一声,他才极不情愿地回来。我问他:"幸治,你在干嘛呢?"他嘟着嘴什么也不说。我说:"小朋友都和老师开心地玩游戏,你怎么在那里一动不动呢?"他又摇了摇头。看来是说服不了他。记得鲁迅先生说过:孩子做的事总是有理由的,我们为什么不亲自看看呢?于是,我蹲下身来,朝地上一看,在阳光的照射下微风徐徐吹过,只见几只蚂蚁抬着一粒米缓缓移动着。它们是那么的协作,那么的专心,那么的生动,那么的有趣。咦!这不正是歌曲《小蚂蚁》中的情景吗?霎时连我都被这眼前的一幕吸引了,便明白了李幸治为何如此固执地一动不动了。我说:"老师刚才错怪你了,你只想看小蚂蚁是怎样把米抬着走的。可这是集体游戏时间,得遵守游戏规则。等做完游戏,老师让全班的小朋友都来看,好吗?"李幸治十分高兴,在整个游戏过程中都表

[①] 杨莉君,郑三元.幼儿自我教育[M].长沙:中南大学出版社,2006.

现得很好。游戏后我带领全班小朋友观察了蚂蚁搬米的过程,孩子们都被吸引了,还不时地高唱《小蚂蚁》。我感受到了孩子们的好奇心,分享到了他们的快乐。对于孩子们的好奇心以及对事物的那种新鲜感,作为老师的我们,应当多鼓励,而我庆幸此次并没有成为抹杀孩子天性的"罪人"。

"可爱的孩子们,刚才是你们给老师上了一课,老师感谢你们!"

正如一本书上所说:"在如何对待孩子的问题上,我们很少是对的,不是过分了,就是完全放弃了。"我们大人总是自以为是,却从不考虑孩子的感受和想法,要知道,我们大人眼中的世界和孩子眼中的世界是截然不同的,如果你想教育好孩子,那么最好是"请您蹲下来"。

(长沙电信分公司幼儿园　杨曼)

四、幼儿园环境创设的方法

幼儿园环境是促进幼儿健康发展的"隐性课程",在幼儿教育中发挥着潜移默化的教育作用。幼儿园应为幼儿创设良好的活动环境,具体来说,幼儿园环境创设的基本方法主要有以下四种。

(一)讨论法

讨论法是指教师引导全班幼儿通过讨论,选择或确定环境创设的主体和内容以及互动的方法。幼儿园环境创设的主题和内容往往是从一日生活中幼儿感兴趣的活动中生成的。例如,幼儿对教育活动中的某个主题活动特别感兴趣,教师就可以因势利导地引导幼儿对这一主题的内容进行讨论,衍生出有关这一活动的墙饰、窗饰、门饰或者区域活动布置。

(二)探索法

探索法是让幼儿自己在环境中发现问题,独立地解决问题,同时获得知识。这种方法可以培养幼儿学习的内在动机,提高他们与环境和材料交往的积极性。幼儿园环境中隐藏了幼儿探索的无限"机密",幼儿尝试用各种不同的方法,对墙饰、活动区域、材料、游戏、活动设施设备进行探索,发现事物的变化。

(三)操作法

操作法是教师指导幼儿动手操作,让幼儿掌握知识,形成技能技巧和习惯的基本方法。操作法的运用依赖于操作材料。幼儿通过摸摸看看、敲敲打打、拆拆弄弄、粘粘贴贴、拼拼装装等操作行为了解材料的性质,实现自己的目的。

(四)评价法

幼儿园环境的评价是对环境质量的评价,包括对幼儿适应环境、幼儿与环境互动、环境创设效果的评价等。幼儿园环境评价贯穿环境创设的整个过程,它不仅能了解幼儿发展状况,还能了解环境与幼儿行为的互相影响。同时,环境评价对教师的行为具有明显的导向作用,评价过程的信息反馈能强化教师的教育行为,从而更好地完善和优化环境创设。

五、教师在幼儿园环境创设中的作用

在幼儿园环境创设活动过程中,教师是创设活动的主导者,为幼儿园环境的创设准备必要的条件,在教育过程中控制环境的影响作用,并通过多种措施对环境进行调整,促使环境更好地为幼儿的成长提供推助力量。具体地讲,教师在幼儿园环境创设中的作用主要表现在以下三个方面。

(一) 为环境创设工作做准备

1. 让环境蕴含目标

幼儿教师在实际的工作中必须带着明确的目标来准备环境,将周围的人际因素和物质条件精心地加以组织,让环境中一切承载教育的信息去告诉幼儿该做什么,为幼儿的学习活动准备良好的环境。

2. 让环境诱发兴趣

环境要体现教育目标,也必须符合幼儿的需要和兴趣,但幼儿现存的兴趣有限,他们对自己的需要往往也意识不到。因此,只要是幼儿发展所必需的东西,就应当将其纳入环境中,并引导和培养幼儿的兴趣。

3. 让环境引导幼儿自主

环境是用来供幼儿活动的,因此贯彻前述的幼儿参与原则是教师准备环境时最重要的内容之一,也是教师发挥作用的最重要的一个方面。很多幼儿园的成功实践证明,幼儿积极参与准备的环境,最能引起幼儿关注和投入,而那些完全由教师包办的环境,却并不怎么吸引幼儿。因此教师应当尽可能地提供机会,让幼儿发表意见,动脑动手;教师预想的各种计划、打算、设计等,只要是幼儿能够理解和参与的,应当尽可能地将之巧妙地变成幼儿的"决定"。

(二) 控制环境

教师控制环境是指教师能利用环境来激发和保持幼儿的活动积极性,能帮助幼儿利用环境的条件来完成学习任务,获得充分发展的便利条件。一般来说,教师控制环境大致有以下环节:诱导幼儿进入活动;帮助幼儿展开活动;指导幼儿解决纷争、困难或情绪问题;帮助幼儿结束活动等。在每个环节中,教师都使用"直接"和"间接"的教育方式,通过灵活地变换角色,促进幼儿与环境中的人际因素和物质材料有效地相互作用。

(三) 调整环境

环境不是凝固僵化、一成不变的,它必须随着幼儿的兴趣、需要、能力以及教育目标、客观条件的变化而不断变化。经常调整环境,使它保持适合幼儿发展的最佳状态,是教师的重要任务。比如,准备环境时有失误,造成环境中有不合理的地方,一经发现就应马上调整。教师要对环境与幼儿的相互作用保持高度的敏感,最好每一天,甚至每次活动后都重新审视一下环境,及时地通过调整来保持环境的发展性、教育性,这样环境才不会静止在一个水平上,才能与幼儿的发展保持动态的平衡。

教师是环境的命脉,环境中的物质材料、人际因素以及它们与幼儿的关系和相互作用都是由教师来调控的,幼儿在环境中的活动也是由教师直接或间接引导的,没有教师的主导作用,幼儿在环境中的发展是不可能实现的。

第三节 幼儿园区域活动

一、幼儿园区域活动的内涵

所谓区域活动,指的是教师以教育目标、儿童感兴趣的活动材料和活动类型为依据,将活动室的空间发展的活动。我们对教育机构的活动室、寝室、走廊、门厅及室外场地充分利用,并进行分割,在不同空间开展不同的活动,这个空间可以是全班的整体空间,也可以是分隔的空间,可以是室内的空间,也可以是室外的空间。如把活动室划分为若干个区域,把幼儿活动材料按类别分别投入这些区域,并设置屏障构成若干个相对固定的半封闭区域,提供并投放相应的设施和材料,引导儿童按自己的兴趣和意愿选择活动内容和方式。

区域活动有时也被称为"活动区"或"区域游戏"。幼儿的知识构建必须由他们通过自己的操作活动去完成。因此活动区最重要的就是创造能鼓励儿童自由选择、大胆操作、大胆探索的环境,更好地促进儿童身心全面和谐的发展,让他们的心灵真正得到满足。区域活动对幼儿来说,是一种自主的游戏活动,活动的类型是儿童感兴趣的,他们可以自己决定玩什么、怎么玩。为了实现一定的教育意图和要求,教师可以通过确定的区域活动目标、制订计划、创设适宜的活动条件,并在活动过程中影响儿童的行为,激发儿童对周围环境的兴趣,积极实践、操作探索,促进儿童全面和谐的发展。

区域活动也是一种幼儿的自主性探索活动,这种探索有时是儿童之间,有时是教师与儿童的互动。它可以容纳多种类型的学习活动,如以听说为主的阅读区、故事区;以手工为主的美工区、建构区;以探索为主的科学区、益智区等。

皮亚杰的认知发展理论为区域活动奠定了理论基础。他认为幼儿的心理发展处于感知运动和前运算阶段，强调活动的重要性，提出"操作活动是儿童最重要的活动""儿童的智慧源于操作"。儿童是在对材料的操作、摆弄过程中建构自己的认知结构的。

维果茨基的"最近发展区"理论也是区域活动的重要理论依据。维果茨基认为"游戏活动创造了儿童的最近发展区"，区域活动是儿童在最近发展区里的活动，能为每个儿童提供发展潜能的机会，让他们在活动中，超越自己原有的水平，获得新的发展，这完全符合因材施教的原则。

陈鹤琴先生也非常强调环境在儿童发展过程中的重要作用，他是我国从理论角度深入、系统地探讨幼儿园环境创设的第一人，他认为：学前儿童应该有游戏的环境、艺术的环境和阅读的环境，区域活动恰恰是一种易于操作的教育环境。

二、幼儿园区域活动的特点

（一）儿童自选的活动内容

活动区的活动多为儿童的自选活动，教师的直接干预较少。这样就为儿童提供更多的按照自己的兴趣和能力进行活动的机会，满足儿童的个别化的需要。区域活动打破了传统的集体授课形式，让儿童通过自身的操作与物质环境发生相互作用，从而获得发展。区域活动大多是自选游戏，能给儿童提供更多的活动机会，无需受到"自己要与集体同步"的约束，能够使儿童在轻松、愉快、自愿的状态下活动与游戏。区域活动材料多样，内容丰富，它为儿童提供了自由自在的选择的余地，儿童可以选择自己喜欢的、擅长的或对自己带有挑战性的项目操作。通过操作，赋予每位儿童成功感。所以这种既适合儿童能力，又有挑战性的区域活动深受学前儿童的喜爱。

（二）儿童的自主性活动

自主性，主要是指一个人的独立性和主动性，即不依赖他人，自己主动负责的个性特征。2岁左右的儿童进入人生的第一反抗期，由于独生子女的特殊性，许多家长忽视这一自主性的萌芽时期。在儿童生活上不仅从婴幼儿期事事包办，直至到了儿童、青少年期、成人也样样代做。当今的儿童在生活上依赖父母，在学习上依赖教师，难以从生活、学习中获得自信，失去独立思考、自主活动的能力。针对这种现状，自主性培养作为一个重要的教育目标正在引起我们的重视。

区域活动具有自由、自选、独立而协作的优势。以区域活动为手段培养幼儿的自主性是非常恰当的。儿童在没有压力的环境中玩玩做做，生动、活泼、自主、愉快地活动，潜移默化地学习，更多地体验到成功的乐趣。自主学习的能力不是由教师直接教会的，而只能通过儿童自由自主的探索学习活动，通过积极快乐的情感体验逐步培养发展起来。所以,在区域活动中教师更多地将着眼点放在儿童的活动态度上、放在儿童的活动过程中,去关注儿童一点一滴的进步。教师不直接把答案告诉儿童,而是尽量让儿童自己去探索、自己去发现。这就使儿童在随意自在的气氛中个性得到显现和张扬,充分调动和激发其自我潜能。

(三)小组和个体活动

区域活动可以是儿童的个体活动,但在一个区域里活动的儿童会自然形成一个小组,所以区域活动更多是小组活动,这就为儿童提供更多的自由交往和自我表现的机会,增进同伴之间的相互了解,尤其是对同伴在集体活动中所不可能表现出来的才能和优点的了解。有时小组活动也可通过教师与儿童共同活动来实现。

三、区域活动的设计与指导

(一)区域活动的设计过程

1. 准备区域活动所必需的环境

教师在规划区域设置和环境创设时既要考虑到幼儿之间能相互交流、共同合作,又要注意彼此之间互不干扰,从而使幼儿专注投入某一活动,充满自信地探索问题。教师还应该向幼儿介绍环境与材料的特点,让幼儿了解各区角的功能,使每个幼儿都有机会自由选择,用自身的方式进行学习。

2. 制订各活动区的规则

区域活动并非是儿童的任意活动,应该建立必要的活动规则。这里所说的规则,并不是教师为了限定儿童而制定的规矩,而是为了创设更宽松的活动环境,保证活动区的顺畅有序而采取的措施。因为,区域活动大都是小组活动,只有遵守集体活动的共同规则,每名儿童的自由活动才有保障。在此基础上,教师才有可能把注意力放在指导、提高儿童的活动水平上。区域活动规则既包括必要的一般性活动规则,也包括各区域的活动细则。

3. 组织活动并给予指导

在区域活动里,儿童完全是自由的,幼儿自主地选择游戏材料,选择活动内容和合作伙伴,按照自己的想法意愿进行游戏。教师在活动中也完全尊重幼儿的主体地位,放手让幼儿创造性地、主动地活动,教师在区域活动中的作用,主要体现在引导,推动和激励幼儿在活动中发现问题、解决问题,提示区域活动的效果上。

4. 活动后的组织评价

教师组织活动后评价的目的在于引导儿童自发自愿地进行交流、讨论,积极表达情感、共享快乐、共解难题、提升经验,同时激发儿童再次活动的欲望。评价方式有很多,可以全班进行,可以分组讨论,也可以让幼儿自己评价,由老师点评等。不论何种形式的评价,都不应只重结果,更应侧重活动过程。

图 8-3 丹麦幼儿园室内环境布置掠影①

(摄影:薛生)

(二)指导区域活动的注意事项

1. 幼儿自主探索、与教师指导相结合

幼儿是主动的学习者,是学习的主体,在幼儿园开展区域活动过程中,教师为幼儿提供活动开展所必需的环境与材料,鼓励幼儿主动探索学习。幼儿可以自主决定"我想玩什么,和谁一起玩,怎么玩,玩到什么程度",决定游戏的材料、方式、内容及玩伴,按自己的方式和意愿进行游戏。

但是,我们也应该看到,幼儿的自主性与教师的主导作用不是矛盾的,而是相辅相成的。为了完成一定的教育目标,也需要教师的指导参与。在区域活动中,教师是观察者、引导者,鼓励儿童自发地探索和操作材料,并根据儿童在区域中的表现,随时给予一定的帮助与指导。在探索的过程中,教师要以同伴的身份参与活动,随时留意观察每个儿童的兴趣、操作情况、自主性及交往能力等,针对所出现的问题,选择恰当的机会参与儿童的活动,与儿童共同探索、发现、解决问题。

2. 增强区域间的相互渗透与联合

不同区域虽然是相对独立的,但它们之间可以相互联系起来,这可以增强活动的

---

① http://www.cnsece.com/article/3073.html.

趣味性,使儿童保持活动的兴趣。如引导儿童把在美工区印的小鱼、制作的花环等送到娃娃家和表演角,激发幼儿的表演;引导儿童将数学区有规律装饰的项链送给娃娃家的娃娃等,增强区域活动的趣味性等。

3. 保证区域活动的时间和空间

区域活动的时间、空间保证是实施活动达到预期效果的必要条件。要保证一日活动中稳定的区域活动时间,每班每天安排活动 40 分钟左右,自由活动时间还可以继续玩。同时教师可将学习类区域活动时间与游戏类区域活动时间分开,如周一上午可安排安静的学习区活动,动感较强的游戏类活动则可放在周二下午进行。而且,教师还应该注意提醒幼儿控制活动时的音量,尽量不要影响其他正在活动的儿童。教师尽量不要打扰幼儿自然的行为过程,要与之保持一定的距离等。

本章小结

幼儿园环境是儿童发展的重要保障,幼儿园教师应主动承担环境创设的任务与职责,不仅要保证环境建设的安全性与教育性,还要在环境建设中融入创新与变革的理念。幼儿园中的区域环境是幼儿园教学的重要组成,是影响儿童身心和谐发展的重要活动,它特别有助于培养儿童动手与动脑能力的发展。教师要掌握区域活动的设计程序,了解区域活动指导工作的注意事项,为幼儿的发展创设良好的室内环境和室外环境,同时,也能够更好地发挥区域活动在学前教育中的重要作用,从而激发幼儿的学习兴趣,发展幼儿的动手能力与参加区域活动的积极性,进而促使儿童的全面发展。

思考与练习

1. 什么是幼儿园环境?幼儿园环境创设具有什么重要作用?
2. 简述幼儿园环境创设的主要原则。
3. 教师在幼儿园环境创设中具有什么样的作用?
4. 幼儿园区域活动的内涵与特点是什么?
5. 简述区域活动设计的基本程序。

第九章　学前教育科研与教师发展

学习目标

1. 掌握学前教育科学研究的概念、特征与过程。
2. 理解当代科学研究新方法的实用价值。
3. 了解教师专业发展的内涵、特点与特征。
4. 理解幼儿教师的专业素养及幼儿教师专业发展的途径。
5. 掌握学前教育科研对幼儿教师专业发展的促进作用。

本章知识结构图

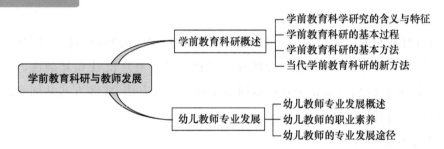

著名教育家苏霍姆林斯基说过:"如果你想让教师的劳动能够给教师带来乐趣,使天天上课不至于变成一种单调乏味的义务,那你就应当引导每一位教师走上从事研究的这条幸福道路上来。"有关研究显示:教师在走上教学岗位后的3～5年内,其教学业绩与工作年限呈正相关。随后会出现一个"高原现象",即随着教学年限的增长,如果教师不参与教育科研或进修,其工作水平的变化微乎其微;但如果教师不断参与教育科研或进修,其工作水平就会与工作年限同步提升。说明教师要走出成长过程中的高原现象,只有依靠教科研。古今中外教育发展的历史也证明,与教育教学紧密结合的教育科研是提高广大教师素质和造就有作为的教育家的大熔炉。

第一节　学前教育科研概述

学前教育科学研究是揭示学前教育现象及其客观规律的社会活动,它既是促进学前教师专业发展的有效途径,也是推进学前教育改革、提高教育质量的必要条件。

一、学前教育科学研究的含义与特征

(一) 学前教育科学研究的含义

教育科学研究,是以教育现象或问题作为研究对象,运用各种科学方法,遵循科学研究的过程,对搜集到的事实材料进行分析,检验相关的假设或理论,解释教育现象的本质及其客观规律。学前教育科学研究是教育科学研究的一个重要分支,是研究者在学前教育理论和其他相关教育理论的指导下,运用科学的研究方法,探究0~6岁儿童身心发展与教育的现象和问题,揭示其规律,进而有效地改善和提高学前教育的质量,促进儿童和谐健康发展。[①]

(二) 学前教育科学研究的特征

学前教育科学研究除了具有一般科学研究的继承性、创新性、系统性和控制性[②]等多种特征外,因其研究对象主要是0~6岁的儿童,还具有一些特殊性,主要表现在以下几个方面:

1. 研究内容与范围的广泛性

学前教育面对的是学龄前的儿童,受社会发展和家庭的影响,这一时期的儿童所面对的事物越来越复杂,围绕儿童所展开的教育活动具有广泛性和复杂性,针对学前儿童所设计的研究课题,需要研究者运用多学科的研究方法、实践方式共同解决,其研究内容与范围具有广泛性。

2. 研究对象的主体性

儿童是学前教育科学研究的主要对象,当代学前教学与科研理论认为,在教育活动的过程中,教师是教学活动的主导,儿童是教学活动的主体,儿童的活动是幼儿园教学展开的主要形式。教育科研以儿童和儿童活动为研究对象,必须围绕儿童在学前教育实践过程中表现出来的能力、作用、地位来设定研究的课题,并在研究过程中突出儿童自主活动的地位和特性。

3. 研究方法的多样性

在学前教育科学研究方法中,既有适用于一切科学的哲学方法论,又有适用于各门科学的一般研究方法,还有适用于学前教育领域的具体研究方法。近年来,教育科学研究广泛采用社会科学和自然科学的研究方法,丰富了研究方法的内涵。

4. 研究主体的多元性

学前教育的研究课题一般具有广泛性和综合性,需要各方面的研究人员参与,在

---

① 刘晶波.学前教育研究方法[M].北京:人民教育出版社,2006:1-2.
② [美]维尔斯曼.教育研究方法导论[M].袁振国,主译.北京:教育科学出版社,2003:10-11.

实际的教育研究过程中,研究的主体既有专业的学前教育研究人员,也有来自幼儿园教学一线的教育管理人员、教师和研究生,同时也有一些关注学前教育发展状况的学生家长,他们共同着推进学前教育科学研究的进展。

二、学前教育科研的基本过程

学前教育科学研究是科学研究的重要组成部分,与科学研究一样,随着研究课题的变动,科学研究的程序也会发生相应的改变。一般来说,学前教育科学研究过程包括研究的构思与设计、研究的组织与实施、研究成果的分析与表述三大环节。①

(一) 研究的构思与设计

1. 选择研究课题

学前教育科学研究的课题来源与学前教育的发展、社会条件的变迁、家庭发展的状况等密切相关,概括起来,研究课题的来源主要包括以下几个方面。

(1) 教育教学实践中的问题

当前,我国正处于社会变革的攻坚时期,教育也处于不断变革与创新的阶段,教师在教育实践中会遭遇各种各样的问题,比如儿童就近入学问题、幼儿园班级数量、人数与教学质量的关系、家长职业变动与儿童身心健康成长的关系、幼儿园游戏场地与游戏方式的选择等,这些问题都可以是教育科学研究课题的来源。

(2) 对已有教育理论的质疑

任何一种学说或理论,都要随着社会条件的变化做出相应的调整,不会存在绝对的真理。科学研究者经过理论上的推演或实践上的检验,发现一种学说或理论存在缺陷或不足,可以提出质疑。在学前教育科学研究领域,我们所选择的研究课题、取得研究成就,都是在对已有教育理论的质疑基础上建立起来的。

(3) 对教育文献信息的分析

教育文献信息是教育科学研究课题的重要源泉,研究者可以从既有的理论、研究成果、信息动态中发现研究的空白点、有争议的问题、需要比较或总结的问题等,从中发现和提出研究课题。

(4) 教育科学研究规划

国家和地方教育行政部门、科研机构、学术团体等,通常会定期对教育科学研究的发展做出课题规划,有些教育学术期刊也会在《征稿启事》中提出近期的选题要点,这些课题规划和选题要点,都可以成为研究课题的来源。

---

① 裴娣娜.教育研究方法导论[M].合肥:安徽教育出版社,2000:71—72.

2. 查阅研究文献

研究文献的查阅,是教育科学研究中一个必不可少的环节,而且贯穿于研究的全过程。文献为选题提供了依据,在研究课题确定之后,必须围绕课题广泛地查阅文献资料。

要做好文献查阅工作,首先要明确教育科学的研究文献是指记载有关教育科学的情报信息和知识的载体,包括书籍、期刊、报纸、学位论文、政府文件、学术会议论文、研究报告、文物档案、音像视听资料、微缩胶卷、幻灯片等。

其次,要根据不同的标准,将教育科学的研究文献进行归类。按照文献的处理、加工程度,可分为一次文献、二次文献和三次文献。其中,一次文献是指未经加工的原始文献,如实验报告、会议记录、统计报表、政府文件、专著、论文等;二次文献是指在原始文献的基础上加工整理而成的检索性文献,如文摘、索引、题录等;三次文献是指对一次文献和二次文献进行综合分析和研究后形成的参考性文献,如动态综述、专题述评、进展报告、数据手册等。按照记录的形态,可分为印刷型文献、微缩型文献、视听型文献、网络型文献等。教育科学研究文献的特点是:内容广泛、数量众多、继承性强、相互交叉渗透、分布分散且不平衡。

3. 提出研究假设

在清晰了解研究课题性质的基础上,对研究所需要且已经收集到的资料进行分析、比较和概括以后,研究者就要对课题所涉及的具体问题提出大胆而合理的假设。

研究假设是指研究者根据一定的科学知识和新的科学事实,对所研究的问题的规律或原因作出推测性论断和假定性解释。研究假设作为理论的先导,指导着研究的设计、资料的收集以及研究的深入发展,避免研究的盲目性。

提出研究假设,可以源于对某一理论的分析和研究,也可以基于国内外教育改革实践中积累的经验。提出研究假设的基本方法是归纳法和演绎法。研究假设提出后,就需要对其有用性进行评价。一般来说,一个好的研究假设需要符合以下几个标准:研究假设的提出应有一定理论依据,或者以一定的事实、经验为前提,而不是毫无根据地臆测和猜想;研究假设一般应对两个或者两个以上的变量间的关系作出推测判断;研究假设应该表述清楚,简单明了;研究假设必须是可以检验的。

4. 设计研究方案

研究方案,也称为"研究计划",是研究的实施蓝图和工作计划。设计研究方案是教育科学研究工作的重要环节,直接影响着研究预定目标的实现、研究工作的进展效率、研究结果的可靠性和科学性。

设计研究方案,主要应该做好以下几方面的工作:

(1) 确定研究类型和方法

研究者要根据研究目的和课题内容的性质,确定研究的类型,如基础研究、应用研究、定性研究、定量研究等。教育研究的具体方法也很多,如历史法、调查法、比较法、实验法等,研究者需要根据课题的类型确定采用的研究方法。

(2) 选择研究对象

为揭示教育现象与过程发展的规律,选取的研究对象必须具有典型意义。在研究对象的全体数量很大的情况下,必须通过科学的方法选取有代表型的研究样本。

(3) 分析研究变量

一个具体的研究课题,往往涉及多个变量及其相互关系,即多因多果。因此,在设计研究方案时,研究者必须依据研究目的,详细列出研究所涉及的所有变量,分析其中的关系状态,确定和选择研究过程中需要关注的变量。

(4) 形成研究方案

要对研究的各项主要工作进行合理的安排,研究方案的形成,标志着研究方案设计的基本结束。

(二) 研究的组织与实施

组织与实施是教育科研活动展开的具体环节,通过组织与实施,研究方案可以变为现实。一般说来,教育科学研究的组织实施包括研究条件的控制、操作定义的执行、研究过程的监控和调整、研究资料的收集和整理。

1. 研究条件的控制

研究条件的控制就是保证研究条件符合研究设计的要求。不同的研究设计,对研究条件的要求也不一样。如观察需要在对象处于自然的状态下进行,实验则需要人为地创设条件方能开展。

2. 操作定义的执行

操作定义的执行主要是指研究的操作必须严格按照操作定义来进行。也就是说,每一项操作,在其对象、时间、地点、强度和顺序等方面,必须符合研究设计的要求。

3. 研究过程的监控和调整

研究过程的监控和调整是指在研究过程中要对研究活动进行实时监督,发现偏差及时纠正。如果发现重大偏差,就要根据具体情况,对研究方案进行必要的调整。

4. 研究数据资料的收集

此处所说的研究数据的收集,并不是指查阅研究文献时所获得的各种数据资料,而是根据研究方案所要研究的具体问题,有目的地收集有关研究对象的事实材料。要按照研究设计规定的内容、项目、时间、地点和记录方式等,全面、客观和规范地收集资料,并及时整理。

(三) 研究成果的分析与表述

1. 分析研究的数据资料

教育科学研究所获得的原始数据资料,往往数量巨大、杂乱无章,难以说明问题,也无法在研究报告中全部呈现出来。因此,研究者必须按照研究的目的,对研究数据资料进行汇总、分类、补充和评价,从而使研究数据资料完整地、真实可靠地反映事实。在对研究数据资料进行整理的基础上,对数据资料进行定性分析和定量分析,进而抽取或推论出具有理论意义和应用价值的研究结论。

2. 表述研究成果

教育科学研究成果的表述,就是在对教育科学研究资料进行整理分析的基础上,写出研究报告、论文等,并将研究成果公之于世,这也是教育科学研究活动的最后一个环节。而研究成果是研究者对所从事的研究过程和结果进行高度概括和科学总结的产物。对其进行表述的主要目的是:展示研究结果及其价值,接受社会的鉴定、评价,在得到社会的肯定后进行推广或应用,从而取得社会效益;提供有关研究过程的实际资料及对结果的评价分析,以便进行学术交流与合作;通过对整个研究过程的回顾与总结,促使研究的深化和成果的扩展,进一步发现新问题和新事实,为进一步的研究作准备;通过撰写研究报告、论文,提高研究者的分析综合能力、逻辑思维能力和表达能力。

在教育科学研究活动中,研究成果的表现形式是多种多样的。采用什么样的形式,主要取决于研究方法。不同形式的研究成果,在表现形式上也有所不同。

(1) 调查报告

调查报告是对整个调查研究过程进行全面总结基础上写成的书面报告,一般由题目、前言、正文、总结及附录五部分组成。正文部分主要有两种写法:一是把调查内容分成并列的几部分或方面来写,二是将调查的基本情况按照事物发展的时间顺序和演变过程分成几部分来写。在必要时把调查工具或部分原始材料附在报告后面。

(2) 实验报告

实验报告是对整个实验研究的全面总结,其基本框架结构包括题目、前言、方法、结论、讨论等部分。

(3) 学术论文

按照研究目的的不同,学术论文可以分为三种基本类型:理论探讨性、论证性论文,综合论述性论文,预测性论文。无论哪一类学术论文,其形式规格基本上都遵循

"绪论—本论—结论"的逻辑顺序。规范性学术论文的框架结构,一般包括标题、内容摘要、关键词、引言、正文、结论与讨论、引文注释与参考文献等几个部分。

三、学前教育科研的基本方法

进行教育科学研究,需要正确、科学的研究方法。一般来说,教育科学研究方法分为三个层次:第一层次是适用于一切科学的哲学方法论;第二层次是适用于各门科学的一般研究方法;第三个层次是适用于教育科学领域的具体研究方法。常用的基本方法主要包括:观察法、调查法、实验法、个案法、比较法等,另外还有行动研究、质性研究和叙事研究等新兴的研究方法。

(一)观察法

1. 观察法的含义与类型

观察法,就是指人们有目的有计划地通过感官和辅助仪器对处于自然状态下的事物进行系统考察,从而获取经验事实的一种科学研究方法。教育观察是教育研究中最基本、最常用的一种方法,特别是对于作为学前教育研究对象的幼儿,是最适宜的方法。[①]

根据不同的标准,观察法可以划分为不同的类型。根据观察的情景条件可分为自然情境中的观察和实验室观察,其中自然情境中的观察包括自然行为的偶然现象观察和系统的现象观察;而实验室的观察有严密的计划,有详细的观察指标体系,对观察情境有较严格的要求,有利于探讨事物内在的因果联系。

根据观察的方式可以划分为直接观察与间接观察:其中直接观察是凭借人的感官,在现场直接对观察对象进行感知和描述;间接观察是利用一定的仪器或者以其他技术手段为中介对观察对象进行的观察。

根据观察者是否直接参与被观察者所从事的活动可划分为参与性观察与非参与性观察:其中参与性观察是研究者直接参加到所观察对象的群体和活动当中去,不暴露研究者真正的身份,在参与活动中进行隐蔽性的观察研究;非参与性观察不要求研究人员站到与被观察对象同一地位上,而是以旁观者身份,采取公开或秘密的方式进行观察。

教育研究中的观察属于科学观察,是在一定的教育科学理论的指导下进行的,其结果的解释也是以有关理论为前提的,而且教育观察总要借助于一定的工具。观察工具有两类:一类是人的感觉器官,包括眼、耳、鼻、舌等,其中最主要的是眼;另一类是科学的观察仪器与装置,如望远镜、显微镜、摄影机、照相机、录音机、单向玻璃等。随着

---

① 张燕,邢利娅.学前教育科学研究方法[M].北京:北京师范大学出版社,2007:63.

人们对观察结果精确性、科学性的要求越来越高,科学观察仪器与装置在教育观察研究中起着越来越重要的作用。[①]

2. 观察法的具体实施

教育观察研究是一种有目的、有计划的科学研究活动,为使观察能够顺利有效地进行,在观察实施之前必须对观察研究活动进行设计,明确观察的目的和内容,确定观察方式、观察设备和记录手段;一个教育观察设计好之后,就可以进入具体的实施阶段,主要包括:界定研究问题并确定观察对象、了解观察对象的基本情况、编制观察记录表、记录观察资料、分析资料并得出结论。

观察法的特点决定着它也存在着一定的局限性,主要是:难以控制对观察活动起到影响作用的外部因素,导致观察到的现象可能只是偶然事件;不能判断因果关系的问题,只能研究外在行为;观察研究往往取样较小,观察的资料难以系统化,普遍性不高;观察结果容易受观察者的主观因素影响等。

(二) 调查法

1. 调查法的含义与类型

调查法主要是指研究者在科学方法论和教育理论指导下,围绕一定的教育问题,运用观察、列表、问卷、访谈、个案研究以及测验等科学方式,搜集教育问题的事实资料,并对获取的第一手资料进行整理和分析,并提出具体工作建议的一整套实践活动。调查法是教育科学研究中的一种重要方法,在实际的教育科研和教学活动中具有广泛的应用价值。

依据不同的标准,调查法可以划分为以下几种类型。按调查对象的选择范围,可以分为普遍调查、抽样调查和个案调查;依据调查的目的和内容,可以分为现状调查、相关调查、发展调查和预测调查;依据调查的方法和手段,可以将调查分为问卷调查、访谈调查、测量调查和调查表法。

调查法的主要特点可概括为以下几方面:调查对象的现实广泛性、调查手段的多样性、调查方式的可操作性和实用性、调查结果的延时性等,而且运用调查法可以掌握有关课题的第一手材料和数据,在掌握研究材料的基础上,与其他研究方法联合运用[②],展开教育研究工作。

2. 调查法的具体实施

调查研究方法主要包括问卷、访谈、测量、调查表等不同的具体方法,每一种调查方法的具体实施程序虽然有所差异,但是就调查研究方法来讲,其实施要遵循以下几

---

① 董奇.心理与教育研究方法[M].广东教育出版社,1992:201—203.
② 张燕,邢利娅.学前教育科学研究方法[M].北京:北京师范大学出版社,2007:109—110.

个步骤：① 确定调查课题；② 选择调查对象；③ 确定调查方法和手段，编制和选用调查工具；④ 制订调查计划；⑤ 实施调查；⑥ 整理、分析调查资料，撰写调查报告。

我们也应该看到，通过调查法所获得最终结果，并不能完全证明某种教育现象的因果联系，而且在同一时间会收集到各种事实的数据和资料，难以对资料的先后顺序作出甄别，会影响研究者对资料进行深入的分析进而会影响研究结果的客观性。

（三）实验法

1. 实验法的含义与类型

实验法也称试验调查法，是实验者有目的、有意识地通过改变某些社会环境的实践活动来认识实验对象的本质及其发展变化规律的方法。它是一种最重要的直接调查方法，也是一种最复杂、最高级的调查方法。实验法是有一定结构的，即不仅有明确的实验目的，而且有较严格的实验方案设计和控制，其实验结果既可以用于定量分析，也可以用于定性分析。

按照不同的标准，实验法可分为不同的类型：根据实验的组织方式，实验法可分为对照组实验和单一组实验；按照实验的环境不同，实验法可分为实验室实验和现场实验；按照实验的目的不同，实验法可分为研究性实验和应用性实验。

2. 实验法的具体实施

实验法的实施程序与其他方法大致相同，分为准备工作、具体实施和资料处理与总结评价等三个阶段：① 准备阶段。在这一阶段主要完成以下工作：确定实验课题及实验目的、提出理论假设、选取实验对象、选择实验的测量工具和统计方法、制订实验方案等。② 实施阶段。主要完成以下工作：根据实验设计进行前测、引入或改变自变量、对实验组进行实验激发、后测、记录实验情况等。③ 资料处理与总结评价阶段。主要工作有核算实验结果、整理和分析数据、确定误差的范围，对研究假设进行检验，得出实验结论。

学前教育科学研究中的实验法具有科学实验的一些基本特点，如适用于对理论、方针、政策的检验，研究者对实验研究的控制性强，可重复运用等，对因果关系具有预见性，其研究的推理过程具有完整性，能够对教育实践活动进行主动的干预等。但是，实验法也存在着不容忽视的局限性，在实验过程中，实验变量的控制会造成环境的失真，进而可能会引起实验的负效应；而且实验研究代表性有限、范围有限，耗费人力、时间，操作复杂，对实验样本的条件要求过高。

（四）个案法

1. 个案法的含义与类型

"个案"通常又被称为"案例"，是指具有某种代表意义及特定范围的具体对象。具体到学前教育研究领域来说,这个对象既可以是一个幼儿、一门课程、一所教育机构,也可以是一次教育事件或一次教学过程等。个案研究法是指研究者在自然状态下,采用各种方法,搜集有效、完整的资料,对单一对象进行深入细致研究的方法,其任务是揭示研究对象形成、变化的特点和规律,以及影响个案发展变化的各种因素,并提出相应的对策。[①]

根据研究对象的数量,个案研究可以划分为独立个案研究法和成组个案研究法。在实际的教育科学研究过程中,研究者应根据课题研究的目标、研究经费、研究者的时间和精力来确定个案研究法的类型。

2. 个案法的具体实施

个案研究的实施,一般包括以下几个步骤。

(1) 确定研究对象,进行个案现状评定

在个案法研究过程中,研究者应根据个案研究的目的、内容及对个案问题行为的界定,选择典型的人或事作为研究对象;研究对象确定后,随之而来的工作就是要对个案现状进行全面的了解与评定。

(2) 收集个案资料

对个案资料的数据收集可以分成两个阶段:第一阶段,可以通过文献检索的方法,搜集与研究问题和个案相关的各种资料,从而为实地阶段的研究做好充分的准备;第二阶段是进入现场对个案进行全面深入的考察,如通过发放问卷、访谈、测验以及观察等各种方法来获得。

(3) 个案资料整理与分析

(4) 问题的矫正与指导

个案研究的目的常常是为了解决问题。要解决问题就必须寻找解决问题的方法与途径,必须提出解决问题的策略和指导性意见。

(5) 追踪研究

在个案研究中,对于所研究的个案对象,特别对那些实施过矫正与个别指导的个案对象,有必要用一段较长时间的追踪观察与研究,以检查矫正补偿是否有效。

(6) 形成结论

对个案的表现进行讨论和评估,提出建议,得出结论,撰写个案研究报告。

个案研究资料的搜集方法相当多元,为了搜集到更多的个案资料,从多角度把握研究对象的发展变化,就必须结合教育观察、问卷调查、访谈调查、教育实验、教育与心理测量、实物分析以及整理查阅文件、档案记录等多种研究方法,综合行动研究法、叙

---

① 张宝臣,李兰芳. 学前教育科学研究方法[M]. 上海:复旦大学出版社,2012:117—119.

事研究法等各种研究手段。

(五) 比较法

1. 比较法的含义与类型

比较研究法在教育科学研究中广泛运用而且具有极高的价值，一般来说，在教育研究中，比较法是根据一定的标准，对两个或两个以上有联系的教育制度、教育理论或实践进行考察，寻找其异同，探求教育之普遍规律与特殊规律的方法。比较法广泛应用于教育科学研究的各个领域。通过对不同社会政治、经济和文化环境中的教育现象进行比较，我们可以揭示教育的本质规律；可以借鉴其他国家的教育经验，从而更好地解决本国的教育问题；可以为我们制订教育决策提供预测性的依据，增强我们的教育决策的针对性。

根据比较对象历史发展和相互联系，可分为纵向比较研究与横向比较研究。根据事物之间存在差异性和同一性，可分为同类比较研究和异类比较研究。根据比较对象对事物质或量的侧重，可分为定性比较研究和定量比较研究。根据比较内容的范围大小，可分为问题比较研究法和区域比较研究法。在实际的教育情境中，应用比较法对某个教育问题展开深入探究时，往往会采用多种比较法对研究对象进行综合比较，并结合其他研究方法，全面深入地认识研究对象。

2. 比较法的具体实施

（1）确定比较的问题

比较研究首先要明确比较什么，这是比较的前提。这一环节包括以下细节：① 选定比较的主题；② 确定比较的内容，即确定比较的项目；③ 确定比较的范围。

（2）制订比较的标准

比较的标准可据实际情况制订，但要求明确化、具体化，即具有可操作性。

（3）搜集资料并加以分类、解释

首先，要通过各种途径尽可能多地收集相关的各种资料，并对资料进行鉴别，保证资料的权威性和客观性。然后，对各种资料按比较的指标进行归类。最后，对这些归类好的资料作出解释，即赋予资料现实意义。

（4）比较分析

对收集到的材料按一定的标准进行比较，并分析其产生差异的原因，而且要尽可能地进行评价。比较时应以客观事实为基础，对所有的材料进行全面的客观的分析。

（5）得出结论

通过对材料的分析比较得出结论，并对得出的结论进行理论和实践的论证。

除了以上几种常用的研究方法外，在学前教育科研活动中，研究者还经常使用教育经验总结法、文献法、统计法、因素分析法、历史法等研究方法。

四、当代学前教育科研的新方法

自 20 世纪初期开始,观察法、实验法、调查法、比较法、统计法等定量研究方法被广泛应用于儿童研究活动中,有力地推进了儿童研究理论和实践的进步。第二次世界大战后,儿童研究重新引起人们的关注,研究者认为儿童的发展与整个社会环境的变革紧密相连,儿童的成长环境直接影响其发展的方向与质量。因此,学者们认为,学前教育科学研究不能简单地照搬自然科学的研究方法,行动研究、质性研究、叙事研究等方法能够更全面地展现儿童生活与发展的全部内容,应该在研究活动中得到广泛推广。

(一) 教育行动研究

1. 教育行动研究的含义与特点

教育行动研究是指教师在现实教育教学情境中自主进行反思性探索,并以解决工作情境中特定的实际问题为主要目的,强调研究与活动的一体化,使教师从工作过程中学习、思考、尝试和解决问题。教育行动研究是以教师的教育实践为主要导向,是应用研究的一种,强调对日常教学活动的关注。① 通过教育行动研究,可以提高教师解决实际问题的能力,提高其适应和参与课程与教学改革的有效性,促进其专业发展。

"为行动而研究,对行动的研究,在行动中研究"是行动研究法的基本特点。教育行动研究作为行动研究的重要分支,其主要特点包括实践性、合作性、及时反馈性、兼容性、开放性等,而且教育行动研究具有其独特的优点,即简便易行,参与性强,使教育实践与科学研究处于动态的结合与反馈活动中。我们也应该看到,在学前教育实践中,因为研究者或教育实际工作者过于强调行动研究法的简单易行、要求较宽松的一面,忽视其计划性、系统性和潜在的控制性,使得某些行动研究显得缺乏起码的可靠性和说服力。且在教育研究过程中,研究的样本也会受到限制,不具代表性,自变量的控制成分很少,而内外部效度显得都有些脆弱,某些方面不符合科学的严格要求。

2. 教育行动研究的实施过程

教育行动研究的具体实施过程如下:① 确定研究课题。发现教育工作中需要解决的实际问题,选定研究主题,并对研究问题的成因进行分析诊断与肯定。② 拟订研究计划。明确研究课题的总目标,围绕课题目标设计研究方法、程序和监控手段等。③ 实施行动研究:收集资料、拟定并实施有效的教育措施;④ 进行总结评价:汇集资

---

① [美] 维尔斯曼.教育研究方法导论[M].袁振国,主译.北京:教育科学出版社,2003:13.

料、做好观察记录,根据各种信息反馈认真修订行动计划,再实施新一轮的行动研究,直至实现研究总目标。概括地说,教育行动研究是一个螺旋式深入的发展过程,每一个螺旋发展圈又都包括计划—实施—观察—反思四个相互联系、相互依赖的基本环节。

(二) 教育质性研究

1. 教育质性研究的含义与特点

教育质性研究,是以研究者本人作为研究工具,在自然情景下采用多种资料收集方法对社会现象进行整体性探究。在研究过程中,研究者主要使用归纳法分析资料和形成理论,通过与研究对象互动对其行为和意义建构获得解释性理解的一种活动。教育质性研究的理论基础是后实证主义、批判理论和建构主义三种理论范式。[①] 教育质性研究是与量化研究相对应的一种研究方法,强调教育现象充满着意义和诠释,应以整体的观点看待教育问题、研究教育现象,反对将自然科学研究物质世界的方法简单地应用于复杂的教育现象。

教育质性研究的优点:适合在微观层面对教育现象进行比较深入细致的描述和分析,适合对小样本进行个案调查和比较深入的研究,适合研究者对不熟悉的现象进行探索性研究,注重事件发生的自然情境和事件发展的动态过程,叙事的方式更接近于一般人的生活,研究结果容易起到迁移作用。

教育质性研究的局限性:不适合在宏观层面对规模较大的人群或幼儿园进行研究,不适合对事物的因果关系或相关关系进行直接的辨别,研究没有统一固定的程序和公认的质量标准,研究结果的效度和信度难以进行准确的测量,研究结果不具备量化研究的普遍意义和广泛推广价值。

2. 教育质性研究的实施过程

教育质性研究的过程一般包括:① 教育研究设计;② 研究问题的选择;③ 研究资料的搜集;④ 整理分析资料;⑤ 研究成果的表达;⑥ 研究结果的评估。这些环节虽然与一般的教育研究实施过程类似,但质性研究的主要特点是在研究活动开展之前,很少对所要研究的问题提出假设。[②]

(三) 教育叙事研究

1. 教育叙事研究的含义与特点

教育叙事研究主要是指以叙事的方式开展的教育研究。它是研究者(主要是教师)通过对有意义的校园生活、教育教学事件、教育教学实践经验的描述与分析,从而

[①] 陈向明.质的研究方法与社会科学研究[M].北京:教育科学出版社,2000:12-14.
[②] 陈向明,林小英.如何成为质的研究者——质的研究方法的教与学[M].北京:教育科学出版社,2003:12-14.

揭示内隐于这些生活、事件、经验和行为背后的教育思想、教育理论和教育信念,进而发现教育的本质、规律和价值意义。

教育叙事研究的优点易于操作,时间可长可短,接近日常生活与思维方式,能创造性地再现事件场景和过程,具有人文气息,更能吸引读者,可以帮助读者在多个侧面和维度上认识教育实践,促使读者对教育事件展开必要的想象,深入理解教育的本质与内涵。

同任何一种科研方法一样,教育叙事研究也并不是尽善尽美的。教育叙事研究的特点主要概括为:擅长从特定的教育情境中发现意义,"使用归纳法分析资料和形成理论,通过与研究对象互动,对研究对象的行为和意义进行解释。"[①]这使得教育叙事研究所得出的解释性结论也是情境性的,不能用作评价的标准,不可作为推论的前提或基础。也就是说,它无法回答普遍性问题,其研究成果的代表性、典型性经常被人质疑,而且由于研究者本人的各方面条件所限,叙事者(教师)不愿意或不能把真实的想法表达出来,有的会"伪造数据",提供"美丽的故事",有的会对事件进行加工,导致数据失真的现象。[②] 这就会不可避免地影响和制约研究活动的信度和效度,其研究结果不具备推广的价值。

2. 教育叙事研究的实施过程

教育叙事研究首先要有"事"可"叙",这就需要选择、观察、收集、整理故事。教育叙事研究还要对"事"进行"研究",这就需要理论的准备和理性的视角。教育叙事研究还要对研究成果进行撰写,这就需要具备流畅洗练的语言表达能力和简洁明快的文字写作能力。这样做出来的研究结果能够有效地在相互交流沟通活动中展现出应有的价值。教师的叙事研究可以概括为这样的流程:确定研究问题—选择研究对象—进入研究现场—开展观察访谈—反思并整理分析资料—撰写研究报告—交流与评价。

优秀的教育叙事研究,应坚持以下原则:事件真实可信;情景典型且具有现实意义;反思深刻且有针对性;叙述清晰,细节描写生动,心理刻画细腻,突出重点矛盾;对他人有思考与启迪的意义。

第二节 幼儿教师专业发展

随着时代的发展,教师工作日益专业化。目前,世界各国普遍实行教师职业资格

---

① 陈向明.质的研究方法与社会科学研究[M].北京:教育科学出版社,2001:243.
② 张希希.教育叙事研究是什么[J].教育科学研究,2006(2):71—75.

准入制度,我国也在20世纪90年代开始进行教师资格制度的试点工作,并在此基础上于2000年9月23日颁布了《〈教师资格条例〉实施办法》,开始全面实施教师资格制度。教师资格制度的实施意味着教师职业真正开始走向专业化。而随着人们对教育期望的不断提高,对教师的期望也越来越高,对教师素质发展的要求也进一步提高,教师的专业发展问题亦随之成为人们关注的焦点。

一、幼儿教师专业发展概述

教师专业发展即指教师通过接受专业训练和自身主动学习,逐步成为一名专家型和学者型教师,不断提升自己专业水平的持续发展过程,是教师由非专业人员成长为专业人员的过程。幼儿教师是教师队伍的重要组成部分,担负着学前教育工作的重要任务与职责,在教师专业发展持续推进和学前教育不断受到关注的社会条件下,幼儿教师专业发展问题成为学术界普遍关注的问题。

(一)幼儿教师专业发展的内涵

1. 教师专业发展的内涵

教师专业发展更多是从教育学维度加以界定的,主要指教师个体的、内在的专业化提高。教师专业发展可理解为"教师个体专业不断发展的历程,是教师不断接受新知识,增长专业技能的过程,是一个教师的职业理想、职业道德、职业情感、社会责任感不断成熟、不断提升、不断创新的过程。"教师的专业发展是一个长期、持续的发展过程,呈现出以下特点。

(1) 教师专业发展的阶段性

随着教师资格制度的实施,教师职业日益专业化。通常,教师从有资格入职到走上讲台再到成长为一个熟练的教师,直至成为教育教学专家,呈现出明显的阶段性特征。不过目前关于教师的专业发展的阶段划分学术界还存在争议,我们认为教师专业发展至少要经历以下发展阶段。

① 准备期。此阶段的个体作为师范类专业的学生在师范院校接受职前培养,使个体(准教师)获得系统的专业知识和专业技能。

② 适应期。此阶段的个体(准教师)通过了教师资格考试并获得工作岗位,成为正式的教师。为了让新教师能更快地适应教师岗位工作,通常会对新教师进行入职培训,通过培训使新教师了解学校、了解学生,在多数学校里还会指派有经验的老教师作为新教师的指导教师,在指导教师的帮助下,新教师逐渐开始独立上课,逐渐学会独立解决教育教学问题。

③ 发展期。此阶段的教师通过教育教学实践,不断总结经验,教育教学能力逐步提升,逐渐成长为一个有经验的成熟的教师,一部分教师开始脱颖而出,成长为优秀教

师或骨干教师,当然也有部分教师出现职业倦态的情况。

④ 创造期。此阶段部分优秀教师或骨干教师通过不断地学习、反思和思考,在对自己的经验进行科学的批判性总结的基础上形成对教育教学的独到的系统的认识,工作中主动探求新思路、新方法,创造性地开展教育教学工作,工作成效显著,成为带领广大教师开展教育教学改革的领军型人物。

(2) 教师专业发展的终身性

当今时代是一个终身学习的时代,社会的快速发展必然带来教育领域的深刻变革,也自然会对教师提出新的要求,因此教师必须不断学习。成熟只是相对的,教师的专业发展空间是无限的,是一个贯穿于教师职业发展始终的系统工程。

(3) 教师专业发展的自主性

自主性是教师专业发展的前提和基础。教师在设计课程、规划教学活动,以及选择教材时,应有充分的自主性,教师本人必须把外在的影响转化为自身专业发展过程中的动力,必须具有自我专业发展的意识。

(4) 教师专业发展的连续性

教师专业发展不仅有阶段性,而且又是持续不间断的,教师只有不断地接受进修和提高自我修养,树立终身学习的理念,才能确保知识、能力、观念符合时代的需求,才能不断地实现自身的发展。

(5) 教师专业发展的丰富性

发展的丰富性主要是指发展内涵的丰富性。教师专业发展是教师的职业素养全方位提升的过程,也是一个渐进的过程。教学工作的复杂性也决定了教师专业发展内涵的丰富性。[①] 教师的培养培训应根据教师发展所处阶段的特点和需要来安排培训的内容和形式,既不能超前也不可滞后。

2. 幼儿教师专业发展的内涵

依据教师专业发展的概念,我们可以从两方面来理解幼儿教师专业发展的内涵:① 从幼儿教师自身而言,幼儿教师专业发展是教师的专业精神、专业知识与能力的不断更新、演进和丰富的过程;② 从外部条件而言,幼儿教师专业发展是通过政策制度、社会环境、幼儿园文化等外部条件的运作,来协助幼儿教师的专业发展。[②]

概括地讲,幼儿教师专业发展的"专业性"应体现在:对社会的必要性;非盈利的服务性目的;职业的独特性;伦理规范性;系统性;发展性等方面。

---

① 叶澜等.教师角色与教师发展新探[M].北京:教育科学出版社,2001:269—275.
② 柳国梁.学前教育教师发展:路径与取向[M].杭州:浙江大学出版社,2013:4—5.

(二)幼儿教师专业发展的独特性

1. 幼儿教师工作的特点

(1) 工作对象的主动性和幼稚性

幼儿教师的工作对象是0~6岁的幼儿,幼儿的身心发展水平较低,身体各器官还不够成熟,思维形象具体,辨别是非的能力比较弱,模仿性较强。教育对象的幼稚性特点,决定了他们的可塑性比较强,容易受到教师的影响,因此,幼儿教师的一言一行都对幼儿有极大的影响,而且该期的教育影响对孩子今后的发展具有重要作用。

幼儿虽然各方面发展还很不成熟,但并非是等待教师灌输的"容器",幼儿是活生生的人,是具有主体意识的人,他们并非消极被动地接受教师的教育影响,而是自主地选择和接纳外在的影响,形成自己的经验和知识结构,发展自己的思想感情。因此,幼儿教师应认识到幼儿是"学"的主体,尊重其主体地位,注意激发其兴趣和积极性,根据幼儿身心发展的特点来开展教育教学活动,这样才能取得良好的教育效果。

(2) 工作任务的全面性和细致性

由于幼儿独立生活和学习能力较差,因此幼儿教师要全面负责幼儿的整个活动,对他们生活、学习中的每一件事都要给予关心和帮助,从孩子早晨入园(所)的晨检、问候开始,到孩子下午离园(所)的叮嘱,对孩子一日生活的每个环节,幼儿教师都需事事躬亲。而且由于幼儿生活自理能力差,自律性也较弱,因此需要幼儿教师时时提醒、反复示范,有时还需亲自手把手地教幼儿学习某些技能,由此,幼儿教师的工作非常细致、具体和琐碎,需要具有极大的细心和耐心。[①]

(3) 工作过程的创造性和灵活性

幼儿正处在人生生长发育最快的时期,其身心发展变化极为迅速,想象力异常丰富,特别活泼好动。幼儿身心发展的特点决定了幼儿教育过程必然是一个充满创造性的过程,如课堂上教师的提问常常会得到幼儿的一些异想天开的回答,而且幼儿好奇心强,教学过程中任何一个意外的情况都会吸引他们的注意力,因此需要教师机智、灵活地及时处理和解决。

(4) 教育影响的示范性和感染性

幼儿好模仿,对教师无限信任和尊重,这使得幼儿教师的言行对幼儿有着极大的示范作用和感染力,凡是深受幼儿喜爱的教师其言行常常会被幼儿模仿,其教导也易被幼儿接受,从而会对幼儿的发展产生重要的影响。

---

① 黄人颂.学前教育学[M].北京:人民教育出版社,2013:420—422.

2. 现代幼儿教师的职业角色

（1）幼儿教师是幼儿的教育者

幼儿教育机构是公共正规的教育组织，其中心任务就是教育、教导儿童，因此幼儿教师主要的职责还是教育孩子。具体来说，作为教育者的幼儿教师应履行以下职责。① 组织与实施幼儿教育活动。在幼儿教育活动中教师要根据课程标准，设计丰富多彩的活动，并组织幼儿积极参与活动，通过活动来获得发展。② 指导幼儿的学习活动。幼儿教师要引导、启发幼儿主动、自觉地去学习、去体验，教师单纯地灌输或一味地包办、代替只会妨碍幼儿的发展。③ 树立幼儿成长的榜样与示范。幼儿教师要善于示范、表演，让幼儿具体地模仿学习，为幼儿树立一个良好的榜样。

（2）幼儿教师是幼儿的游戏伙伴

游戏是幼儿园教育活动的主要组织形式，在游戏中，幼儿教师既是游戏材料的准备者、游戏活动的设计者，也是游戏活动的参与者和游戏中矛盾的协调人。尤其是幼儿教师作为幼儿游戏的伙伴，与幼儿一起做游戏、扮演角色，这个时候教师和幼儿处于平等的地位，教师的教导更易被幼儿所接受，往往能达到较好的教育效果。

（3）幼儿教师是幼儿的知心朋友

幼儿虽然是幼稚的个体，思想还比较单纯，但幼儿已有丰富的情感，且比较敏感，在生活和学习的过程中他们会有愉快或痛苦的感受，高兴的时候希望有人分享，痛苦的时候希望有人分担和安慰，因此要求幼儿教师要善于做幼儿的知心朋友，要能够获得其信任和喜爱，这样才能洞察幼儿的内心世界，了解其喜与忧，有针对性地帮助幼儿，使幼儿能对周围的世界保持积极的情感体验，形成健康的自我。

（4）幼儿教师是幼儿教育研究者

幼儿教师的工作不是一成不变的，而是富有创造性的，出色的幼儿教师不仅仅要较好地扮演以上几种角色，还要成为幼儿教育的研究者，在实践中不断地反思，积极参与教育科学研究，善于以理论指导实践，同时也要能及时把经验上升到理论，使理论和实践相互促进，这样才能使自己的工作保持活力和生机，才能实现自身的专业发展。

二、幼儿教师的职业素养

职业素养，就是专门职业对从业人员的整体要求，教师的职业素质实际上是以一种结构形态而存在的，是"教师拥有和以往教学情境的知识、能力和信念的集合，它是在教师具有优良的先存特性的基础上经过正确而严格的教师教育所获得的"。[①] 根据

---

① 教育部师范教育司.教师专业化的理论与实践[M].北京：人民教育出版社，2003：53.

国家职业分类,教师属于专业技术人员,从事这一职业必须具备专门的资格,符合特定的要求。幼儿教师也不例外,要能够胜任幼儿教师这一职业,必须具备一些基本的职业道德素养和职业智能素养。

(一)职业道德素养

1. 热爱幼儿教育事业

热爱幼儿教育事业是幼儿教师必须具备的基本职业道德素养,也是幼儿教师做好本职工作的前提条件。只有热爱幼儿教育事业,幼儿教师才能全身心地投入幼儿教育工作中,尽职尽责,乐于奉献,勇于进取。

2. 热爱幼儿

幼儿教师的工作对象是幼儿,他们特别需要成人的关爱和帮助,因此幼儿教师应具备的重要职业素养之一就是热爱幼儿。而且教师对幼儿的爱本身就是一种巨大的教育力量,教师爱孩子才会亲近他们,愿意了解他们的内心世界,才能采取适当的教育内容和教育方法去促进幼儿的发展;幼儿只有感受到教师对他们的爱,才会信赖教师、依恋教师,愿意接受教师的教导。因此,爱是打开儿童心智的钥匙,是儿童和教师心灵之间的桥梁。教师对儿童的爱对儿童的成长有着至关重要的作用。

当然,幼儿教师对幼儿的热爱不是出于个人的偏爱,也不是没有原则的溺爱,而是理智的爱,其中既包含对幼儿的尊重,也包含有对幼儿的严格要求。幼儿虽然年龄小,但也有自己的愿望和需要,有自己的独立人格,教师应注意给予满足和尊重,那种轻视儿童正当的需要、任意侮辱儿童的看法和做法是不符合教师职业道德的。然而,由于幼儿年龄小,自律性较差,要使他们养成良好的行为习惯需要教师的严格要求,随时督促。放松对儿童的要求,一味地放纵和溺爱是对孩子的犯罪。

3. 尊重教师集体和家长

教养幼儿的任务不是哪一位幼儿教师可以独立完成的,需要教师集体的共同努力。这就要求每一位幼儿教师应注意尊重、团结自己的同事,热情关心和帮助同事,维护和提高同事在幼儿心目中的形象和地位,虚心接受同事的合理建议,自觉与同事形成一致的教育观念,并在具体的保教工作中与同事保持教育上的一致性,这样才能保证教师对幼儿产生最有效的教育影响。

幼儿教育工作也离不开家长的支持和配合。因此幼儿教师还应注意尊重幼儿家长,理解幼儿家长对孩子的爱护和关心,虚心接受幼儿家长提出的合理建议,与幼儿家长平等相处,相互支持。

(二) 职业智能素养

1. 文化知识素养

(1) 广博的文化基础知识

托儿所、幼儿园的教学分科不像中小学教育那么具体、细化,每位幼儿教师通常要承担孩子的语言、科学、艺术、健康、社会等多领域的教养任务,因此要求幼儿教师要具备较为广泛的文化科学知识。另外,虽然幼儿对世界的认识还是表面的、粗浅的,但幼儿的好奇心强,他们的提问涉及的范围往往很广,会涉及自然和社会的方方面面,因此也要求幼儿教师具备广博的文化基础知识。

(2) 扎实的幼儿教育理论知识

幼儿教师要做好幼儿教育工作,首先必须了解儿童,这就需要幼儿教师系统地掌握儿童生理学和心理学等方面的知识,特别是要了解儿童身心发展的规律,这是幼儿教师对幼儿进行教育的重要依据;其次,了解儿童的目的是为了教育儿童,促进他们的发展,幼儿教师还必须系统地掌握幼儿教育科学知识,包括幼儿教育教学的规律、科学的幼儿教育观、幼儿教育的方法等。只有具备了这些基本的教育理论素养,幼儿教师才能对幼儿进行科学的教育,使幼儿获得全面发展。

2. 教育技能素养

幼儿教师是幼儿教育活动的组织者和实施者,因此仅有理论知识是不够的,还必须具备相应的教育技能。

(1) 观察和了解幼儿的能力

了解幼儿是教师进行教育工作的前提。每名幼儿都是独立的个体,都有自己的特点。幼儿教师要有敏锐的观察力,要善于在幼儿日常的生活和游戏活动中观察幼儿,发现幼儿的兴趣、爱好和个性特点等,以便有针对性地开展教育工作;要善于通过幼儿的言行洞察他们的内心世界,发现他们心理变化的倾向,以便把教育工作做在前头。

(2) 教育组织能力

幼儿教师在进行教育活动时面对的不是单个的幼儿,而是一个班几十名幼儿,而且幼儿一天的活动又是丰富多彩的,如游戏、做操、活动、睡眠、盥洗等,如何合理计划、科学安排幼儿的活动,并使各项活动有秩序地开展,需要幼儿教师具备一定的教育组织能力,包括事先的充分考虑、计划和准备,活动过程中安排细致、步骤明确、有条不紊,事后检查总结以吸取经验教训等。值得注意的是,幼儿教师的教育组织能力是有意识地在学习和工作中逐步提高的。

（3）语言表达能力

在幼儿教育工作中，口头语言是教师和幼儿交往、传达信息以及组织和教育儿童的主要手段，同时学前期又是幼儿语言发展的关键期，而模仿是幼儿学习语言的主要形式，因此，幼儿教师具备良好的口头语言表达能力非常重要。幼儿教师应能说标准的普通话，应能掌握语言的艺术，能生动地讲述故事，有感情地朗读儿歌或诗歌，善于运用通俗易懂的语言来组织儿童活动或对儿童进行教育。

对于幼儿教师来说，书面语言表达能力也是必不可少的，撰写教案、教学日记、经验总结报告和科研报告等都需要幼儿教师具有良好的书面语言表达能力。

（4）艺术表达能力

艺术教育在幼儿教育中具有特殊的意义。一方面，全面发展的教育目的要求使幼儿德、智、体、美几方面都得到发展，因此艺术教育对于幼儿审美素质的提高有着重要的意义；另一方面，幼儿身心发展水平较低，思维形象具体，理解力较弱，注意力难以持久，所以在幼儿教育中幼儿教师常常要通过生动形象的语言描述、直观的动作演示、多种教育形式如歌、舞、演等来激发幼儿的学习兴趣，吸引幼儿的注意力，使幼儿能主动、积极地参与到各项活中来，以使幼儿获得相应的发展。因此幼儿教师必须具备包括弹琴、唱歌、跳舞、表演等艺术表达能力，良好的艺术表达能力能使幼儿教师的教学生动、形象、直观，容易取得较好的教育效果。

（5）设计创造能力

幼儿教育工作是一项富有创造性的工作，培养幼儿的创造力也是幼儿教育的目的之一，因此要求幼儿教师具备一定的设计创造能力，如设计制作教玩具的能力、创设美化环境的能力、创造性地组织幼儿活动的能力等。设计创造能力的充分发挥能使幼儿教师的教育教学取得较好的教学效果，如教师自己设计制作的教玩具往往能较好地配合教学内容，容易吸引幼儿的注意力；教师设计、布置的优美的教学环境能给幼儿以美的感受，也容易使其喜欢托儿所、幼儿园，能在愉快的气氛中接受教育；教师创编的歌、舞或游戏活动则丰富了幼儿的生活，能使其获得更多的锻炼和发展。

（6）自我发展能力

社会在不断发展，对幼儿教师的要求也在不断提高，这就要求幼儿教师具备自我发展的能力。幼儿教师一方面要善于从书本、网络中学习，积极参加继续教育培训，努力提高自己的教育素养；另一方面也要善于在实践中学习和向同行学习，善于进行教学反思，总结经验教训，虚心接受同行的合理建议，不断提高自己的工作能力。

案例 9-1

故事中有你的未来——幼儿园优秀青年教师成长录①

(一) 一次难忘的"跟踪追击",让我明白孩子是一本独特的书

在进行"设计教学"的过程中,孩子们常常需要通过"采访"来了解别人的想法、解决问题。而连续带了几年小班的我却常常因为对小班幼儿的采访总是"颗粒无收"而感到疑惑。那一天,孩子们准备出去采访,主题是"大家在节日里都做了什么"。我看到孩子们在采访途中要么在教室门口晃悠,要么在走廊中来回"疯"跑,脸上洋溢着快乐的笑容,仿佛"采访"与他们毫无关系。而当被采访的一位老师无意间提到自己在假期中去喝喜酒的事情时,孩子们立刻笑逐颜开地和老师聊了起来,不断地向老师讲述自己喝喜酒时的见闻,根本没注意到老师强调的过节活动。在之后的"记录"环节中,孩子们把老师讲述的话全部抛在脑后,却将自己讲述的喝喜酒过程(什么鞭炮啊、酒瓶啊等)全部表达了出来。这些稚拙的画面自然而丰富,充满了成人无法想象的趣味。而我居然也忘记了自己的任务,完全被孩子们的世界吸引了。那一刻,这些熟悉的小精灵对我而言是那样地陌生。

从那一刻起,我才明白孩子是本独特的书,书里没有我们熟知的经验,只有孩子的逻辑、孩子的哲学、孩子的快乐人生。对于这本书,我知道的太少太少,我需要定下心来,去倾听来自那本书的声音,去理解来自那本书的一切。"解读童心"才是教育的本源啊。

(二) 一次至今未说的道歉,让我懂得尊重是一种根植于心的素养

在带全托小班的时候,我有一本心爱的摘记本,本子上记录了许多令我心动的东西,比如一首打动心灵的诗句,或夹着以前的学生送我的小卡片。本子的封面上还印着曼妙的兰花。孩子们都知道,这本子是刘老师的宝贝。可有一天午餐后,当我回到电脑前翻看小本子时,却发现里面的每一页上都被涂上了乱糟糟的线条,一看就是班里孩子的"杰作"。当火冒三丈的我找出"案犯"凯凯时,再也克制不住心中的愤怒,劈头盖脸地给了孩子一顿训。凯凯没出声,只用泪水回答我。

---

① 李继文. 故事中有你的未来——幼儿园优秀青年教师成长录[M]. 上海:上海社会科学院出版社有限公司,2009.

周一清晨,凯凯妈妈送孩子来学校,轻声将我叫到一边说道:"刘老师,凯凯说他把您心爱的本子给画花了,真是很抱歉,实在对不起您了。孩子告诉我,他其实是想让您开心,让您喜欢他,所以在本子的每一页上都画上了封面上的兰花草。因为他觉得刘老师最喜欢兰花草!"凯凯妈妈走后,我急忙拿出本子细细辨认,从那杂乱的线条上依稀能寻找出兰花草的轮廓。那一刻,真想对凯凯说声:"对不起,老师错了。"可是,当时的我却没有勇气那么做。

如今看来,当时我缺的不仅是认错的勇气,还有一种对孩子真正的理解、尊重和包容。那对教师来说是最重要、最应该根植于心的人文素养啊。每每想到凯凯妈妈的话,都令我汗颜。但我想,就让这句至今没有说出口的"对不起"成为我的警钟、化作充实自己教育素养的动力吧。

人生是一条经历汇成的长河,每一种经历如同珍珠般闪烁其中,它们的光芒激励着我向前。而在未来的岁月中,也有一些"明灯"指引着我成长的方向。

(三)一种朴实有效的教学风格

崇尚朴素是因为教学不是华丽的演出,它需要的是真实的心灵和智慧的碰撞。崇尚朴素是因为教学中没有绝对的老师和学生,它建立的是教学相长的过程。崇尚朴素是因为教学不是一日之计,而是长久之治。在后现代主义的视角中,儿童不是被动的接受者、被改造者,而是令人惊讶的、有力量有能力的人;早期教育机构也不是塑造儿童的场所,而是一个儿童和他所相遇的人共同参与的、能够产生文明社会的"论坛"或"广场"。我赞同这个观点,并且希望将其付诸实践,也许努力关注细节便是一种方式。"关注细节"本身是朴素而实效的方法。关注每一个孩子不同的个体特点、关注同一个孩子不同的需要,并且给予他们适宜的、自然的支持。我想,这必定是很难的,而且这当中也必定有很多教育行为是细微的、得不到所谓的"显著效果"的。但就像我之前说的,"人生没有浪费的经历",我想对于孩子,我也不会有"浪费的精力"。所有细节上的关爱和支持,再微小、再看不到回报,那也是我播撒在孩子心田的种子。我坚信,那是幸福的种子,收获的将是孩子如花般的人生。

(四)一条突破成长瓶颈的途径

长久以来,我一直为自己在活动中与孩子们游刃有余的互动而感到沾沾自喜。进入名师后备培训班后,却常常会被导师和同伴们问及具有个人风格的师幼互动的原则和方法。每当这个时候，原来那些面对幼儿时来去自如的话语却仿佛在喉舌间打结，怎么也无法清晰表达。是啊，在这么多年的实践中，我引以为豪的经验究竟是什么？该如何呈现给同行、如何和他们交流让自己的经验获得扩展？让我"不舒服"的教学症结在哪里？我该怎样思考，怎样向理论求助？我对自己的专业发展认识到什么程度？我适合怎样的专业发展之路？我还能如何发展？……我突然发现，曾以为和自己无关的"理论"居然成了突破自我专业发展瓶颈的一条道路。在导师和同伴们的指导和鼓励下，我于2007年申报了区级课题《幼儿视觉艺术教育中的对话教育研究》并立项，希望能够借助课题的实施来梳理自己的实践知识，加深对互动技术理论的认识，并以理论作为指导实践的依据，逐步形成独立而清晰的教育见解。

（五）一段夯实人文素养的历程

在我们这个时代，文化是一种决定性的力量（欧文·拉兹洛），而文化素养也是教师专业发展的核心保障。好书、好文章承载了人文哲理和对生活、工作的启迪，阅读能帮助我们沉淀文化底蕴、历练人文品性。也许是因为受到导师们的影响，我渐渐爱上了阅读，并且懂得阅读不仅仅是用眼看，更要用心悟，应选择精髓、深入分析、向外延展、向内自省，悟出事理、悟出缺失、悟出方法。我希望能在这样的看和悟的过程中拓展眼界，积淀人文素养。我想，成为一名有充实的人文素养的教师，首先要成为一个不断自我完善的人，而自我完善的方法，也许阅读是其中重要的一种吧。如今，我已经感受到了阅读的力量，感受到了阅读带给我的改变，我会把这种力量投身于我从事的幼儿教育，并用它去感染和影响更多的人。

经历是过程，不管是过去已经经历过的，还是未来需要经历的，它们都将成为我心中弥足珍贵的财富。人生没有浪费的经历。

知识小卡片 9-1

幼儿园教师专业标准（试行）

为促进幼儿园教师专业发展，建设高素质幼儿园教师队伍，根据《中华人民共和国教师法》，特制定《幼儿园教师专业标准（试行）》（以下简称《专业标准》）。

幼儿园教师是履行幼儿园教育工作职责的专业人员，需要经过严格的培养与培训，具有良好的职业道德，掌握系统的专业知识和专业技能。《专业标准》是国家对合格幼儿园教师专业素质的基本要求,是幼儿园教师开展保教活动的基本规范,是引领幼儿园教师专业发展的基本准则,是幼儿园教师培养、准入、培训、考核等工作的重要依据。

(一) 基本理念

1. 幼儿为本

尊重幼儿权益,以幼儿为主体,充分调动和发挥幼儿的主动性;遵循幼儿身心发展特点和保教活动规律,提供适合的教育,保障幼儿快乐健康成长。

2. 师德为先

热爱学前教育事业,具有职业理想,践行社会主义核心价值体系,履行教师职业道德规范。关爱幼儿,尊重幼儿人格,富有爱心、责任心、耐心;为人师表,教书育人,自尊自律,做幼儿健康成长的启蒙者和引路人。

3. 能力为重

把学前教育理论与保教实践相结合,突出保教实践能力;研究幼儿,遵循幼儿成长规律,提升保教工作专业化水平;坚持实践、反思、再实践、再反思,不断提高专业能力。

4. 终身学习

学习先进学前教育理论,了解国内外学前教育改革与发展的经验和做法;优化知识结构,提高文化素养;具有终身学习与持续发展的意识和能力,做终身学习的典范。

(二) 基本内容

维度	领域	基本要求
专业理念与师德	(一)职业理解与认识	1. 贯彻党和国家教育方针政策,遵守教育法律法规。 2. 理解幼儿保教工作的意义,热爱学前教育事业,具有职业理想和敬业精神。 3. 认同幼儿园教师的专业性和独特性,注重自身专业发展。 4. 具有良好职业道德修养,为人师表。 5. 具有团队合作精神,积极开展协作与交流。
	(二)对幼儿的态度与行为	6. 关爱幼儿,重视幼儿身心健康,将保护幼儿生命安全放在首位。 7. 尊重幼儿人格,维护幼儿合法权益,平等对待每一个幼儿。不讽刺、挖苦、歧视幼儿,不体罚或变相体罚幼儿。 8. 信任幼儿,尊重个体差异,主动了解和满足有益于幼儿身心发展的不同需求。 9. 重视生活对幼儿健康成长的重要价值,积极创造条件,让幼儿拥有快乐的幼儿园生活。

续表

维度	领　域	基本要求
	(三)幼儿保育和教育的态度与行为	10. 注重保教结合,培育幼儿良好的意志品质,帮助幼儿形成良好的行为习惯。 11. 注重保护幼儿的好奇心,培养幼儿的想象力,发掘幼儿的兴趣爱好。 12. 重视环境和游戏对幼儿发展的独特作用,创设富有教育意义的环境氛围,将游戏作为幼儿的主要活动。 13. 重视丰富幼儿多方面的直接经验,将探索、交往等实践活动作为幼儿最重要的学习方式。 14. 重视自身日常态度言行对幼儿发展的重要影响与作用。 15. 重视幼儿园、家庭和社区的合作,综合利用各种资源。
	(四)个人修养与行为	16. 富有爱心、责任心、耐心和细心。 17. 乐观向上、热情开朗,有亲和力。 18. 善于自我调节情绪,保持平和心态。 19. 勤于学习,不断进取。 20. 衣着整洁得体,语言规范健康,举止文明礼貌。
专业知识	(五)幼儿发展知识	21. 了解关于幼儿生存、发展和保护的有关法律法规及政策规定。 22. 掌握不同年龄幼儿身心发展特点、规律和促进幼儿全面发展的策略与方法。 23. 了解幼儿在发展水平、速度与优势领域等方面的个体差异,掌握对应的策略与方法。 24. 了解幼儿发展中容易出现的问题与适宜的对策。 25. 了解有特殊需要幼儿的身心发展特点及教育策略与方法。
	(六)幼儿保育和教育知识	26. 熟悉幼儿园教育的目标、任务、内容、要求和基本原则。 27. 掌握幼儿园环境创设、一日生活安排、游戏与教育活动、保育和班级管理的知识与方法。 28. 熟知幼儿园的安全应急预案,掌握意外事故和危险情况下幼儿安全防护与救助的基本方法。 29. 掌握观察、谈话、记录等了解幼儿的基本方法。 30. 了解0~3岁婴幼儿保教和幼小衔接的有关知识与基本方法。
	(七)通识性知识	31. 具有一定的自然科学和人文社会科学知识。 32. 了解中国教育基本情况。 33. 掌握幼儿园各领域教育的特点与基本知识。 34. 具有相应的艺术欣赏与表现知识。 35. 具有一定的现代信息技术知识。
专业能力	(八)环境的创设与利用	36. 建立良好的师幼关系,帮助幼儿建立良好的同伴关系,让幼儿感到温暖和愉悦。 37. 建立班级秩序与规则,营造良好的班级氛围,让幼儿感受到安全、舒适。 38. 创设有助于促进幼儿成长、学习、游戏的教育环境。 39. 合理利用资源,为幼儿提供和制作适合的玩教具和学习材料,引发和支持幼儿的主动活动。

续表

维度	领域	基本要求
	（九）一日生活的组织与保育	40. 合理安排和组织一日生活的各个环节,将教育灵活地渗透到一日生活中。 41. 科学照料幼儿日常生活,指导和协助保育员做好班级常规保育和卫生工作。 42. 充分利用各种教育契机,对幼儿进行随机教育。 43. 有效保护幼儿,及时处理幼儿的常见事故,危险情况优先救护幼儿。
	（十）游戏活动的支持与引导	44. 提供符合幼儿兴趣需要、年龄特点和发展目标的游戏条件。 45. 充分利用与合理设计游戏活动空间,提供丰富、适宜的游戏材料,支持、引发和促进幼儿的游戏。 46. 鼓励幼儿自主选择游戏内容、伙伴和材料,支持幼儿主动地、创造性地开展游戏,充分体验游戏的快乐和满足。 47. 引导幼儿在游戏活动中获得身体、认知、语言和社会性等多方面的发展。
	（十一）教育活动的计划与实施	48. 制订阶段性的教育活动计划和具体活动方案。 49. 在教育活动中观察幼儿,根据幼儿的表现和需要,调整活动,给予适宜的指导。 50. 在教育活动的设计和实施中体现趣味性、综合性和生活化,灵活运用各种组织形式和适宜的教育方式。 51. 提供更多的操作探索、交流合作、表达表现的机会,支持和促进幼儿主动学习。
	（十二）激励与评价	52. 关注幼儿日常表现,及时发现和赏识每个幼儿的点滴进步,注重激发和保护幼儿的积极性、自信心。 53. 有效运用观察、谈话、家园联系、作品分析等多种方法,客观地、全面地了解和评价幼儿。 54. 有效运用评价结果,指导下一步教育活动的开展。
	（十三）沟通与合作	55. 使用符合幼儿年龄特点的语言进行保教工作。 56. 善于倾听,和蔼可亲,与幼儿进行有效沟通。 57. 与同事合作交流,分享经验和资源,共同发展。 58. 与家长进行有效沟通合作,共同促进幼儿发展。 59. 协助幼儿园与社区建立合作互助的良好关系。
	（十四）反思与发展	60. 主动收集分析相关信息,不断进行反思,改进保教工作。 61. 针对保教工作中的现实需要与问题,进行探索和研究。 62. 制定专业发展规划,不断提高自身专业素质。

（三）实施建议

1. 各级教育行政部门要将《专业标准》作为幼儿园教师队伍建设的基本依据。根据学前教育改革发展的需要,充分发挥《专业标准》引领和导向作用,深化教师教育改革,建立教师教育质量保障体系,不断提高幼儿园教师培养培训质量。制定幼儿园教师准入标准,严把幼儿园教师入口关;制订幼儿园教师聘任(聘用)、考核、退出等管理制度,保障教师合法权益,形成科学有效的幼儿园教师队伍管理和督导机制。

2. 开展幼儿园教师教育的院校要将《专业标准》作为幼儿园教师培养培训的主要依据。重视幼儿园教师职业特点,加强学前教育学科和专业建设。完善幼儿园教师培养培训方案,科学设置教师教育课程,改革教育教学方式;重视幼儿园教师职业道德教育,重视社会实践和教育实习;加强从事幼儿园教师教育的师资队伍建设,建立科学的质量评价制度。

3. 幼儿园要将《专业标准》作为教师管理的重要依据。制定幼儿园教师专业发展规划,注重教师职业理想与职业道德教育,增强教师育人的责任感与使命感;开展园本研修,促进教师专业发展;完善教师岗位职责和考核评价制度,健全幼儿园绩效管理机制。

三、幼儿教师的专业发展途径

幼儿教师的专业化发展不仅仅是职业资格认定或从教时间的自然延伸,而是幼儿教师确立终身学习的观念,不断保持学习的心态,不断提高自身的各项素质,形成自我发展的专业发展理念。幼儿教师专业化发展过程需要政府、各级各类教育部门和幼儿教师通力协作,以职前培养、在职培训、园本教研和教师自我教育等途径来实现,具体来说,幼儿教师的专业发展应该从以下几方面来展开。

(一)各级政府部门要为幼儿教师的专业发展提供政策保障

1. 负责幼儿教育的各政府部门应当对教师的专业成长提出可操作性的要求

例如在行政审批中形成对教师专业成长的要求,并将其体现在幼儿教育相关的评估中,为幼儿教师专业成长提供政策性保障,为切实提高教学水平和教师素养营造良好的宏观政策环境。

2. 师资培养和教师培训中要"以人为本"

充分考虑幼儿教师的生活状态和工作现状等影响因素,为幼儿教师提供形式灵活、针对性强、实效性高的教师培训,让不同起点的幼儿教师都能在培训中真真正正地提高理论水平,提高案例分析能力,实现教师的专业成长。在管理中"放权",让教师更加灵活地、创造性地开展工作。《纲要》第三部分指出:"教育活动的组织和实施过程是教师创造性地开展工作的过程。"作为管理者,就应该为教师更好地发挥创造性提供有利的环境和条件,即在管理中,充分"放权",尤其是对教师的教育教学工作给予更多的自主决定权。

3. 建立相应的促进教师专业成长的体制和机制

目前我国与幼儿教师专业成长相关的法律、法规、制度的制定和体制的形成都处在刚刚起步阶段。在颁布《幼儿园教师专业标准(试行)》的基础上,进一步制定教师专业培养制度及奖励制度,将教师的专业能力与专业培训的资历确立为专业内晋升和奖励的重要依据,通过职称评定、工资晋升、职务提升等激发教师参加专业培训、提高专业能力的积极性,并为幼儿教师专业发展提供相关支持。

(二) 托幼园所要实施"人本管理",为教师的专业发展创造条件

1. 为教师专业发展创设支持性的园所精神文化

积极为教职工营造良好的工作环境,为每个人的成长与发展提供支持与服务,这是园所文化建设的重要内容。园所应通过组织各种丰富多彩的活动与竞赛,为教师创设一个平等、宽容、和谐的精神环境,进而提高集体凝聚力,使教师对幼儿园产生依赖感和认同感。[1]

2. 优化园所内部管理,创设支持性的园所管理文化

托幼园所的管理体制和教师自身的工作压力常成为教师专业发展的显性障碍,为此可以通过优化园所内部管理体制,尽量为教师专业发展提供一个支持性的环境,如通过优化一日工作流程,提高工作效益,从而节省教师的工作时间,减轻其工作压力与负担。[2]

3. 创设基于园所的多元教师培训文化

可以在培训形式和培训层次上下手,为教师的专业发展提供一个有效的平台。如通过专家讲座、现场案例分析等活动,拓展教师专业成长的途径;通过实地检查和集中培训学习,更新观念,树立正确的儿童观、教育观和质量观;力求把日常教学工作和教学研究融为一体,形成一种新的教师职业生活方式,促进教师职业道德与专业水平的提高。[3]

(三) 促进幼儿教师树立自我专业发展的观念

1. 树立终身学习的观念

自我发展、自我培养和自我教育已经成为现代教师专业成长的重要理念。特别是对于幼儿教师来说,要具备广博的学科知识、深厚的实践学养、扎实的理论基础,就必须把自己投入终身教育的体系中,树立终身学习的观念。要抓住每一个机会和场所获取知识,通过各种渠道,不断充实自己,实现自身的专业发展。

---

[1] 邓泽军.我国幼儿教师专业化问题与建议[J].学前教育研究,2007(5):51—52.
[2] 崔哲等.人本管理与幼儿教师专业发展[J].学前教育研究,2007(5):51—52.
[3] 周玮.幼儿园教师专业成长的调查报告[J].教育导刊,2007(11):10—14.

2. 注重团队学习中的自我发展

瑞吉欧教育模式的代表人物马拉古兹提倡教师的团队学习,他认为"教师必须放弃孤立、沉默的工作模式"。为此,园本培训、园本教研等幼儿园团队学习方式应当成为教师专业成长的重要途径。在团队学习中,通过教师成员间的相互对话,使个人的思想在团体中相互交流、相互激荡、相互碰撞、彼此影响,从而产生新的见解,形成教育智慧。

3. 倡导基于案例的自我分析和反思

基于案例的反思是新手教师专业化进程的核心所在,当教师把眼光投向自己的教育教学活动轨迹的时候,就意味着对"旧我"所包含的教研理念和行为的扬弃,也意味着对未来发展图景的规划,这是一种自我超越。实践与反思可以促进教师自身的专业成长与发展。[1]

案例 9-2

中班案例反思:沉默不是金

(一)案例背景

迪迪是个在幼儿园不愿说话的女孩。每天进入幼儿园,就是她一天沉默状态的开始。据了解,孩子的父亲是一名商人,长期在外地工作,母亲的工作地点比较远,早出晚归。孩子长期由外婆照料,和外婆的感情异常深厚,无论在哪里总有外婆陪伴。外婆说孩子在家很活泼,可是一出家门就很少说话,也不和周围的小伙伴玩游戏,总是不离外婆的左右。

根据以上情况的分析,该幼儿出现了交往恐惧。那么,如何帮助该幼儿改变这种非正常的交往状况?

(二)案例描述

孩子刚入园的一个上午,迪迪拽着外婆的衣角进入教室。一进教师,她一只手去拿玩具,另一只手仍然紧拉住外婆的衣角。我走过去微笑着和她打招呼:"你早,迪迪。"她张张嘴倒抽了一口气也没把"老师早"说出口。外婆不高兴地撇开她的手说:"赶快说,老师早。"迪迪被外婆的吼声吓住了,立刻嚎号大哭。拽着外婆的手就更紧了。我试图把她抱在怀里,可怎么也拉不住。最后是外婆连扯带拉摆脱了孩子,头也不回地离开教室。可孩子却并不罢休,

---

[1] 张俊珍.专业化:教师教育的必然走向[J].山西教育,2004(4):4-5.

又踢又闹。我意识到,此时讲道理根本不管用,不如用"变魔术"地方法来吸引她。我说"迪迪,你看我手上什么也没有,可是你不哭的话就会变出东西来。"听我这么一说,她一边哽咽地止住哭声,一边瞪大眼睛疑惑看着我。我一边说:"变变变",一边从另一只手摸出带有梅花图案的小印章,我用小印章在一张白纸上印出一朵小梅花,并把小印章放在迪迪的手上:"迪迪,如果我们能天天上幼儿园和小伙伴共同学习本领,小印章就能每天送给你一朵小梅花,你说好不好?"迪迪并没有答复我,只是不停地看着小印章(我知道变魔术的方法已经起到作用了)。

转眼孩子到了中班,迪迪整天还是不怎么说话,我经常站在她身边自言自语:"这些图书不知道是谁看完了也不放好?"迪迪突然说:"是静静。"我故作惊讶:"原来迪迪看见了,那么迪迪可以整理好吗?"迪迪点点头,不言不语地一本一本放整齐。我看这种完成任务的方法可以帮助迪迪建立自信心,于是,经常让迪迪当老师的小助手,拿材料、发教学用具,并经常在活动结束时表扬她。虽然迪迪并没有表现出我想象中的欣喜,但她的脸上有了笑容和自信。一天,我要上一节语言活动:诗歌《七个阿姨摘秋果》。我刚念完第一句,迪迪旁边的小朋友说:"老师,迪迪会念。"迪迪此时正低着头揉搓着衣角。我拉起迪迪的手:"今天,老师和迪迪一起把这首诗歌念出来。我忘记的地方,迪迪帮助我。"我一直拉着迪迪的手,和她一起念,迪迪的声音越来越响亮。此时,我的心跳也在加速,因为迪迪终于能在大家面前大声地说话了。"迪迪,我们再念一遍。"这样连续了三次,小朋友们也为迪迪的进步高兴,为她鼓掌。

(三)案例分析

教师作为幼儿生活中重要的"别人",当我们用积极的眼光、正面的姿态、接纳与宽容的心理去面对幼儿,去和幼儿互动的时候,其实是在给他们一种良好的"社会界定",促使幼儿也用一种积极的态度去看待自己。这也是《纲要》所讲的"能给幼儿创设一种使幼儿感到积极的被接纳、关爱、积极的良好环境。",其原意是为了给幼儿一个积极健康的人际环境,以发展幼儿积极客观的自我意识。

(四)构筑幼儿园与学前教育学者沟通合作的平台

1. 与相关理论专家建立合作平台

学前教育理论工作者不可能完全脱离幼儿园真实现场而独自建构相关的理论,他们时时需要现场案例、资料、经验的补给,同时,作为一线教师也需要相关理论工作者对教师教学实践给予指导和理论层面上的梳理。所以,为相关教育理论专家与幼儿园搭建一对一或一对多的合作平台是教师专业成长的重要途径。①

2. 为一线教师和专家的有效沟通创设相关条件

一方面,通过培训使教师具备基本的理论知识,可以使教师在参加专家培训时能够理论联系实际,深入思考教学实践中的问题。另一方面,专家基于园所的教师培训要园所化,在培训目标上要正确评估教师专业成长的"最近发展区",贴近教师的实际发展水平;在培训内容上要与教师的一线经验相接近;培训形式上要关注教师现有的工作压力。

3. 专家要基于案例分析来开展幼儿教师专业培训

来自专家的教师培训模式是多元的,例如专题报告、问答交流、课堂观摩、课题研究等,而专家有主题的基于现场的案例分析是最具指导性和理论性的模式。在案例分析中,专家既可以避免只讲广度,难挖深度的理论培训误区,又可以以实战带理论,以实例说道理,给一线教师最具冲击力的专业培训。②

 知识小卡片 9-2

幼儿园教师资格考试标准(试行)

为加强中小学和幼儿园教师队伍建设,提高教师队伍整体素质,完善教师资格制度,严把教师入口关,促进教师专业化,根据《中华人民共和国教师法》《教师资格条例》和《〈教师资格条例〉实施办法》,制定中小学和幼儿园教师资格考试标准。中小学和幼儿园教师资格考试标准是教师职业准入的国家标准,是从事中小学和幼儿园教师职业的最基本要求,是进行中小学和幼儿园教师资格考试的基本依据。

(一)考试目标

中小学和幼儿园教师资格考试主要考查申请教师资格人员从事教师职业所必需的职业道德、专业知识与基本能力。

1. 具有先进的教育理念、良好的法律意识和职业道德;具有从事教师职业所必备的科学文化素养和阅读理解、语言表达、逻辑推理和信息处理等基本能力。

2. 掌握教育教学、学生指导(幼儿保育)和班级管理的基本原理和基本知识,并能正确解决教育教学中的实际问题。

---

① 叶澜. 改善发展"生境"提升教师自觉[N]. 中国教育报,2007:09—15(3).
② 董彩红. 促进教师专业化成长[EB/OL]. [2015-01-14]. http://www.bjchild.com/Article/ArticleShow.asp?ArticleID=60339

3. 具备学科教学能力,掌握拟任教学科或专业领域的基本知识,掌握教学设计、教学实施和教学评价的基本原理和方法,并能在教学实践中正确运用。

(二) 幼儿园教师考试内容(见下表)

一级指标	二级指标	三级指标
（一）职业道德与基本素养	1.1 职业理念	1.1.1 关爱幼儿,尊重每个幼儿的人格尊严与基本权利。 1.1.2 理解幼儿教育在人一生发展中的重要性,能认识到幼儿教育必须以每一个幼儿的全面发展为本。 1.1.3 理解教师职业的光荣与责任,具有从事幼儿教育工作的热情。 1.1.4 了解幼儿教师专业发展的要求,具有终身学习与自主发展的意识。
	1.2 职业规范	1.2.1 了解国家主要的教育法律法规,了解《儿童权利公约》。 1.2.2 熟悉教师职业道德规范,能评析保育教育实践中的道德规范问题。 1.2.3 了解幼儿园教师的职业特点与职业行为规范,能自觉地约束自己的职业行为。 1.2.4 有爱心、耐心、责任心。
	1.3 基本素养	1.3.1 了解自然和人文社会科学的一般知识,熟悉常见的幼儿科普读物和文学作品,具有较好的文化修养。 1.3.2 具有较好的艺术修养和审美能力。 1.3.3 具有较好的人际交往与沟通能力。 1.3.4 具有一定的阅读理解能力、语言与文字表达能力、信息获得与处理能力。
（二）教育知识与应用	2.1 学前儿童发展	2.1.1 了解婴幼儿发展的基本原理。 2.1.2 了解婴幼儿生理与心理发展的基本规律,熟悉幼儿身体发育、动作发展和认知、情绪情感、个性、社会性发展的特点。 2.1.3 了解幼儿发展中的个体差异及其形成原因,能运用相关知识分析教育中的有关问题。 2.1.4 了解研究幼儿的基本方法,并能据此初步了解幼儿的发展状况和教育需求。 2.1.5 了解幼儿发展中易出现的问题或障碍。
	2.2 学前教育原理	2.2.1 掌握教育的基本理论,并能据此分析教育现象与问题。 2.2.2 掌握学前教育的基本理论,并能据此分析学前教育中的现象与问题。 2.2.3 了解幼教发展简史和著名教育家的儿童教育思想,并能结合幼教的现实问题进行分析。 2.2.4 掌握幼儿教育的基本原则和不同于中小学教育的基本特点,并能据此评析幼教实践中的问题。 2.2.5 理解幼儿游戏的意义与作用。 2.2.6 理解幼儿园环境创设、班级管理的目的和意义。 2.2.7 熟悉《幼儿园教育指导纲要(试行)》,了解幼教改革动态。

续表

一级指标	二级指标	三级指标
（三）保教知识与能力	3.1 生活指导	3.1.1 熟悉幼儿园一日生活的主要环节，具有将教育融入一日生活的意识。 3.1.2 了解幼儿生活常规教育的内容和要求以及培养幼儿良好生活、卫生习惯的方法。 3.1.3 了解幼儿保健、安全方面的基本知识和处理常见问题与突发事件的基本方法。
	3.2 环境创设	3.2.1 熟悉幼儿园环境创设的原则与基本方法。 3.2.2 理解教师的态度、言行对幼儿园心理环境形成中的重要性，并能进行自我调控。 3.2.3 了解幼儿园常见活动区的功能，能根据幼儿的需要创设相应的活动区。 3.2.4 理解协调家庭、社区等各种教育力量的重要性，了解与家长沟通与交流的基本方法。
	3.3 游戏活动的指导	3.3.1 熟悉幼儿游戏的类型及其各类游戏的特点和主要功能。 3.3.2 了解各年龄阶段幼儿的游戏特点，能根据需要提供支持与指导。
	3.4 教育活动的组织与实施	3.4.1 能根据教育目标和幼儿的兴趣需要和年龄特点选择教育内容，确定活动目标，设计教育活动方案。 3.4.2 掌握幼儿健康、语言、社会、科学、艺术等领域教育的基本知识和相应的教育方法。 3.4.3 理解各领域之间的联系和开展综合教育活动的意义与方法。 3.4.4 活动过程中关注幼儿的表现和反应，并能据此进行调整。 3.4.5 关注个体差异，能根据幼儿的个体需要给予指导。
	3.5 教育评价	3.5.1 了解幼儿园教育评价的目的与方法，能对保教工作进行评价与反思。 3.5.2 能正确运用评价结果改进保教工作，促进幼儿发展。

（教育部师范教育司 教育部考试中心）

本章小结

现代社会的发展对学前教育的质量提出了更高的要求，学前教育工作者一方面要在教育理论的指导下，运用科学的研究方法，探究儿童身心发展规律，提高幼儿园的教育教学质量；另一方面，幼儿教师作为学前教育工作的重要成员，要不断加强学前教育理论的学习和实践探索,通过理论与实践相结合的方式,深入认识其工作的独特性和专业价值,并通过多种途径,不断提升其专业素养,为幼儿的健康成长创设必要的条件。

我们还应看到,幼儿教师主要围绕0~6岁的儿童开展教育教学活动,其工作对象的幼稚性和主体性,导致其工作具有独特的专业特性。学前教育科研既是提高学前教育质量、推进学前教育理论发展的必要方式,也是促进幼儿教师专业发展的重要途径,教育科研与幼儿教师专业发展具有相辅相成的关系。幼儿教师了解学前教育科研的特征与过程,掌握当代教育科研方法,可以有效促进教师科研意识的发展与完善,激发幼儿教师关注教育问题、科学研究教育现象的工作热情,切实推进幼儿教师的专业发展。

 思考与练习

1. 学前教育科学研究的含义是什么?如何开展学前教育科学研究?
2. 简述学前教育科学研究的特征。
3. 学前教育科研的基本过程是什么?进行学前教育科研的基本方法有哪些?
4. 如何搜集整理教育研究文献?
5. 简述教育行动研究的过程。
6. 简述幼儿教师的职业特点。
7. 现代幼儿教师的职业角色主要有哪些?
8. 试述幼儿教师的职业素养。

第十章 幼儿园教育评价

学习目标

1. 了解幼儿园教育评价的作用,掌握评价的概念与评价的原则。
2. 理解评价主体的构成及其重要意义。
3. 了解幼儿园教育评价工作的主要内容,掌握教育评价的过程与方法。
4. 具有对教育教学工作进行评价的能力。

本章知识结构图

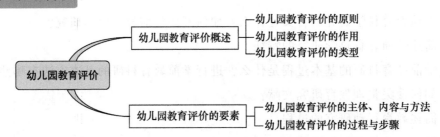

现代教育评价强调评价的诊断和改进功能,即通过评价发现问题,改进工作,创设"适合儿童的教育"。然而,在教育教学实践中,由于受传统观念的影响,仍有不少的教师过分注重评价的鉴定功能,热衷于根据评价结果给儿童"排队"、"贴标签",区分"好孩子"、"差孩子";有的甚至还不负责任地告诉家长,"××是弱智"。这种以"鉴定儿童"为重点的评价,往往使得教师难以正确认识儿童发展的个别差异,很容易对当前发展中存在问题的孩子失去信心,甚至放弃对他们的教育。

第一节 幼儿园教育评价概述

教育评价是以教育目标为依据,运用科学有效的评价技术和手段,对与教育有关的各个方面和要素进行系统的检测、分析、比较,并作出价值判断的过程。幼儿园教育评价是依据一定的标准与程序,有目的、有计划、有组织地对园所各个方面的工作进行科学检查,搜集、整理、处理相关信息,并做出价值判断的过程,目的在于获得改进管理和保教质量的依据,[①]促进教育改革,提高保教质量,推进学前教育学的发展。

一、幼儿园教育评价的原则

(一)计划性原则

幼儿园教育评价的目的是为了更好地推动和促进幼儿园教育。无论是上级行政部门的评价、教育同行间的评价还是教师的自我评价,其最终目的都是为了总结经验、找出问题和确定改进的方向。因此,评价必须有明确的目的和计划,要使幼儿园教育工作在教师的自我调节和控制过程中,不断地向更加科学、更加完善的方向发展,要把评价工作纳入幼儿园行政以及教师日常工作的计划轨道上来。

(二)针对性原则

对幼儿园教育活动的评价要有针对性。即评价必须是针对一定的具体问题或课题而展开的。评价可以是围绕着当前教育活动中存在的主要问题,也可以是针对某一个具体的教育内容领域,还可以是针对某个活动对象且是以促进问题的解决和改善为目的。如某位教师在"音乐欣赏"教学领域的活动中,根据儿童感知的特点,尝试以动作、语言及视觉图像为辅助手段进行音乐欣赏引导活动,经过一个阶段的教学,教师或幼儿园的教研组可以有针对性地对该教师的引导方法和教学手段做出一定的评价,并由此引出对幼儿园音乐欣赏教学模式的思考和探索。这样的评价既有一定的针对性,又体现一定的实用性。

(三)全面性原则

在教育实践的动态发展过程中,教育评价必须连续不断地对教育活动的各个组成部分和各个构成要素进行全面的评价。评价者既要对儿童学习和发展的情况进行评价,又要对教师的教学和指导做出评价;既要对儿童在教育活动中的行为和表现进行评价,又要对儿童在日常环境中的表现进行观察和评价;既要对儿童活动中的能力、兴趣、情感等方面的表现做出一般的、整体的评价,又要承认儿童在学习上的差异性,对个别儿童做出特殊的评价;既要对教育活动的目标、内容以及教育环境和材料的选择、利用进行评价,又要对教育活动的形式、方法以及活动中教师与儿童的互动关系进行评价;既要对静态的活动要素进行评价,又要对动态的活动过程进行评价;既要使评价能够及时地发挥诊断的作用,又要保证评价不会挫伤儿童的心理安全感和自尊心。总之,综合地考虑幼儿园教育各个方面的因素,进行全面而连续的、持之以恒的评价,把幼儿园教育评价制度化,使之真正有益于儿童的发展和学习。

[①] 王坚红.学前教育评价[M].北京:人民教育出版社,2010:2—3.

(四) 客观性原则

客观性原则是指在进行学前教育的评价时应秉承客观、公正、科学而实事求是的态度。特别是涉及每一个评价对象时,必须坚持以客观、公正为基本原则,而且一旦确定了科学而合理的评价标准,就不能随意地更改或变动。只有这样,才有可能促进幼儿园教育的深入开展和不断改进、完善,才可能真正发挥评价的功能和作用。

二、幼儿园教育评价的作用

幼儿园教育评价是幼儿园教育工作的重要组成部分。其目的是了解教育的适宜性、有效性,以便调整和改进工作,促进每一个幼儿的发展。

(一) 反馈作用

无论哪种层面上的评价,其首先体现出的作用和功能就是反馈。"反馈"即将教学活动的信息及时而有效地返回给教师,从而调整和改进教育进程。对幼儿园教育进行评价,可以及时而敏锐地发现教育过程中的新问题、新情况,判断教育整体结构中的每一个环节是否有效,验证幼儿园制订的教育目标、选择的教育内容和方法、环境等是否与儿童的年龄特点、认知特点以及经验水平相适应,等等。只有对幼儿园的教育过程进行全面而科学的测评,才能进一步扎实有效地改进教育工作、提高教育质量。

(二) 诊断作用

通过评价,不仅可以发现问题,还能够指出造成问题的原因,从而对教育活动进行真正的诊断和改进。如可以从教育活动中儿童的知识及能力水平的反映来诊断教育的目标和内容的适宜性,可以从儿童的活动表现和活动结果来诊断儿童的能力发展情况的达成度,还可以从儿童在活动中的兴趣、情感以及个性等态度方面的反应来诊断教育活动方法和程序等的科学性、合理性等。总之,通过教育评价,能够及时地诊断出教育目标、内容、方法、过程以及与儿童能力发展水平之间的适合程度,从而更好地考虑到教育活动中儿童的差异性、教材的适应性、方法的可行性,不断地促进学前教育的改革和发展。

(三) 激励作用

评价可以引起一定的积极心理效果,通过适宜性的评价,结合与之相对应的奖励机制,可使幼儿教育工作者认识到自身的价值和成绩,并且意识到自身存在的缺点与不足,进而激发其工作的内在需要与动机。[①] 比如,在实际工作中,教育管理层、教育研究者和教师若把幼儿园教育评价作为一种持之以恒的自觉行为,对不同教育形式和方法进行评定与比较,探讨不同教育模式的价值和优势,便可以更好地促进幼儿园教育的发展。此外,教师若能够在教育过程的每一次实施中都从教师、儿童、环境和材料等方面做出一定

---

① 王坚红.学前教育评价[M].北京:人民教育出版社,2010:15—16.

的评价,并以此为基础进行下一层次教育活动的设计和实施,就可能避免"走弯路",使教育活动产生最优化的效益。再者,经常性的评价也能够作为一种积累,为幼儿园及同行间的交流提供丰富而实用的参考信息,进而影响和促进一定区域学前教育的完善与发展。

案例 10-1

一次幼儿美术教育活动的评价[①]

一节美术课上,我请小朋友画《春天的花圃》,在小朋友们都聚精会神画画的时候,我发现灿嵘小朋友在画纸上画了很多小竖线,而小花却一朵也没有画。于是,我轻轻地走到他的身边,他却连忙用胳膊把画纸捂住,并且深深地低下头去。很明显,他知道自己"画得不好",就在这时,坐在他旁边的小女孩抢着告诉我:"老师,老师,他什么也不会画,他画得乱七八糟。"

灿嵘听后,很不好意思地红着脸,一脸羞愧地看着我。当时,我看着他的表情,心里像打翻了五味瓶一样。是呀!孩子的心理是多么脆弱,当众出丑让他觉得多么难堪!而我,既不能很虚假地去表扬"你画得不错",也不能完全否定,继续伤害他。我只是很随意地说了一句:"不会画花,可以画一些其他的东西,比如小草……"

灿嵘听我这么一说,捂着的手才慢慢地放开了,他看着自己的画,若有所思地说:"老师,老师,我画的是冬天的花!你看,这就是小雪花。"你瞧,他想得多好!我趁机表扬了他,并告诉他:"春天来了,冬天已经过去了,你也画一些春天的花,好吗?"灿嵘想了想之后,点了点头,又继续画了起来。待活动结束时,我发现灿嵘的画纸上果然多出了许多小花,我会心地笑了。我想:正是因为给予他积极鼓励的评价,才会使他战胜了自卑,拥有了自信。

幼儿园的教育活动评价,既然要发挥出教育功效,就不能缺少了评价这个环节。而评价的目的就在于激发幼儿绘画的兴趣和积极性,使幼儿感受到自己的进步,发现自己的能力和才干。因而教师要用肯定的方式评价幼儿的绘画活动,要善于发现幼儿的不同特点,给予每一名幼儿激励性的评价,使每位幼儿有成功的体验,在保护幼儿的积极情感体验的前提下促进其美术技能的提高。

[①] 参见 http://www.youjiao.com/e/20091028/4b8bd4544dfcb.shtml.

三、幼儿园教育评价的类型

幼儿园教育评价是一个涉及内容较为广泛的活动。根据不同的标准,幼儿园教育评价可分为以下几种类型。

(一)根据评价的功能,分为诊断性评价、形成性评价、总结性评价

1. 诊断性评价

诊断性评价是在教育活动之前进行的预测性评价或"事实评价",目的在于了解幼儿的基础情况,包括对幼儿的智力、技能、行为、能力、个性、情感、态度等进行了解,做出判断,为有效制订教育活动计划或解决某些实际问题提供依据。一般在教育活动开展前或在学期初进行这类评价。

2. 形成性评价

形成性评价是在教育过程中持续进行的,目的在于及时做出反馈性调节,从而调整、修改、补充活动的计划、内容和方法,使教育活动更合理、更完善地开展,促进幼儿的发展。这类评价始终处于一种动态过程中,往往贯穿教育活动的始终。

3. 总结性评价

总结性评价是在某项学前教育计划或方案结束后,对其最终结果进行的评价。主要目的是以预先设定的教育目标为标准,全面了解该阶段教育的结果,对达成目标的程度做出总结评价,为以后制订教育活动的计划、设计方案提供客观依据。如幼儿园进行某项科研活动后进行的成果验收、幼儿园办园等级评定就属于总结性评价。[①]

(二)根据评价的参照体系,分为个体内差异评价、相对评价、绝对评价

1. 个体内差异评价

个体内差异评价是指把某类评价对象中的每一个个体的过去和现在进行比较,或者将同一评价对象的若干侧面进行比较。如把某个幼儿学期初与学期末的动作发展测试成绩进行比较,评价其进步的程度;或将某幼儿园的各方面工作达到某种标准的程度进行比较,考查其优点与不足。

2. 相对评价

相对评价是在某一类评价对象中选取一个或若干个作为基准,将该类对象逐一与基准相比较,判断其是否达到基准所具备的特征及其程度。

3. 绝对评价

绝对评价是以某种既定的目标为参照,目的在于判断个体是否达到这些目标,而

---

① 霍力岩.学前教育评价[M].北京:北京师范大学出版社,2007:52—57.

不受被评团体的影响与约束,忽略个体状况在团体中所处的位置。绝对评价中应重视稳定的绝对标准的合理性。幼儿园实际工作中经常出现绝对评价,如卫生保健所对幼儿生长发育的评价就属于绝对评价,它要求将每一位被评价幼儿的生长发育情况与客观指标进行比较。

(三)根据评价资料的搜集与分析方式,分为定性评价、定量评价

1. 定性评价

定性评价是通过自然情境下对学前教育过程和结果进行调查,或者是对各种口头的、书面的材料加以细致的分析,全面充分地描述评价对象的各种特质,揭示其中蕴涵的意义。评价者从质的方面进行分析评价,用尽可能切合实际的语言、文字来描述被评对象的性质,进而对评价对象进行深层次的分析与判断。

2. 定量评价

定量评价是评价体系中包含的相应计量体系,以数量来显示对象的性质或功能,或反映其中的数量关系。在量化评价中,评价者采用直接量化的方式,对确实存在量化途径的评价指标进行数量化的描述,或经统计分析得出某些结论,以此为依据对教育现象的价值进行评判,标示对象的某些特征。[①]

定量评价是定性评价的基础,定性评价是定量评价的出发点和结果。只有将两者有机结合,才能做出公正合理的评价。

(四)根据评价的主体,分为内部评价、外部评价

1. 内部评价

内部评价也称自我评价。是被评者通过自我认识和分析,对照某种标准,对自己组织的活动做出判断。由于被评者又是评价的主动参与者,所以可使评价进程成为自我认识与提高的途径,有利于改进工作,并易于接受评价结论。

2. 外部评价

外部评价也称他人评价。是由有关方面人士组成评价小组,或由专门人员,对被评者某方面的实态进行的评价。比如,社会专业教育团体、家长委员会、政府主管部门、社会中介机构对幼儿园教育的评价等。

如上所述,教育评价是幼儿园教育工作的一个重要环节,也是提高幼儿教育质量的必要手段。各种各样的评价活动对学前教育的发展均具有重要的促进作用,以上分类只是为了更清楚、细致地认识各种评价活动的特征,[②]进而更好地在实际的教育评价中运用。

[①] 王坚红.学前教育评价[M].北京:人民教育出版社,2010:13.
[②] 王坚红.学前教育评价[M].北京:人民教育出版社,2010:14—15.

知识小卡片 10-1

幼儿游戏一般性发展的观察评价[①]

(一) 观察指导

确定一所幼儿园的大班或中班,观察幼儿自选自由游戏的情况。预先随机选择确定3组被试,每组6人。每次观察一组6人,注意他们在自由自选游戏中的行为表现,观察30分钟,依观察内容或项目(如自选情况、目的性、材料运用等)认真详细观察。每组观察3次,共计9个时间单元,18人次。在观察基础上,评价其游戏一般性发展水平。观察时,还应注意有关场地设置、活动材料及类型的提供、教师的影响等信息。

幼儿游戏一般性发展水平评价表

项 目	评价标准	评 分
1. 自选情况	不能自选 自选游戏材料 自选活动并约伴	
2. 主题目的性	无意识行为 主题不确定,易受外界影响 自定主题,能尽快进入游戏情景 共商确定主题、主题稳定	
3. 材料使用	不会用或无意识摆弄 简单重复 常规玩法正确熟练 材料运用充分,方法复杂多样	
4. 常规	行为混乱/基本遵守/行为有序 不注意爱护/基本爱护常有散落/轻拿轻放爱护玩具 不能整理/部分做到/及时收放认真整理	
5. 社会参与性	独自玩/平行活动/联合游戏/协作游戏	
6. 交往行为	消极交往(独占或排斥、干扰破坏、对抗等)/一般中性交往(交谈逗趣、请求询问、追随模仿)/积极交往(谦让、共享、互助、轮流、合作、协商等)/无交往行为	
7. 创造性表现	(主题情节与材料运用及解决问题等方面)无创新/有所迁移或创新/有明显独创性新颖性	
8. 持续性	活动变换频繁(记录次数)有一定坚持性,完成一项活动后再变换持续活动	
9. 其他	参与环境创设及与教师交往情况	

[①] 张燕,刑利娅.学前教育科学研究方法[M].北京:北京师范大学出版社,1999.

(二) 作业要求

A. 在观察评价的基础上,写出观察报告,要求对评价结果作出解释和分析。

B. 依据你的切身体验对观察评定法进行评价。提出对"幼儿游戏的一般性发展观察评价"的改进建议。

第二节 幼儿园教育评价的要素

《幼儿园教育指导纲要(试行)》指出,教育评价"是了解教育的适宜性、有效性,调整和改进工作,促进每一个幼儿发展,提高教育质量的必要手段。"由此可见,评价对幼儿的发展、教师的成长及课程本身的发展意义重大。

一、幼儿园教育评价的主体、内容与方法

(一) 教育评价的主体

任何活动都有活动的主体,主体是活动的实施者、发起者。

1. 教师

教师是教育活动的具体设计者、实施者,是当然的教育评价主体。

2. 教育管理人员

包括园长、教务主任等教育机构内部管理者,也包括教育机构外的各级各类教育管理者,如行政管理者、业务管理者等。

3. 幼儿

作为教育重要的当事人之一,幼儿理应成为教育评价的主体。

> **案例 10-2**
>
> **不一样的"打分表"**
>
> 避风塘的游戏里有这样一张"打分表"——"笑脸、一般、哭脸",只要是来避风塘的顾客都可以给服务员打分。这是在讨论最佳服务员时,班级设计师为避风塘设计的一张打分表,大家都非常喜欢。这天,文文到避风塘做客,她向1号服务员琪琪点了绿茶和饼干。琪琪很快就为她准备好了需要的东西,

文文要离开的时候,琪琪请她为自己打分。文文毫不犹豫,"笑脸"。琪琪看了看,满足地收回了打分表。不一会,翔翔和伟伟来到避风塘,他们一边下棋一边吃东西,琪琪不停地问两位小客人:"你们还需要什么吗?你们想吃新产品吗?"游戏结束的时候翔翔居然给琪琪打了一个"哭脸"。

游戏结束,琪琪向小客人提出疑问。

琪琪:"我今天为客人服务,文文对我很满意,我很开心。可翔翔给我打了'哭脸',我不知道为什么他不满意。"

老师:"同样的服务员,却得到了不同的分数,这是为什么呢?"

文文:"我对今天的服务员很满意,因为她是微笑服务的。"

老师:"微笑服务确实让别人感到很开心。那翔翔的理由呢?"

翔翔:"我今天和伟伟打牌,打牌的时候琪琪一直来问我们要不要新产品,我们不想要,我觉得她是在打扰我们。"

老师突然意识到原来每个孩子都有自己对角色评价的标准,每个孩子看待事物的角度都是不同的,于是,老师请班级设计师重新设计了一张打分表,同样有"笑脸"和"哭脸",不同的是这张表下留下了一大块空白让顾客填写喜欢的理由或不喜欢的理由。

新的打分表产生了,雪儿在打分表上画了一个店长微笑着送上了礼物,店长旁边画了一个大拇指表示鼓励。

老师对新的打分表组织了讨论。

老师:你看得懂吗?

幼儿甲:这个对店长比较满意,她在边上画了一个"爱心"表示高兴。

老师:满意在什么地方?

幼儿乙:我看见上面有一个礼物,店长送上了礼物让顾客很高兴。

幼儿丙:我看到店长的嘴巴是弯弯的,服务态度一定很好。

老师:原来让顾客满意的方法有很多,看了打分表我们就知道怎样做一个让大家满意的服务员了。

【反思】

游戏中,幼儿使用材料时出现了冲突,促使老师思考"打分表"背后真正的意义,它不仅是在推动游戏情节的发展,更重要的是以大班幼儿的年龄特点为基础,通过同伴互评的方式增强幼儿的角色职责意识,提高幼儿的角色职责水平。所以,一张简单的"满意""不满意"的打分表已经不能满足幼儿游戏的需要,老师将打分表留白,给幼儿更多发挥的空间,从不同角度对服务员进行评价,促使幼儿之间在游戏中的互动评价更加有效。

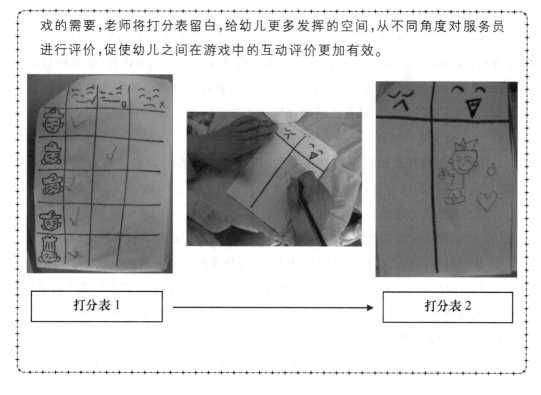

打分表1 ——————→ 打分表2

4. 家长

家长也是教育的重要当事人之一,家长是未成年的孩子的监护人,也是教育评价的主体之一。

针对当前教育评价主体单一的问题,一个突出的思潮是评价主体多元化。所谓评价主体多元化,是指在对某一教育现象进行评价时,应尽可能将该教育活动的各重要当事人都作为评价主体,充分发挥教师、学生、家长及教育管理者的积极性、主动性,从而更好地实施教育、促进学生发展。

《幼儿园教育指导纲要(试行)》一共四部分,第四部分为"教育评价"。从它的内容可以看出,《纲要》强调管理人员、教师、幼儿、家长是评价的"参与者",即这些人群应该是评价主体,而且特别强调指出,"自评"是幼儿园教育工作评价的主要形式,其他人员只是参与评价。因此,我们应重视幼儿在评价中的主体性地位,鼓励幼儿积极参与自评和互评,并注意根据幼儿的年龄特点采取操作简单、形式有趣的评价方式,引领幼儿享受参与评价的乐趣,激起幼儿参与评价的兴趣,从而使幼儿在成为被评价者的同时也成为评价者。[①]

---

① 高峡.聚焦幼儿园教育教学:反思与评价[M].北京:北京师范大学出版社,2007:10—12.

（二）教育评价的主要内容

根据评价内容的不同，可以将教育评价分成三类，即对人的评价（如幼儿评价、教师评价）、对物的评价（如对环境的评价、对设施的评价）、对活动的评价（如对项目的评价、对课程的评价等）。在我国的学前教育实践中，教育评价的内容主要包括幼儿发展的评价、教师发展的评价和教育活动的评价三大类。

1. 对幼儿发展的评价

具体的评价内容教师可以根据评价的目的、教育工作的需要进行选择。一般来说，幼儿发展评价的内容及其切入点主要包括以下几方面。

(1) 按课程领域来对幼儿发展进行评价

(2) 按课程进行的主题所经历的不同阶段对幼儿发展进行评价

① 开始阶段。幼儿已有的经验是什么，对哪些方面发生兴趣。

② 进行阶段。幼儿收集了哪些与主题有关的材料，哪些内容可以进行深入的研究。

③ 主题的深入阶段。幼儿是如何解决问题的，采用了哪些方法和途径，在解决问题的过程中幼儿有哪些差异等。

④ 主题的结束阶段。幼儿在这个主题中获得了哪些发展，还存在什么问题，这些问题如何解决等。

(3) 按多元智力的各个方面来对幼儿进行评价

(4) 按某一事件或某一活动对幼儿发展进行评价

(5) 对幼儿的活动风格进行评价

2. 对教师发展的评价

(1) 对教师教学的评价

对教师教学的评价可以从以下几个方面进行：① 教育计划和教育活动的目标是否建立在了解本班幼儿现状的基础上；② 教育的内容、方式、策略、环境条件是否能调动幼儿学习的积极性；③ 教育过程是否能为幼儿提供有益的学习经验，并符合其发展需要；④ 教育内容、要求能否兼顾群体需要和个体差异，使每个幼儿都能得到发展；⑤ 教师的指导是否有利于幼儿主动、有效地学习。

(2) 对教师素质的评价

对教师素质的评价可从职业道德、专业知识、教学能力、文化素养、参与和共事能力、反省与计划性等方面进行。

3. 对教育活动的评价

(1) 对活动目标的评价

主要包括：评价活动目标与教育的总目标、年龄阶段目标以及单元目标是否有紧密的联系;评价活动目标是否包括了认知、情感与态度、操作技能三方面的要求;评价活动目标是否与儿童的实际情况相适应。

(2) 对活动内容的评价

主要包括:评价活动内容的选择是否与幼儿教育目标相一致,是否与幼儿教育所涉及的范围、领域相一致,是否与幼儿的能力水平相一致,是否具有审美性和艺术性;评价在一个具体的教育活动中各部分内容间的比例关系是否合理;评价活动内容与形式是否相适应;评价活动内容的组织安排是否突出重点、难点;评价活动内容各个部分之间的过渡衔接是否流畅等。

(3) 对活动方法的评价

主要包括:评价方法的选择和运用是否与活动的目标和内容相适应;是否顾及了儿童的年龄特点和水平;是否强调并体现了幼儿的自主性和主体性;是否注意到了与本活动环境和相关设备相联系。

(4) 对教育活动过程的评价

主要包括:评价教师的行为;评价活动中师幼互动情况;评价活动的组织形式;评价活动的结构安排。

(5) 对活动环境和材料的评价

主要包括:是否与该活动内容相适应;是否能适合儿童的实际需要和能力;是否适合教育活动的展开;是否充分地发挥了环境和材料的作用。

(6) 活动效果的评价

主要包括:评价儿童在活动过程中参与和学习的态度——注意力是否集中、表现是否主动积极;评价儿童在活动过程中的情绪情感反应——精神是否饱满、情绪是否愉快和轻松;评价儿童是否达成活动预期目标。

(三) 教育评价的主要方法

1. 观察法

观察法是指在自然条件下有目的、有计划地对观察对象或行为进行考察、记录、分析的一种方法。教师、家长和从事学前教育的科研工作者,通过观察可以了解认识幼儿,获得真实的教育信息,进而对教学和研究进行评价。在学前教育评价中,我们经常使用的两类基本观察方法是描述观察和抽样观察。[①]

(1) 描述观察

描述观察主要是对幼儿在日常生活中的自然行为进行观察记录。通过细致的观察,用记叙性或描述性的语言记录观察对象的动作、语言和活动,从而获得对幼儿个体

---

① 霍力岩.学前教育评价[M].北京:北京师范大学出版社,2007:216-222.

或群体的认识与评价。根据观察记录的目的和要求的不同,描述观察法可分为日记描述和轶事描述两大类。

(2) 抽样观察

抽样观察是一种严格、系统的观察,观察者根据一定的标准,抽取一定的幼儿行为进行观察、记录和研究,从而获得对幼儿行为的了解与评价依据。在观察行为进行之前,观察者应事先做好周密的计划和准备,观察结果具有较强的可靠性和代表性。在学前教育评价中,常用的两种类型是时间抽样和事件抽样。

2. 谈话法

谈话法是通过与幼儿面对面地交谈以收集评价信息的方法。谈话法可分为直接问答的谈话、选择答案的谈话、自由回答的谈话、自然谈话等。[①] 教师在运用谈话法时可采用录音记录的方式保存资料,也可用图文并茂的方式将谈话的内容记录、展示出来,供幼儿和教师、家长共同分享。

谈话法能较快捷地了解幼儿发展中某些难以用行为表现出来的认识方面的问题。常用于收集有关幼儿动机、态度、自我认识等方面的信息,然而,谈话法的记录较为困难,以至于难以作出较为系统的统计。

3. 作品分析法

教师和幼儿合作收集幼儿学年中不同时期具有代表性的阅读、描述、数学、美工和音乐作品,如绘画、泥塑、各种记录单、参观访谈的记录报告、幼儿自创的书写符号、叙述自编故事时的录音带、创编舞蹈时的录像带、一张反映几个幼儿正在合作探究某一实物时的摄影作品、集体创作或积木建构的照片、成人记录幼儿描述的故事或事件等,把作品和教师的文字记录放在一起,可以帮助教师看出幼儿的发展形式,确认幼儿进步的情形。

4. 问卷调查法

问卷调查法是由评价者根据评价目的,向被调查对象发放问卷调查表,广泛收集幼儿发展信息的一种方法。这实际上是一种书面调查方式,不受时空的限制,可以在短时间内获得系统的信息资料。

在幼儿园教育评价中,鉴于幼儿在语言文字能力方面的发展不足,问卷调查多以家长、教师等了解幼儿的成人为主,通过问卷的形式,了解幼儿的行为表现。常用的问卷类型主要有自由记述法、多项选择法、判断对错法、评定量表法。

5. 档案评估法

档案评估法是一种综合性的评价方法,它融过程与结果为一体,兼容了多种具体

[①] 霍力岩.学前教育评价[M].北京:北京师范大学出版社,2007:229—234.

评价的方法,如观察法、谈话法、作品分析法等。教师将一些观察记录的资料,如书面报告、讨论的对话、制作的成品、创作的图画等收集整理后,进行评价,根据评价的结果对课程进行修正,然后再进行评价。

档案的资料主要包括幼儿针对某个话题或主题的讨论、参观或访谈的报告,也包括请家长根据教师设计的问卷进行反馈的信息,如幼儿的爱好是什么、喜欢吃什么、平时会和家人分享在幼儿园里的哪些事情等。其内容是幼儿活动的实际成品,呈现出幼儿的一段成长历史。

(四) 幼儿园教育评价的标准

所谓教育评价的标准,是指教育评价者确定教育存在状况,并对其进行价值判断所依据的衡量尺度。这个尺度能告诉教育评价需要者其教育存在的进展情况和达到的水平。教育评价标准无论是显性的还是隐性的,都是教育评价得以进行的逻辑前提和实施依据。[①] 教育评价标准一般包括评价的指标体系和评价标准。评价的指标体系是评价具体教育活动时根据评价目标、教育目标和管理目标要考虑的全部因素的集合。指标体系是对评价内容的规定,规定从哪些方面去评价某一个具体的教育现象。由于教育评价的内容涉及面很广,所以不可能存在一个统一的标准,能够适合所有的教育评价。对儿童的学习与发展进行评价时,需要儿童学习与发展评价的标准;对教师进行评价时,需要教师评价的标准;对家庭教育进行评价时,需要有家庭教育评价的标准。

有了评价标准,就有了一个如何依照评价标准搜集评价信息的问题。所谓教育评价信息的搜集,就是评价者运用科学的方法,系统地、全面地和准确地搜集评价信息,这些信息和评价标准一起作为进一步对评价对象进行分析、判断的主要依据。评价标准与评价信息在评价工作中起到价值评判的作用,既有助于评价工作的开展,也有助于建立公平的评价体系,[②]推进幼儿园教育事业的发展,进而确保教育公正与公平的发展。

二、幼儿园教育评价的过程与步骤

科学合理的教育评价对幼儿园的教学与改革具有积极的促进作用,可以提高教育教学的质量,进一步增强办学实力。然而,在具体的评价实施过程中,评价者应按照科学、合理的程序,有计划地开展评价工作,以保证评价工作的科学性和有效性。

[①] 戴妩.论教育评价标准的设计[J].教育探索,2013(8):16—17.
[②] 余璐,黄甫全.让每个幼儿都享有优质教育——《国际儿童教育协会全球指导性评估量表》述论[J].教育研究,2013(9):143—152.

虽然在实际的教育评价中存在不同类型的评价方式,其具体组织形式、评价内容和方法运用等存在着差异性,但是每一项评价工作都包含计划、实施和形成结果三个阶段。

(一) 教育评价的过程

1. 明确界定需要评价的问题,拟订评价方案

在这一环节,评价者要对幼儿园工作的背景和相关条件进行系统分析,以便确定评价的实际针对性。另外,准备工作还包括设立评价项目、解决资金来源、明确项目主持人、选择评价实施工作人员等。项目主持人要根据评价的目的与被评价对象的条件,拟订评价的实施方案。

2. 在评价方案的指导下实施评价

评价工作人员根据评价方案搜集评价资料,包括从各种渠道获得的原始资料,以及汇总、整理、检查和验证资料。通过周密翔实的评价计划的制订、科学系统的评价资料的搜集,为下一步评价结果的形成与分析做好准备。

3. 深入分析评价资料,形成客观合理的评价结果

评价结果不但包括对评价问题的解答,还包括对评价活动本身质量的考评。科学合理的评价结论是建立在分析评价资料的基础之上的。在评价过程中,需结合学前教育理论与政策的发展,以及评价资料的特点,对教育活动进行综合性的价值判断,并将评价结果形成总结性报告。[①]

(二) 教育评价的步骤

1. 确定评价目的

评价过程中的一切活动都必须围绕评价目的来展开,确定评价目的与性质是评价工作顺利开展的必要条件。评价者要从三个方面去确立评价目的:① 确定评价的直接目的,即为何评价;② 确定评价的组织者和评审者,即由谁评价;③ 确定评价的具体内容与对象,即评价什么。

2. 设计评价方案

评价方案是评价工作的总体结构与工作规划,是评价工作的指南,评价者在充分构思和科学思考的基础上,对评价工作相关的要素作出合理的安排与规划,制订出评价方案。它主要包括:① 设计评价所依据的目标或标准;② 明确评价指标体系;③ 确定搜集资料的方法和步骤;④ 准备评价记录表格与文件;⑤ 根据资料性质与特点,选择分析资料的方法。

---

① 王坚红.学前教育评价[M].北京:人民教育出版社,2010:74.

3. 搜集评价资料

教育评价的科学性和有效性建立在评价者对资料搜集与占有的完善程度上,评价信息搜集得越充分,处理信息的手段越科学,评价的结果就越具有科学性和准确性。因此,在制订评价方案时,就要考虑好评价资料搜集与整理的方法,确定资料采集人员与资料搜集方式,为下一步分析资料做准备。

4. 处理评价结果

评价者应该在评价资料搜集整理之后,采用事先设计好的定量的方法或定性的方法,认真分析资料,形成对评价对象的综合性判断意见,作出评价结论。评价结果的处理与结论的形成要以评价目的为依据来确立,并谨慎而合理地检查与限定本次评价的信度与效度,以便修正结论或改善评价方案。

5. 形成评价报告

评价者或评价小组在完成评价工作、确定评价结果后,要向被评价对象或听取评价者提供具有针对性的书面报告。该报告是表达和交流评价过程与结果的重要依据,是评价工作的结论,为被评价者的工作提供必要的指导或建议。[①]

本章小结

幼儿园教育评价是依据一定的标准与程序,有目的、有计划、有组织地对园所各个方面的工作进行科学检查。为此,需搜集、整理、处理相关信息,并做出价值判断,其过程对幼儿园工作具有反馈、诊断和激励作用。幼儿园教育评价应注意遵循计划性原则、针对性原则、全面性原则和客观性原则。

根据不同的标准,幼儿园教育评价可以分为不同的类型:根据评价的功能分类,可以分为诊断性评价、形成性评价和总结性评价;根据评价的参照体系分类,可以分为个体内差异评价、相对评价和绝对评价;根据评价资料的搜集与分析方式分类,可以分为定性评价和定量评价;根据评价的主体分类,可以分为内部评价和外部评价。不同的评价类型各有其特点,在幼儿园教育评价中要根据实际需要灵活选择运用。

幼儿园教育评价的主体包括教师、教育管理人员、幼儿和家长;评价的内容主要有幼儿发展评价、教师发展评价和教育活动评价;评价的方法多种多样,有观察法、谈话法、作品分析法、问卷调查法和档案评估法等;评价的步骤则一般包括确定评价目的、设计评价方案、搜集评价资料、处理评价结果和形成评价报告等环节。

[①] 王坚红. 学前教育评价[M]. 北京:人民教育出版社,2010:76—81.

思考与练习

1. 幼儿园教育评价的作用及意义是什么？
2. 在幼儿园教育评价过程中经常使用的方法有哪些？
3. 简述幼儿园教育评价的原则。
4. 幼儿园教育评价的标准是什么？
5. 幼儿园教育评价的步骤有哪些？

主要参考文献

1. 黄人颂.学前教育学(第2版)[M].北京:人民教育出版社,2009.
2. 阎水金.学前教育学[M].上海:上海教育出版社,1998.
3. 梁志燊.学前教育学[M].北京:北京师范大学出版社,1998.
4. 刘占兰,廖贻.聚焦幼儿园教育教学:反思与评价[M].北京:北京师范大学出版社,2007.
5. 郑健成.学前教育学[M].上海:复旦大学出版社,2012.
6. 陈幸军.幼儿教育学[M].北京:人民教育出版社,2003.
7. 虞永平,王春燕.学前教育学[M].北京:高等教育出版社,2012.
8. 刘晓东.儿童教育新论[M].南京:江苏教育出版社,1999.
9. 杨莉君,郑三元.幼儿自我教育[M].长沙:中南大学出版社,2006.
10. 张巧明,杨广学.特殊儿童心理与教育[M].北京:北京大学出版社,2012.
11. 李燕.游戏与儿童发展[M].杭州:浙江教育出版社,2008.
12. 刘良华.教育研究方法[M].上海:华东师范大学出版社,2014.
13. 刘晓东,卢乐珍,等.学前教育学[M].南京:江苏教育出版社,2004.
14. 唐淑,孔起英.幼儿园课程基本理论和整体改革[M].南京:南京师范大学出版社,2010.
15. 唐淑,孔起英.国外幼儿园课程[M].南京:南京师范大学出版社,2009.
16. 李生兰.学前教育学(第3版)[M].上海:华东师范大学出版社,2014.
17. 丁海东.学前游戏论[M].济南:山东人民出版社,2001.
18. 李季湄.幼儿教育学基础[M].上海:华东师范大学出版社,1999.
19. 路书红,乔资萍.中外家庭教育经典案例评析100篇[M].济南:山东人民出版社,2010.
20. 石筠瞍.学前教育课程论[M].北京:北京师范大学出版社,1999.
21. 王月媛.幼儿园目标与活动课程[M].北京:北京师范大学出版社,1999.
22. 周采,杨汉麟.外国学前教育史[M].北京:北京师范大学出版社,1999.
23. 中华人民共和国幼儿教育重要文献汇编[M].北京:北京师范大学出版

社,1999.

24. 陈帼眉.学前心理学[M].北京:北京师范大学出版社,2000.

25. 冯晓霞.幼儿园课程[M].北京:北京师范大学出版社,2000.

26. 霍力岩.学前教育评价[M].北京:北京师范大学出版社,2000.

27. 李季湄,等.幼儿教育学基础[M].北京:北京师范大学出版社,2000.

28. 刘云艳.幼儿园教学艺术[M].重庆:西南师范大学出版社,2000.

29. 倪敏.幼儿园课程与教育活动设计[M].北京:中国劳动社会保障出版社,2000.

30. 潘杨.学前教育学[M].南京:河海大学出版社,2000.

31. 魏敏,陈峰,冉武红,许燕辉.幼儿园教育活动案例分析[M].长春:东北师范大学出版社,2000.

32. 刘占兰,廖贻.聚焦幼儿园教育教学:反思与评价[M].北京:北京师范大学出版社,2007.

33. 文新红.幼儿园组织与管理[M].北京:教育科学出版社,2012.

34. 国家教育教师资格考试研究院.保教知识与能力[M].北京:世界图书出版公司,2012.

35. 国家教师资格考试专用系列教材编委会.保教知识与能力[M].北京:教育科学出版社,2013.

36. 何幼华.幼儿园课程[M].北京:北京师范大学出版社,2001.

37. 李生兰.比较学前教育[M].上海:华东师范大学出版社,2001.

38. 朱家雄.福建省幼儿园教师教育用书·领域活动指导[M].福州:福建人民出版社,2005.

39. 潘庆戎,李风杰.幼儿教育学[M].南京:河海大学出版社,2005.

40. 教育部基础教育司组织编写.《幼儿园教育指导纲要(试行)》解读[M].南京:江苏教育出版社,2002.

41. 林荣辉.幼儿科学教育活动指导[M].北京:北京师范大学出版社,2002.

42. 刘文.蒙台梭利幼儿教育思想与实践[M].大连:大连出版社,2002.

43. 刘焱.学前教育原理[M].沈阳:辽宁师范大学出版社,2002.

44. 四川省幼儿教育师资培训中心.幼儿园活动设计与指导[M].北京:人民教育出版社,2002.

45. 屠美如.儿童的一百种语言[M].北京:教育科学出版社,2002.

46. 蔡迎旗.学前教育概论[M].武汉:华中师范大学出版社,2006.

47. 张燕,邢利亚.幼儿园管理案例及评析[M].北京:北京师范大学出版社,2002.

48. 王少非.课堂评价[M].上海:华东师范大学出版社,2013.

49. 禹明,吴慧鸣.幼儿教育教学活动设计案例精选[M].北京:北京大学出版社,2012.

50. 虞永平.幼儿教育观新论[M].北京:人民教育出版社,2006.

51. [美]霍华德·加德纳.多元智能理论与儿童学习活动[M].何敏,李季湄,译.北京:北京师范大学出版社,2003.

52. 霍力岩.多元智能理论与多元智能课程研究[M].北京:教育科学出版社,2003.

53. 李季湄,肖湘宁.幼儿园教育[M].北京:北京师范大学出版社,2003.

54. 刘淑兰.幼儿园课程实施指导手册[M].北京:北京师范大学出版社,2003.

55. 唐淑.幼儿园课程研究与实践[M].南京:南京师范大学出版社,2003.

56. 张燕.幼儿园管理[M].北京:北京师范大学出版社,2003.

57. 钟启泉.现代课程论[M].上海:上海教育出版社,2003.

58. 朱家雄.幼儿园课程[M].上海:华东师范大学出版社,2003.

59. 俞春晓.幼儿教师必须修炼的10项教学技能[M].北京:中国轻工业出版社,2014.

60. [日]佐藤学.课程与教师[M].钟启泉,译.北京:教育科学出版社,2003.

61. 阿伦·C.奥恩斯坦等.当代课程问题[M].余强主译.杭州:浙江教育出版社,2004.

62. 陈帼眉,梁雅珠.快乐亲子园实用教材(0~3岁)[M].北京:农村读物出版社,2004.

63. 陈帼眉,刘焱.学前教育新论[M].北京:北京师范大学出版社,2004.

64. 高岚.学前教育学[M].广州:广东高等教育出版社,2004.

65. 唐淑,虞永平.幼儿园班级管理[M].南京:南京师范大学出版社,2004.

66. 王本陆.课程与教学论[M].北京:高等教育出版社,2004.

67. 王春燕.中国学前课程与百年发展与变革的历史研究[M].北京:教育科学出版社,2004.

68. [美]贾珀尔·L.鲁普纳林,[美]詹姆斯·E.约翰逊.学前教育课程[M].黄瑾,裴小倩,等译.上海:华东师范大学出版社,2005.

69. 简楚瑛.学前教育课程模式[M].上海:华东师范大学出版社,2005.

70. 卢乐珍,等.幼儿教育学[M].北京:人民教育出版社,2006.